Andrej Hermlin

My Way

aufbau

Andrej Hermlin

My Way

Ein Leben zwischen den Welten

aufbau

Mit 27 Fotos

ISBN 978-3-351-02726-1 | Aufbau ist eine Marke der Aufbau Verlag GmbH & Co. KG | 1. Auflage 2011 | Einbandgestaltung hißmann, heilmann, hamburg | Typografie und Gestaltung Renate Stefan, Berlin | Gesetzt aus der Minion durch Greiner & Reichel, Köln | Druck und Binden CPI – Clausen & Bosse, Leck | Printed in Germany | www.aufbau-verlag.de

Heimat

»Herr Hermlin, Ihre Heimat ist die DDR?« Mein Vater blickt an dem Fragenden vorbei. »Sie irren sich«, sagt er nach einer kurzen Pause, »meine Heimat sind die deutsche Musik und die deutsche Literatur!« Welche andere Heimat könnte einem deutschen Schriftsteller, einem Juden, dessen Eltern aus dem galizischen Jassy stammten, nach Hitler geblieben sein, welche andere Heimat könnte er je besessen haben, außer jener der Dichtung Hölderlins oder der Musik Schuberts? Ich weiß es nicht, ich bin kein deutscher Schriftsteller.

Ich wuchs mit russischen Gedichten und Liedern auf, die meine Mutter mir vortrug. Ich sprach bis zu meinem vierten Lebensjahr kein deutsches Wort. »Was hat der Kleene gesagt?«, pflegte mein Vater zu fragen. Meine Mutter übersetzte ihm, was sein kleiner Sohn gerade begehrte: »Er will eine Apfelsine, er will ein Stück Schokolade!« Als ich zu sprechen begann, als ich mich bemühte, Deutsch zu erlernen, sagte ich: »Er will eine Apfelsine, er will ein Stück Schokolade!« Mein erstes deutsches Wort war »geradeaus« gewesen, ich hatte es in Budapest gehört, als ich drei Jahre alt war und eine Bekannte uns den Weg wies, ich fand dieses Wort ganz unerhört, es hatte einen seltsamen, herben Klang.

Ich war fünf oder sechs, als die Nachbarskinder damit begannen, mir »Russenschwein« nachzurufen, ich wusste mich dessen nicht zu erwehren, ich schwieg. Ich ließ sie rufen, weil ich fürchtete, sie als Spielkameraden zu verlieren.

Reiste ich mit meiner Mutter nach Moskau, fühlte ich mich ebenso heimisch wie verloren in dieser Stadt der gewaltigen Bauten, der achtspurigen Straßen, der Rolltreppen, die hundert Meter und mehr in die Tiefe führen. Ich verbarg mich in der Wohnung meiner Großeltern an der Krasnoprudnaja, in »meinem Zimmerchen«, wie ich es auf Russisch nannte, hier schien mein Zuhause zu sein, ein Zuhause auf Zeit, das ich jedes Mal unter Tränen verließ, von dem ich träumte, ich könnte es überall hin mitnehmen, auch nach Berlin. Dort wohnte ich, dort wohne ich noch, ich kenne jeden Baum in Niederschönhausen, selbst jene, die schon vor Jahren gefällt wurden, mir ist alles vertraut, ich sehe mir jeden Winkel unseres Hauses an, ich nehme Abschied, nur so, für den Fall der Fälle.

»Meine Heimat ist die deutsche Musik«, hatte mein Vater gesagt. Ist meine Heimat der amerikanische Jazz? Oder die Hauptstadt dieser Musik? Komme ich nach New York, ist mir, als kehrte ich zurück, ein unerklärliches Déjà vu. Stunden brachte ich eines Abends in der prachtvollen Grand Central Station zu, es war wie ein Zwang, ich konnte die kunstvoll restaurierte Bahnhofshalle nicht verlassen, ich konnte nicht, weil ich mich förmlich aufgesogen fühlte von dem verführerischen Gefühl, schon einmal hier gewesen zu sein, hier, in längst vergangener Zeit, lange bevor ich geboren wurde. Irgendwann ging ich enttäuscht nach draußen, in den tosenden Verkehr der Park Avenue hinaus, ich war einer simplen Täuschung aufgesessen. Ich hatte mich geirrt, der Bahnhof war nichts anderes als eine Kopie der vertrauten Moskauer Metrostationen oder vielmehr das Original zu den Kopien, die ich seit meiner Kindheit kannte.

Fragte man mich nach meiner Heimat, wüsste ich darauf keine schlüssige Antwort. Moskau ist es nicht, New York kann es nicht sein, in Berlin lebe ich seit meiner Geburt, in Kenia hoffte ich, eine fremde Heimat finden zu können. Ich bin der Sohn einer Russin und eines deutschen Juden, meine Großeltern stammen aus dem heutigen Rumänien, aus Russland und der Ukraine. Ich beneide Italiener aus Rom, Franzosen aus Marseille oder Deutsche aus Fürstenwalde. Sie wandeln nicht zwischen den Welten, sie sitzen nicht zwischen allen Stühlen, sie sind Römer, Marseiller oder Fürstenwalder, sie waren nie etwas anderes, sie gehören einer Nation an, sie sind nicht mehrdeutig, sondern eindeutig.

Wenn es denn doch eine Heimat gäbe für mich, dann wäre es wohl die Musik Benny Goodmans. Es ist keine sichere, ungefährdete Heimat, ich weiß auch nicht, ob ich würdig bin, mich ihr angehörig zu fühlen, aber es ist eine Heimat.

1.

Die hölzernen Stäbe meines Kinderbettes stehen dicht an dicht, es ist unmöglich, den Arm weit genug hindurchzustrecken, um das Stofftier, das ich eben erst hinausbefördert habe aus meinem kleinen Paradies, wieder zu mir zu holen. Aber ich kann die Türklinke erreichen, wenn ich meinen Arm ausstrecke, ich greife mit meiner Hand nach ihr und öffne die Tür meines Zimmers. Ich rufe nach meiner Mutter: »Ma!« Besorgt eilt sie herbei, sie lächelt milde, als sie erkennt, dass es nichts Ernstes ist, und reicht mir den Teddybären. Kaum ist sie gegangen, fliegt das Stofftier in hohem Bogen abermals aus meinem Bett und landet weitab in meinem Kinderzimmer. Es ist ein Spiel, ich reiße die Tür auf und rufe nach meiner Mutter. Nichts geschieht. Nun schon durchdringender: »Ma! Ma!!«

Es dauert ein wenig, bis sie dann doch erscheint, ich deute mit gespielter Verzweiflung auf den Teddybären, der irgendwo in der Nähe des Fensters liegt. Meine Mutter warnt mich, ein drittes Mal käme sie nicht zu Hilfe. Sie blickt auf das Bett und schiebt es mitsamt ihrem Sohn von der Tür weg. Was für ein grausamer Einfall! Die Klinke ist für meine kleine Hand nun unerreichbar geworden, ich bin gefangen, kein Gedanke, über das Geländer zu gelangen, es ist zu hoch. Ich werfe den Bären aus dem Bett und rufe mit der lautesten Stimme, zu der ein Kleinkind imstande ist: »Ma, Mama!« Nichts. Ich brülle: »Maaa!« Meine Mutter ignoriert das Geschrei. Ich höre sie im Flur mit unserer Haushälterin Gretel sprechen, ich rufe nach ihr, immer wieder, aber es ist hoffnungslos. Als ich in blinder Wut an meinem Bett rüttele, bewegt es sich plötzlich. Nun keimt Hoffnung in mir. Ich rüttele weiter, schnell habe ich den

Kniff heraus, das Bett bewegt sich langsam, aber unaufhaltsam über den rotbraun lackierten Holzboden in Richtung der Tür. Noch ein wenig, dann ist es geschafft, ich strecke meinen Arm aus, ich erreiche die schwere Klinke aus Messing, mit letzter Kraft öffne ich die Tür und blicke triumphierend in das verdutzte Gesicht meiner Mutter.

Ich kann damals nicht älter als zwei, höchstens zweieinhalb Jahre gewesen sein, denn bald darauf – noch vor meinem dritten Geburtstag – durfte ich mein hölzernes Gefängnis für immer verlassen. Ich zog auf eine breite Couch mit rechteckigen, grünen Stoffkissen um, die meine Eltern gekauft hatten. Mit der Zeit verschlissen die Stoffe des Möbels. Wenn Freunde mich besuchten, setzten sie sich mit Bedacht, um die herausragenden Spitzen der Sprungfedern zu meiden. Ich vermute, ich habe wohl die Hälfte meiner Kindheit auf dieser Couch zugebracht, während ich Benny Goodman hörte, die »Ferien auf Saltkrokan« las oder Pläne für ferngesteuerte Flugzeugmodelle entwarf. Doch damals, also viel früher, als ich noch kaum laufen konnte –, ich zog den Berichten meiner Mutter zufolge lange das Krabbeln vor – damals also war ich dem Willen der Erwachsenen vollkommen ausgeliefert. Sie setzten mich ins Bett, fütterten mich oder schleppten mich zu Frau Dr. Weiß.

Deren Praxis befand sich in einem kleinen einstöckigen Haus, dem unsrigen direkt gegenüber. Der Weg zu Frau Dr. Weiß war also nicht weit. Niemanden fürchtete ich so sehr wie diese kleine, energische, schmale Person, früh ergraut, mit kurzem Pagenschnitt, deren bereitliegende Schokoladenplätzchen uns Kinder von den bevorstehenden Martyrien ablenken sollten. Immer wieder wurde ich dort abgetastet, was allein schon eine Qual war, denn es kitzelte entsetzlich am ganzen Körper. Doch mehr noch fürchtete ich mich vor der Waage. Sie stand auf einem Tisch – unendlich hoch erschien er mir –, ich wurde entkleidet und auf die Waage gehoben. Frau Dr. Weiß redete währenddessen meiner Mutter gut zu, mich ja nur anständig zu mästen. Meine Furcht, von der Waage in die Tiefe hinunterzustürzen, war grenzenlos. Ängstlich dachte ich darüber nach, ob meine Mutter mich, falls ich fiele, wohl auffangen könnte. Glücklicherweise kam es nie zur Probe aufs Exempel. Im Wartezimmer lag auf einem Tisch grobes Spielzeug verteilt, Holzklötze, eckig und rund geformt, an den Wänden hingen Reproduktionen von Bildern aus vergangenen Jahrhunderten und eine Tafel mit einem mittelalterlichen Spruch. Meine Mutter las ihn mir vor: »Ich leb und weiß nit wie lang, ich sterb und weiß nit wann, ich geh und weiß nit wohin, mich wundert, dass ich fröhlich bin!« Mir gefiel diese seltsame altertümliche Sprache, die wie eine Melodie war, ich versuchte mir die Worte zu merken, wieder und wieder sagte ich sie auf. Wann immer ich das Wartezimmer betrat, konnte ich den Blick nicht von der Tafel wenden: »... mich wundert, dass ich fröhlich bin.«

Frau Dr. Weiß ist vor vielen Jahren gestorben, heute praktiziert in dem kleinen Haus eine Zahnärztin. Sie hat die Räume umbauen lassen. Das Wartezimmer gibt es nicht mehr, alles ist verändert, und die Tafel mit dem Spruch, dessen Melodie ich so liebte, ist verschwunden.

Eines Tages – ich war vier oder fünf – erklärte Frau Dr. Weiß, etwas in meiner Nase wäre nicht so, wie es sein solle, und müsste heraus. Ich würde nach dem Eingriff leichter atmen können. Meine Eltern brachten mich in ein Krankenhaus, in meiner Erinnerung sind die Decken der Flure und Zimmer unerhört hoch, es riecht streng, man legt mich auf eine Pritsche. Ich frage meine Mutter mit bebender Stimme: »Werden wir uns wiedersehen?« Meine Mutter weiß nicht, ob sie lachen oder weinen soll, und dann stülpen sie mir eine dunkle Maske über das Gesicht. Ich bekomme keine Luft, ich glaube zu ersticken, so etwas Schreckliches habe ich noch nicht erlebt, ich will schreien, aber es kommt kein Laut aus meiner Kehle, alles dreht sich um mich und verschwimmt. Als ich wach werde, beugt sich meine Mutter über mein Bett, es kratzt ganz fürchterlich in meinem Hals, der Arzt scheint zufrieden, er entlässt uns mit der strengen Ermahnung, ich möge in den folgenden Tagen möglichst häufig Eis essen. Ich denke mir: »Das ist ja auch das mindeste nach all den Qualen!«

Einige Zeit später scheint der Erfolg der Operation in Frage gestellt. Ich liege abends in meinem Bett, ich bin erkältet, ein schrecklicher Husten plagt mich. So sehr ich mich auch bemühe, ich kann nicht einschlafen. Plötzlich verschlucke ich mich, ich schnappe nach Luft, doch es will mir nicht gelingen, einzuatmen, ich bekomme Angst und beginne zu schreien. Meine Eltern eilen herbei, sie können mich nicht beruhigen, schnell holt mein Vater unseren blauweißen Karmann Ghia aus der Garage, und wir fahren in hohem Tempo nach Buch in das dortige Kinderkrankenhaus. Unterwegs lässt der Schrecken schnell nach, mir geht es wieder gut. Ich freue mich über die nächtliche Autofahrt und überrasche meine Eltern mit der Frage, ob es nicht besser gewesen wäre, als Mädchen auf die Welt gekommen zu sein. Meine Mutter dreht sich zu mir um, sichtlich verwundert über meine schnelle Genesung. Mein Vater setzt uns an der Notaufnahme ab, er selbst bleibt zurück, die Batterie sei zu schwach, sagt er zu meiner Mutter, und der Motor ließe sich – einmal abgestellt – wohl nicht wieder starten. Während mein Vater also das Gebäude fortwährend umrundet, sind die Ärzte ratlos, sie untersuchen mich eingehend, können aber nichts Klinisches entdecken. Wenige Wochen später wiederholen sich die Ereignisse. Wieder rufe ich verzweifelt nach meinen Eltern. Doch diesmal lassen sie nicht mit sich handeln. Meine Mutter meint barsch, ich solle mich beruhigen, sie kocht mir einen Tee, mein Vater muss nicht das Krankenhaus umkreisen, der vermeintliche Erstickungsanfall hört so plötzlich auf, wie er gekommen ist, und kommt nie wieder.

2.

Ein leiser monotoner Klang weckt mich auf. Noch scheint er weit entfernt, ist kaum zu ahnen – ein seltsames Brummen. Ich versuche mich auf den Ton zu besinnen, er kommt mir bekannt vor, mir ist, als hätte ich ihn schon öfter gehört. Dann fällt es mir ein – es ist das Brummen von Flugzeugmotoren, ein sonores tiefes Brummen, ich kenne es, es ist mir vertraut, das Flugzeug, das dieses Geräusch erzeugt, sieht anders aus als jene, die üblicherweise unser Haus überfliegen, aus den Flügeln wachsen zwei Rümpfe, an deren vorderen Enden die Motoren mit ihren großen Propellern zu erkennen sind. »Eine Noratlas«, hatte mein Vater gesagt. Ich blicke zum Himmel hinauf, ich suche ihn nach der Maschine ab, das Brummen schwillt unterdessen an, es ist lauter als sonst, aber noch kann ich das Flugzeug nicht ausmachen. In das Brummen mischt sich ein anderes Geräusch, es ist ein Grollen, das aus der Ferne zu kommen scheint, unterbrochen von einem merkwürdigen Pfeifen. Ich wundere mich, dass meine Eltern von all dem offenbar völlig unberührt sind, sie müssen es doch auch hören, wo sind sie überhaupt? Der Himmel verfärbt sich urplötzlich, aus dem wundervollen Blau wird ein abstoßendes Grau, ein seltsames Flackern legt sich darüber, das Brummen ist nun ganz nah, und dann sehe ich sie: Flugzeuge, Dutzende Maschinen, die in Reih und Glied, wohl sortiert auf unser Haus zufliegen, es sind keine Noratlas, diese Flugzeuge sind größer, sie haben vier Motoren, und ich sehe etwas aus ihren Rümpfen fallen. Das Pfeifen und Grollen ist nun ohrenbetäubend laut und bedrohlich, und jetzt endlich verstehe ich: Es ist Krieg. Um mich herum explodieren die Bomben, aber ich habe keine

Angst. Ein schreckliches, lustvolles Gefühl bemächtigt sich meiner, es ist ein aufregendes Spiel. Ich sehe gebannt auf die einfliegenden Maschinen, die nun deutlich zu erkennen sind, obwohl sie recht hoch über die Stadt ziehen, die umliegenden Häuser leuchten im Feuerschein gelb, orange und rot. Ich beobachte die Bomberpulks durch das Fenster, ohne jede Furcht. Ich frage mich, ob die Geschosse mich wohl treffen werden. Die Erwartung, die Spannung ist kaum zu ertragen und bereitet zugleich doch höchstes Vergnügen. Es ist ein lautes Grollen und Pfeifen um mich herum, das Haus erzittert, aber da ist nichts anderes als die Lust an der Gefahr.

Jemand greift nach meiner Schulter, ich blicke auf, es ist meine Mutter, die Bombenflugzeuge sind verschwunden, es ist ganz still, meine Mutter sieht mich besorgt an. Ich muss im Schlaf geschrien haben. Ich wage nicht, ihr von meinem Traum zu berichten, aber in den folgenden Nächten wünsche ich mir nichts sehnlicher als die Wiederkehr dieses düsteren Vergnügens. Ich warte vergebens. Mein Wunsch will sich nicht erfüllen.

Was für ein glorreicher, schöner Sommertag. Warm scheint die Sonne auf mich herab. Ich gehe allein die Leonhard-Frank-Straße entlang, in der Ernst Busch wohnt. Ich kenne ihn, hin und wieder waren wir in seinem Haus zu Gast gewesen, sein Sohn U. ist ungefähr in meinem Alter, wir hatten eher lustlos miteinander gespielt. Eine Freundschaft war nicht daraus geworden. Ich mochte Ernst Busch, der stets singend die Treppe herunter schritt, um meine Eltern und mich zu begrüßen, kaum dass wir sein Haus betreten hatten. Später, als ich älter war, berichtete mir mein Vater, dass Ernst Busch dem Schafott nur entgangen war, weil Gustaf Gründgens sich bei Reichsmarschall Göring für eine Begnadigung des Arbeitersängers und Spanienkämpfers verwendet hatte. Busch wurde zu einer mehrjährigen Zuchthausstrafe verurteilt und 1945 von der Sowjetarmee befreit. Mein Vater hatte mir eines Tages eine Aufnahme aus den zwanziger Jahren vorgespielt, die Schallplatte war alt und verkratzt, Ernst Busch sang »Roter Wedding«, seine donnernde Stimme erschütterte mich bis ins Mark.

Doch noch bin ich ein kleines Kind, ich laufe die Straße entlang, die zum Bürgerpark führt, vorbei an dem Haus von Ernst Busch, die alten Tannen und Fichten in den Vorgärten der Häuser recken sich in den Himmel. Ich blicke hinauf, da ist etwas, es ist ein Geräusch, noch in weiter Ferne, aber ich weiß es schon: Es sind die Flugzeuge. Ich sehe mich um und erschrecke, ich muss mich geirrt haben, längs und zu beiden Seiten der Straße stehen gar keine Tannen und Fichten. Jetzt sehe ich es genau, es sind Palmen. Menschen eilen an mir vorüber, sie sehen fremd aus und tragen seltsame Hüte, ich kenne sie von Fotografien in den Zeitungen, im Fernsehen sah ich sie aus brennenden Dörfern fliehen. Und während das Brummen anschwillt, höre ich aus der Ferne ein monotones Rufen: »Ho, Ho, Ho Chi Minh! …«

3.

Unerträglich lange hatte ich mit meiner Mutter in der schmucklosen Abfertigungshalle des Schönefelder Flughafens warten müssen. Das fensterlose Gebäude war für einen kleinen Jungen von vier Jahren ohne jeden Reiz. Ich hatte nichts mit mir anzufangen gewusst und mich entsetzlich gelangweilt. Nun waren wir endlich aufgerufen worden. Jemand kontrolliert unsere Flugscheine und weist uns den Weg nach draußen. Wir wollen nach Moskau fliegen.

Dort ist meine Mutter aufgewachsen und zur Schule gegangen, nachdem ihre Familie Ende der dreißiger Jahre aus ihrer Geburtsstadt Rostow am Don im Süden des Landes in die Hauptstadt gezogen war. Noch während des Krieges, als die Armeen des Feindes auf ihrem Rückzug brandschatzten und mordeten, hatte meine Mutter damit begonnen, bei einer Privatlehrerin Deutsch zu lernen, Schillers »Handschuh« war damals ihre Lieblingsballade gewesen. Am 1. Mai 1948 war meine Mutter als Schülerin mit Tausenden anderen an jener Tribüne auf dem Roten Platz vorbeigezogen, auf der mein Vater neben Anna Seghers, Ludwig Renn und einigen anderen deutschen Schriftstellern stand – nur wenige hundert Schritte von Stalin entfernt. In den fünfziger Jahren hatte meine Mutter in Moskau Germanistik studiert, von meinem Vater wusste sie nur wenig, gelesen hatte sie ihn nicht. Irgendwann fiel ihr eine Fotografie von ihm in die Hände. Meine Mutter war enttäuscht gewesen: »So schön, wie man sich erzählte, war er nun auch wieder nicht.«

Begegnet ist sie ihm im Sommer 1962 auf einem Friedenskongress in Moskau. Schnell hatten sie sich ineinander verliebt. Der beträchtliche Altersunterschied, zwanzig Jahre immerhin, schien für beide kein Hindernis zu sein. Mein Vater hatte schon nach wenigen Tagen wieder nach Berlin zurückkehren müssen. In den folgenden Monaten schrieben sie einander unzählige Briefe. Mein Vater war schließlich noch einmal nach Moskau gereist, diesmal allein, um meine Mutter zu sehen. Irgendwann beschlossen sie zu heiraten. Die formalen Hürden in einem solchen Fall waren hoch, die Sowjetunion entließ ihre Bürger zu jener Zeit nur ungern ins Ausland. Am Ende hatten die Bemühungen Erfolg. Meine Mutter kam nach Berlin, bald darauf wurde ich geboren. Als ich keine zwei Jahre alt war, besuchten wir zum ersten Mal meine Großeltern, die es nicht erwarten konnten, endlich ihr Enkelkind zu sehen.

An der Hand meiner Mutter gehe ich auf ein großes, silbern glänzendes Flugzeug zu. Ich bin schon mehrmals geflogen, Flugzeuge sind meine Passion, ich sehe ihnen von unserem Garten aus nach, wenn sie dem Flughafen in Tegel entgegenschweben. Ich kann sie auseinanderhalten, die Boeings und Douglas'. Ich ahme ihre Geräusche nach und zeichne sie. Dieses Flugzeug auf dem Rollfeld kenne ich nicht, es ist nicht größer oder silberner als die anderen, doch die Motoren scheinen zu fehlen. Ich kann sie nicht entdecken. »Wo sind sie?«, frage ich meine Mutter, während wir dem glänzenden Vogel immer näher kommen. Meine Mutter deutet auf die runden Öffnungen am Rumpf der Maschine, gerade dort, wo der Flügel beginnt. Sie sagt: »Das ist eine Tu-104, siehst du die Inschrift vorn – direkt unter den Fenstern der Flugzeugkanzel?« Ich weiß in diesem Augenblick nicht, dass dies das erste russische Düsenpassagierflugzeug ist. Ich kann es nicht wissen, ich bin noch zu klein.

Wir sitzen im Heck der Tupolew, dröhnend beschleunigt sie auf der Startbahn, hebt ab und schwingt sich steil hinauf in den Himmel. Das Essen wird serviert, ich schiebe die Gardinen zur

Seite und sehe hinaus aus dem runden Fenster auf die weiche, weiße Wolkendecke. Plötzlich will ich nach vorn, ich springe auf und laufe auf die Tür zu, die zum Cockpit führt. Meine Mutter läuft mir nach, sie ruft etwas, aber ich kann sie nicht verstehen. Ich will nur nach vorn, zu dieser Tür, die mich magisch anzieht. Meiner Mutter gelingt es nicht, mich aufzuhalten, ich bin nun am Ziel und hämmere mit meinen kleinen Fäusten auf die Tür ein. Meine Mutter dreht sich schuldbewusst zur Stewardess um, die herbeigeeilt ist. Sie beginnt, sich für das ungezogene Gebaren ihres kleinen Sohnes zu entschuldigen. Doch die Stewardess lächelt nur geheimnisvoll, sie klopft nun selbst an die Tür, ein Pilot öffnet. Ja, natürlich könne sich der kleine Junge einmal die Instrumente aus der Nähe ansehen.

Ich trete hinein in diese grün leuchtende Welt aus Uhren und Schaltern, der Kapitän winkt mich zu sich heran. »Willst du unser Radar sehen?« Natürlich will ich. Der Kapitän drückt einen Schalter, ich blicke in einen kreisrunden Trichter, dort ist ein Bildschirm, auch er leuchtet grün, eine Linie läuft im Kreis herum, sie streicht förmlich durch den Raum, und hier und dort flackern für Augenblicke kleine Leuchtpunkte auf. »Das sind andere Flugzeuge«, erklärt der Pilot. Die Spitze des Rumpfes ist aus Glas, in ihr sitzt der Navigator und berechnet den Kurs unseres Fluges. Für einen Moment räumt er seinen Platz, ich steige zwei oder drei kleine Stufen hinab und blicke nach vorn. Weiße und graue Wolkenfetzen rasen unter mir vorüber, ich kann die Erde erkennen, über mir ist nichts, nur ein dunkelblauer, kalter Himmel, mir ist, als schwebte ich im Raum, das Flugzeug, in dem ich mich gerade noch befand, scheint verschwunden zu sein, ganz allein fliege ich nun in atemberaubender Geschwindigkeit dahin.

Eine Stimme reißt mich aus meinem Traum: »Und, was willst du später werden?« – »Pilot«, rufe ich, ohne den Blick von dem ungeheuren Schauspiel dort draußen zu wenden.

Ein Jahr ist vergangen, wieder reise ich mit meiner Mutter in einem Flugzeug nach Moskau. Diesmal befinden sich die Turbinen dort, wo sie meiner Meinung nach auch hingehören, ganz hinten, im Heck der Maschine. Die vorderen Reihen in der Kabine ähneln einem Zugabteil, man sitzt sich gegenüber, nur durch einen kleinen Holztisch voneinander getrennt. Dort haben wir Platz gefunden – mit dem Rücken zur Flugrichtung. Nach und nach kommen die anderen Passagiere an Bord, ich beobachte sie aufmerksam, es sind fast ausnahmslos Erwachsene, viele sprechen russisch miteinander, während sie sich ihre Plätze aussuchen. Da entdecke ich einen breitschultrigen Mann, er ist nicht mehr jung, aber von kräftiger Statur, seine Augen blicken freundlich auf mich herab, er trägt eine Uniform, an seiner Brust blitzen viele Orden. Er fragt meine Mutter, ob der Platz bei uns noch frei sei, sie bejaht, und der Mann setzt sich zu uns an den hölzernen Tisch.

Wir starten, ungewöhnlich steil ist der Aufstieg, meine Mutter stößt einen Seufzer aus, aber der Mann lächelt nur und beruhigt sie, das sei bei diesem Flugzeug völlig normal, er verstünde etwas davon, er sei im Krieg Pilot gewesen. »Im Krieg? Haben Sie viel erlebt? Können Sie mir eine Geschichte erzählen?«, frage ich. Der Mann denkt nach. »Ja natürlich, wie alt bist du denn?« – »Ich bin fünf.« Er räuspert sich und sieht mich nachdenklich an:

»Damals hatte der Krieg gerade erst begonnen. Ich war jung und seit einigen Wochen Pilot. Am Himmel wimmelte es von deutschen Flugzeugen, sie waren überall, sie bombardierten unsere Städte und Dörfer. Wir haben versucht, sie aufzuhalten, aber wir waren zu wenige. Eines Tages im Juli '41 hat mich eine deutsche Messerschmitt angegriffen. Ich versuchte, ihr zu entkommen, aber dann gab es einen furchtbaren Schlag, und ich wusste: Mein Flugzeug ist getroffen. Überall brannte es. Ich versuchte, die Luke zu öffnen, ich wollte mich mit dem

Fallschirm retten, aber der Verschluss klemmte. Da dachte ich: ›Nun musst du sterben‹.«

»Was geschah dann?«, frage ich atemlos.

»Ich bin mit meinem Flugzeug steil hinabgetaucht, auf die Erde zu, der brennende Motor begann zu stottern, dann blieb er stehen. Ich suchte verzweifelt nach einem Feld, um das Flugzeug zu landen, irgendwo auf einem Acker schlug es schließlich auf. Als die Maschine stillstand, habe ich mich mit letzter Kraft aus der brennenden Kanzel befreien können. Meine Beine waren gebrochen und voller Brandwunden. Und schlimmer noch: Ich wusste, ich war weit vor unseren Linien tief in jenem Gebiet gelandet, das der Feind schon erobert hatte. Aber ich wollte mich nicht ergeben. Zwei Tage lang habe ich mich mühsam zurückgeschleppt, bis ich endlich in einem Waldstück von einem Bataillon der Unsrigen entdeckt wurde. Man hat mich gesund gepflegt, ich bin wieder geflogen, und heute – siehst du diese roten Streifen? – bin ich General der Luftstreitkräfte!«

»Sie sind General?« Zum ersten Mal saß ich einem echten General gegenüber, ich wusste nicht genau, was das war, aber wichtig war es, das wusste ich.

Bis zu unserer Landung in Scheremetjewo konnte ich meinen Blick nicht abwenden von der Uniform des Generals und den goldenen und silbernen Orden an seiner Brust.

Wenige Tage darauf wurde ich krank, meine Großmutter rief eilends eine Ärztin herbei, sie untersuchte mich und blickte sorgenvoll zu meiner Mutter herüber: »Der Junge hat die Masern.«

Bald überzogen unzählige rote Pusteln meinen ganzen Körper, sie juckten schrecklich, aber das hohe Fieber trübte zum Glück meine Sinne. Ich lag im Bett, das Zimmer schien sich vor meinen Augen zu drehen, ich verspürte mit einem Male eine ungeheure Kraft, die mich in die Kissen zu drücken schien, ich war überrascht von dieser gewaltigen Beschleunigung, die das Bett im selben Moment aufschweben ließ. Dann begriff ich: Ich hatte mich geirrt, ich war nicht krank, ich lag nicht in einem Bett, nein, ich befand mich vielmehr in der Kanzel eines Jagdflugzeugs, es raste mit mir durch die Lüfte, es flog enge Kurven, schoss durch die Wolkendecke hindurch scheinbar unaufhaltsam nach unten, nur um im gleichen Augenblick wieder fast senkrecht in den Himmel zu steigen, immer auf der Suche nach dem kleinen Flugzeug des Fliegergenerals, den es vor der deutschen Messerschmitt zu beschützen galt.

4.

Der altmodische Bus der Marke Ikarus fährt nun schon seit Stunden über die holprige Straße, die uns zu unserem Ziel führen soll. Neben mir sitzen meine Eltern, auf die anderen Reihen verteilt einige deutsche und ungarische Schriftsteller, wir sind auf dem Weg zum Balaton, ein Ausflug des Schriftsteller-Kongresses, der in Budapest getagt hatte. Unser Bus fährt langsam, immer wieder halten uns geschlossene Bahnschranken auf. Meine Mutter erwähnt einen Bekannten, den wir besuchen wollen. Er habe eine Tochter in meinem Alter, sie freue sich sehr, mich kennenzulernen.

Das Hotel, in das die Delegation einquartiert wird, verfügt über ein schönes Restaurant. Meine Eltern studieren die Abendkarte und versuchen, etwas Passendes für mich auszusuchen. Doch ich habe nur Augen für die Zigeunerkapelle, die eben zu spielen begonnen hat. Ich gehe nach vorn, ganz nah heran und setze mich auf den Boden, direkt neben die kleine Bühne. Meine Eltern lassen mich gewähren. Die Musiker scheinen sich über ihren kleinen Zuhörer zu freuen, ich verliebe mich sofort in den melancholischen Klang der Musik, ich glaube ihn wiederzuerkennen. Ich laufe zum Tisch meiner Eltern zurück: »Papa, das klingt doch wie Django Reinhardt und Stéphane Grapelli!« Mein Vater besitzt zwei Schallplatten des Quintette du Hot Club de France, ich bin mit der Musik Django Reinhardts schon vertraut und liebe sie. Mein Vater sieht mich erstaunt an: »Ja, du hast Recht.«

»Hast du sie eigentlich gesehen, damals in Paris?«, werde ich ihn Jahre später fragen. »Ja, einmal, in einem Café, 1937 oder 38«, wird er mir antworten und ich werde ihn darum beneiden.

Ich laufe zurück zur Kapelle, die weiter spielt, immer weiter. An diesem Abend gehe ich hungrig zu Bett.

Am nächsten Morgen besuchen wir jenen Bekannten, den meine Mutter auf der Reise an den Balaton erwähnt hatte. Die Familie besitzt ein schönes Domizil, das groß genug ist, um im Treppenhaus eine Schaukel aufhängen zu können. Etwas Derartiges habe ich noch nie gesehen. Die Eltern stellen mir ihre Tochter Maria vor, sie ist ausnehmend hübsch, aber ich verbringe die folgende Zeit lieber schaukelnd im Treppenhaus. Maria ist bitter enttäuscht und läuft weinend auf ihr Zimmer. Meine Mutter redet mir ins Gewissen, ich solle doch wenigstens etwas Interesse zeigen, Maria habe Stunden damit zugebracht, das richtige Kleid für meinen Besuch auszuwählen. Schließlich gebe ich nach, wir sammeln im Garten Blumen, unsere Eltern bringen uns in den örtlichen Zoo, wo wir einem kleinen Esel hinterherrennen.

Ein Mann tritt hinzu, er scheint meinen Vater zu kennen, er sieht uns an und meint lachend zu mir: »Wegen der schönen Maria werde ich mich mit dir noch duellieren!« Ich blicke ihn verständnislos an, warum sollte man so etwas Dummes tun? Meine Mutter flüstert mir zu: »Das ist György Somlyo!« Er hat dunkle, kräftige Augenbrauen, er lacht noch immer und zwinkert mir mit Verschwörermiene zu.

Vor vielen Jahren war der Dichter Somlyo an einem kalten, grauen Novembertag einem eleganten Herrn begegnet. Dieser war in einem amerikanischen Buick und mit einigen Lastwagen im Gefolge vor jenem Budapester Bahnhof vorgefahren, auf dem Somlyo auf seine Abreise wartete. Der groß gewachsene Unbekannte – das konnte Somlyo aus der Ferne erkennen – trug einen langen Mantel und Hut. Auf der überfüllten Bahnrampe drängten sich die Menschen, gerade setzte Somlyo seinen rechten Fuß auf die Stufe des Eisenbahnwaggons, da trat der elegante Herr auf ihn zu und gab ihm die

Hand. Verwundert blickte Somloy den Mann an. Da war etwas, Somlyo fühlte ein Stück Papier, das nun in seiner Hand lag. »Schnell«, sagte der Unbekannte, »schnell, zeigen Sie das dem SS-Offizier, sofort!« Der Mann drehte sich um und eilte zu einem der anderen wartenden Passagiere. Somlyo öffnete langsam seine Hand. Auf dem zerknitterten Blatt stand »Schutzbrief«. Die Unterschrift war deutlich lesbar: »Raoul Wallenberg«. Somlyo hatte an jenem Tag nicht nach Auschwitz reisen müssen.

Somlyo lächelt mich noch immer an. Ich sage entschlossen: »Ich werde mich mit Ihnen nicht duellieren.« Maria ruft nach mir, und winkt. Ich laufe zu ihr hinüber, und wir rennen wieder dem Esel nach.

Am folgenden Tag kehren wir nach Budapest zurück. Wir wohnen im Gellert. Meine Eltern haben mir ein Blechspielzeug gekauft, eine große Lokomotive, die Geräusche macht und im Kreis fahren kann. Ich will sie zum Abendessen mit hinunternehmen, meine Mutter versucht mich davon abzubringen, aber ich setze meinen Kopf durch. Auf der großen Freitreppe komme ich ins Stolpern, ich lasse die Lokomotive fallen, sie stürzt die Stufen hinunter und zerspringt in viele kleine Teile. Ich breche in Tränen aus, meine Eltern versuchen, die Lokomotive wieder zusammenzusetzen, aber es will ihnen nicht recht gelingen.

Im Restaurant werden wir schon erwartet. Wir essen mit György Aczel. Papa kennt ihn schon lange. Aczel hatte als Jude im Widerstand gegen die Pfeilkreuzler gekämpft. Stalins Statthalter in Budapest Rákosi ließ ihn Anfang der fünfziger Jahre verhaften. Nach seiner Freilassung fand Aczel in den Regalen seiner Freunde hin und wieder Bücher aus seiner eigenen verschollenen Bibliothek. Aczel hatte seine Freunde nie nach der Herkunft dieser Bücher gefragt. Nun ist Aczel Mitglied des ungarischen Politbüros und ein Vertrauter des KP-Chefs János Kádár.

Von all dem weiß ich damals nichts, ich bin ein vierjähriges Kind. Während des Essens langweile ich mich schnell, im Gellert spielt keine Kapelle, die Lokomotive schweigt und kann auch nicht mehr im Kreis fahren. Ich verlasse das Restaurant, ich streife durch die Hotelhalle und trete schließlich nach draußen auf die Straße. Ich trage einen eleganten dunkelblauen Anzug, den meine Eltern mir gekauft haben. Ich greife in meine Hosentasche, ziehe meinen Schnuller heraus und stecke ihn in den Mund.

5.

Als ich fünf war, wurde unser Haus renoviert. Ich liebte unser Haus, es war in den zwanziger Jahren errichtet worden, die großen Zimmer im Parterre ließen sich mit Schiebetüren voneinander separieren, es gab Erker, durch deren Fenster nachmittags diffuses Licht in das Wohnzimmer drang. Unser Domizil war alles andere als eine prachtvolle Villa. Die Wasserrohre waren marode, die Möbel nicht in bester Verfassung, auch war über die Zeit die Farbe an den Wänden und Türen allmählich vergilbt, doch meinem Vater bedeuteten diese Dinge nichts, er fühlte sich heimisch in diesem etwas verlebten Haus, das er seit seinem Umzug aus Frankfurt am Main im Jahre 1947 bewohnte. Damals hatten ihn Angehörige der sowjetischen Kommandantur in einem offenen Jeep durch Berlin gefahren, auf der Suche nach einer Wohnung für den aus der Westemigration Zurückgekehrten.

Irgendwann war der Jeep in die damalige Bismarckstraße in Niederschönhausen im Bezirk Pankow eingebogen, auf Anhieb hatte meinem Vater das Haus gefallen. Das Dach war durch die Druckwelle einer Luftmine noch in den letzten Kriegstagen schwer beschädigt worden, viele Ziegel fehlten. Durch das eindringende Wasser waren die Räume in einem desolaten Zustand. Die russischen Soldaten forderten die im Erdgeschoss hausenden Bewohner ultimativ auf, das Haus zu räumen, aber mein Vater protestierte gegen diese rüde Behandlung. Wie sich herausstellte, waren die Bewohner des Hauses ohnehin im Begriff, in die Westsektoren zu ziehen, man einigte sich rasch, und so wohnte mein Vater in den ersten Wochen einfach im Souterrain, das er verließ, als die Vormieter gegangen waren. Mein Vater hatte nur wenige Möbel aus Frankfurt mitgebracht, darunter einen ovalen Esstisch, den die Amerikaner, für die mein Vater zeitweise gearbeitet hatte, ihm aus requirierten Beständen zur Verfügung gestellt hatten. In den folgenden Jahren richtete mein Vater das Haus nach und nach ein, er kaufte Sessel und Kleiderschränke, dazu Bücherregale, denn der stetig wachsende Bestand der Bibliothek verlangte nach immer neuen Regalen, irgendwann wurde auch das Parkett aufpoliert.

Nun hatten meine Eltern offenbar entschieden, dass eine gründliche Renovierung des Hauses unumgänglich geworden war, wochenlang wurden Möbel gerückt, Bücherregale verschwanden unter weißen Planen, und die Zimmer wurden – eins nach dem anderen – abgesperrt. Im ganzen Haus roch es nach frischer Farbe, ein Duft übrigens, der mich noch heute betört.

Etwa zu dieser Zeit hörte ich zum ersten Mal von Marlene Dietrich. Mein Vater besaß eine Schallplatte mit ihren berühmten Aufnahmen der Friedrich-Hollaender-Chansons, ich hörte »Johnny, wenn du Geburtstag hast« oder »Ich bin von Kopf bis Fuß auf Liebe eingestellt«. Ich betrachtete ihre Fotografie auf dem Cover, sie zeigte eine Frau in mittleren Jahren, die in ein enges, schimmerndes Abendkleid gehüllt war. Marlene lächelte scheu, sie stand auf einer großen Bühne, das Gesicht von der Kamera abgewandt.

Mein Vater freute sich über mein Interesse an Marlene Dietrich. Am besten gefiel mir »Die fesche Lola«. Es kam wohl der Musik, die ich damals schon liebte, dem Jazz, am nächsten. Wenn Marlene »Ich hab ein Pianola zu Haus in meinem Salon« sang, klang es, als würde eine Jazzband sie begleiten, ich lief fröhlich durch unser verhülltes Haus, sprang über Farbeimer und Pinsel und sang: »Ich hau ihm in die Seiten, und tret ihm aufs Pedal!«

Eines Tages erschien ein Besucher bei uns, den ich zuvor noch nie gesehen hatte. Mein Vater rief mich herbei und sagte zu mir: »Das ist Vladimir Pozner«. Höflich gab ich ihm die Hand. Pozner setzte sich mit meinem Vater in den Salon, meine Mutter brachte Kaffee, ich legte mich auf den Teppich, um – was ich häufiger tat – den Erwachsenen zuzuhören, deren Gespräche ich nicht verstand. Ich besah mir unseren Gast aus der Nähe, sein Gesicht schien auf unerklärliche Weise schief zu stehen – eine Narbe zog sich über die Wange, direkt unter dem Auge, das halb geschlossen war. Ich fragte mich, was ihm wohl widerfahren sein mochte.

Nachdem sich der ungewöhnliche Gast verabschiedet hatte, setzte mein Vater zu einer Erklärung an. Pozner habe eines Tages den Briefkasten seiner Pariser Wohnung geöffnet, in dem ein an ihn adressiertes Paket lag. Als er es in die Hand nahm und zu öffnen versuchte, explodierte der Inhalt, und Pozner wurde durch den Sprengsatz schwer verwundet. Ich hörte das Wort »OAS«, wusste damit aber nichts anzufangen. Mein Vater sprach von einem Krieg in Algerien, in den Pozner irgendwie verwickelt gewesen sein musste, ich verstand nicht, wie und warum und fragte auch nicht nach.

Mein Interesse an Pozner begann gerade wieder zu verlöschen, da sagte mein Vater beiläufig: »Übrigens, Pozner ist mit Marlene Dietrich befreundet.« In diesem Augenblick änderte sich alles, Pozner verwandelte sich für mich von einem fremden seltsamen Menschen mit einem verunstalteten Gesicht in einen Freund, einen Helden. Er, Pozner, hatte mit Marlene gesprochen, ihre Hand geschüttelt. Ich konnte es nicht glauben! In den folgenden Wochen fragte ich meinen Vater häufiger: »Wann kommt Pozner wieder zu uns?« Doch Pozner kam nicht wieder, alles Warten schien umsonst, andere Dinge begannen, meine Aufmerksamkeit zu erregen, und allmählich verblasste die Erinnerung an Pozners Besuch. Noch immer aber hörte ich die Aufnahmen Marlene Dietrichs, mein Vater spielte die Schallplatte, wann immer ich danach fragte.

Eines Tages – viele Monate später – läutet das Telefon, mein Vater nimmt den Anruf entgegen, er spricht mit jemandem französisch. Als er zu uns an den Frühstückstisch zurückkehrt, kündigt mein Vater an, noch am selben Tage werde ein Freund, der auf der Durchreise sei, bei uns vorbeikommen. Er habe nicht viel Zeit, wolle uns aber sehen. »Kannst du dich an ihn erinnern? Er heißt Vladimir Pozner.« Endlich! Den ganzen Tag fiebere ich Pozners Besuch entgegen, ich singe die fesche Lola lauter als sonst, immer und immer wieder, aber die Zeit will einfach nicht vergehen.

Da, es läutet an der Tür. Schnell laufe ich die Treppe hinunter, überspringe die letzten Stufen, noch vor meinen Eltern erreiche ich die Veranda, es ist Pozner, er kommt mir den kurzen Weg vom Gartentor zum Haus entgegen, er lächelt freundlich zu mir herab und reicht mir seine Hand. Ich drücke sie ganz fest und lang. Pozner sieht mich verwundert an, ich laufe nach oben auf mein Zimmer und beschließe, meine Hand fortan nicht mehr zu waschen. Etwas später berichte ich meiner Mutter von meinem Vorhaben. Sie protestiert energisch. Sie versteht mich nicht. Sie kann es nicht verstehen. Als ich ins Bett gehe, sehe ich auf meine Hand, sie hat Marlene berührt, für einen kurzen unvergesslichen Moment. Glücklich schlafe ich ein.

6.

Es ist früh am Morgen, ich stehe vor einem Art-Déco-Hotel in der Nähe der Champs Élysées – mit meinem siebenjährigen Sohn David an der Hand – und da ist er wieder: der Duft von Paris. Wie sehr hatte ich gefürchtet, den verlockenden Duft meiner Kindheit für immer verloren zu haben. Wie sehr hatte ich um den einzigartigen Zauber des längst Vergangenen gebangt.

Meine Erinnerung an Paris ist vor allen Dingen eine Erinnerung an den Duft dieser Stadt, ein unerklärlicher Duft – eine Melange aus Bouillabaisse, Rotwein, Abgasen und blühenden Bäumen.

Vor fast vier Jahrzehnten hatte mich dieser Duft zum ersten Mal betört, unauslöschlich hatte er sich damals in mein Gedächtnis eingebrannt. Ich war keine sechs Jahre alt, als ich mit meinen Eltern nach Paris reiste. Mein Vater hatte die Stadt seit seiner Flucht in die Schweiz im Frühjahr 1943 nicht mehr gesehen. Wir bewohnten ein winziges Zimmer im Dachgeschoss eines einfachen Hotels – unweit des Boulevard St. Germain, also dort, wo mein Vater – der Emigrant aus Berlin – vor dem Einmarsch der Deutschen gelebt hatte.

Ein flirrender blauer Sommerhimmel wölbte sich über der Stadt, und wir spazierten durch die überfüllten Straßen mit ihren kleinen Antiquariaten, den Zeitungskiosken und Brasserien. Gleich am ersten Tag beschloss mein Vater, meine Mutter und mich zum Austernessen in ein kleines Eckrestaurant auszuführen. Zwei halbe Dutzend wurden bestellt, mein Vater ermunterte mich, ein Exemplar zu probieren. Fassungslos betrachteten meine Eltern in den folgenden Minuten ihren kleinen Sohn, denn ich verschlang ein halbes Dutzend ganz und ein anderes zur Hälfte.

Wir fuhren in den Bois de Boulogne, ich wurde nicht müde, Karussell zu fahren, ich saß in einem hellblauen Flugzeug, das auf Knopfdruck stieg oder sank, meine Eltern bemühten sich verzweifelt, mich fortzulocken, sie sprachen von anderen, atemberaubenden Attraktionen, aber ich hatte nur Augen für mein hellblaues Flugzeug. In einem Souvenirgeschäft kaufte mein Vater mir einen elfenbeinfarbenen Soldaten – er trug eine Uniform aus der Zeit der Französischen Revolution. Die Fahne, die er hielt, färbte mein Vater mit Buntstiften, die ich ihm lieh. Noch immer besitze ich diese kleine Figur – die Trikolore ist kaum verblasst. Hin und wieder besuchte mein Vater Freunde, die er lange nicht gesehen hatte. Dann spazierte ich allein mit meiner Mutter durch das Viertel, in dem unser Hotel lag, und versuchte mit wechselndem Erfolg, sie zum Kauf von Spielzeugautomobilen zu bewegen. Anfangs fühlte ich mich unsicher mit meiner Mutter in dieser großen Stadt, denn ich wusste, dass sie nicht französisch sprach, jedenfalls nahm ich das an. Allerdings stellte ich bald verblüfft fest, dass sich meine Mutter mit den Parisern bestens verständigen konnte und in jedem Augenblick Herrin der Lage war.

Wir besuchten Pierre Bertaux, einen bekannten Germanisten und Freund meines Vaters. Er besaß einen winzigen Hund, in den ich mich sofort verliebte. Über Stunden tollte ich mit dem Hund durch das große Haus und den Garten und bestand beim Abschied darauf, dass wir Pierre Bertaux vor unserer Abreise aus Paris noch einmal aufsuchten. Die Visite bei einem anderen Bekannten meiner Eltern, dem berühmten Dichter Joseph Breitbach, einige Tage später, hätte uns allerdings leicht das Leben kosten können. Breitbach war überaus wohlhabend und bewohnte ein großzügiges Appartement in einem eleganten Mietshaus im Zentrum der Stadt. Breitbach hatte nach unserem mehrstündigen Beisammensein darauf bestanden, uns zum Abschied hinauszubegleiten. Gemeinsam fuhren wir in dem alten gusseisernen Lift hinunter ins Foyer. Kaum dort angelangt, wurde der Fahrstuhl nach oben gerufen. Bald darauf vernahmen wir ein lautes, rasselndes Geräusch. Mit ohrenbetäubendem Getöse schlug die Kabine vor unseren Augen auf dem Boden auf und verschwand in einer Staubwolke. Breitbach war gezwungen, die Stufen bis zu seiner Wohnung im vierten Stock hinaufzusteigen, während wir – noch immer vor Schreck zitternd – auf die Straße traten.

Am folgenden Tag besuchten wir den Louvre, ich sollte endlich die Mona Lisa sehen, von der meine Eltern schon so oft gesprochen hatten. Ich war enttäuscht, das Bild war kleiner als erwartet, es war hinter einer dicken Glasscheibe verborgen, und das Wachpersonal gestattete dem Publikum ganze dreißig Sekunden, um die Mona Lisa zu betrachten.

Christa Wolf und ihr Mann Gerhard reisten bald darauf wie verabredet aus Berlin an. Mit ihnen verbrachten wir einige Zeit, gemeinsam spazierten wir über die Pariser Boulevards und stiegen die berühmten Treppen hinauf zum Montmartre. Meine Mutter ließ dort oben einen Scherenschnitt ihres Sohnes anfertigen, ich musste lange still sitzen, was mir missfiel, aber das Resultat fand großen Anklang bei meinen Eltern und den Wolfs.

Eines Abends kleideten sich meine Mutter und mein Vater eleganter als sonst, wir nahmen ein Taxi, meine Eltern erklärten mir auf dem Weg, wir führen zu einem Freund, der Papa zu sehen wünsche.

Das Taxi hielt vor einem großen Palais. Während wir durch das Tor schritten, sagte man mir, dies sei die chilenische Botschaft. An der Tür begrüßte uns der Botschafter, er hatte ein großes Gesicht, jedenfalls schien es mir so, ich konnte den Blick nicht von seiner gebogenen Nase wenden, während er mit meinen Eltern sprach. Hin und wieder fiel der Name Salvador Allendes, mein Vater raunte mir zu, dies sei der neue Präsident Chiles, er sei ein Freund des Botschafters. Der Botschafter schien sich über unseren Besuch zu freuen. Irgendwann nach dem Essen fiel sein Blick auf mich, er nahm meine Hand und führte mich durch seine Residenz. Er besaß eine große Sammlung von Gallionsfiguren alter Segelschiffe, vor jeder einzelnen hielt er und erklärte sie mir in einer Sprache, die ich nicht verstand. Ich sah ihn an und beschloss, sein Gesicht nicht zu vergessen.

Zu später Stunde verabschiedeten wir uns, als wir in das Taxi stiegen, sagte mein Vater zu mir: »Das war Pablo Neruda!« Später erfuhr ich, dass mein Vater Neruda seit langem gekannt, dass er seine Dichtung ins Deutsche übertragen hatte und dass beide eine Freundschaft verband. Pablo Neruda hatte einen Gedichtband in einer nummerierten Auflage von nur wenigen Exemplaren drucken und diese dann an seine besten Freunde versenden lassen. Mein Vater war einer der Beschenkten gewesen.

Zwei Jahre waren vergangen, ich war nun Schüler der zweiten Klasse, eben erst hatte das Schuljahr begonnen. Eines Nachmittags spielte ich in meinem Zimmer, als ich unvermittelt einen hellen Schrei hörte. Ich lief die Treppe hinunter, meine Mutter stand vor dem Fernsehapparat und hatte beide Hände vor das Gesicht geschlagen. Ich sah Panzer in den Straßen einer Stadt, die ich nicht kannte. Meine Mutter weinte: »Allende ist tot!«

»Und was wird jetzt aus Pablo?«, fragte ich.

Mein Sohn zerrt an meiner Hand. »Komm endlich, Papa, lass uns gehen! Ich will Paris sehen.« Wir laufen die Straße entlang. Vor uns der Arc de Triomphe.

7.

Da ist es wieder, das schreckliche Knattern, vor dem ich mich so fürchte. Ich kann es in der Ferne hören. Langsam, ganz langsam kommt das beunruhigende monotone Geräusch näher. Ich weiß: Es ist das alte Motorrad, es ist groß und schwarz, eine BMW aus den dreißiger Jahren, der Mann, der es steuert, wohnt ganz in unserer Nähe, in der lang gezogenen Häuserzeile, die an den Kurt-Fischer-Platz grenzt, dort auch befindet sich seine Garage. Ich habe ihn schon öfter heimlich durch einen Spalt meiner Vorhänge dabei beobachtet, wie er mit seinem Motorrad unser Haus auf der gegenüberliegenden Seite passierte, nur um zu wenden und dann abermals, diesmal aber auf unserer Seite der Straße an unserem Haus vorüberzufahren. Der Mann ist groß und korpulent, er trägt meist einen schweren Ledermantel und eine Lederkappe mit einer Schutzbrille. Er wirkt ebenso bedrohlich auf mich wie sein Motorrad und das Knattern, das es erzeugt. Ich ziehe die Bettdecke über mein Gesicht, ich halte mir die Ohren zu und warte. Das Knattern ist nun ganz nah, ich kann es hören, obwohl ich die Hände fest auf meine Ohren presse, dann endlich wird das Geräusch wieder leiser, noch leiser, schließlich stirbt es ganz ab. Ich wage mich wieder unter der Bettdecke hervor, jetzt kann ich endlich schlafen, der Mann wird in seiner Wohnung angekommen sein, das große, schwarze Motorrad parkt in der Garage.

Heute werde ich das schreckliche Knattern der alten Maschine nicht mehr hören müssen, der Baum vor dem Fenster meines Zimmers ist in das schwache Licht der Gaslaterne getaucht, ich blicke auf die dunklen Äste, die keine Blätter mehr tragen, es ist schon November, irgendwann beginnt es zu regnen, aber ich bemerke es nicht, denn ich schlafe schon.

Stunden brachte ich manchmal damit zu, aus dem Fenster meines Zimmers zu sehen und zu beobachten, was in unserer Straße vorging. Nur wenige Autos befuhren sie damals, es konnte sein, dass eine halbe Stunde verstrich, bis Motorengeräusch ein herannahendes Auto ankündigte, ich liebte vor allem die dreirädrigen Tempo-Pritschenwagen, ihre Front erinnerte an den Schnabel einer Ente. Hin und wieder fuhren auch die schon etwas altmodischen DKW F8 vorüber, meist waren es Lieferwagen, deren Karosserie mit Holz beplankt war, die F8 waren recht laut, lauter jedenfalls als die Motoren von Trabant und Wartburg, die weit häufiger zu sehen waren. Ich liebte das abgerundete Heck der Wartburg Limousinen, ich nannte das Auto »Wartpuck«, weil meine Mutter es so aussprach. Die Wartburg sollte ich erst Jahre später sehen.

Nicht immer war der Verkehr vor unserem Haus motorisiert, noch konnte man beinahe täglich das Klappern von Pferdehufen auf dem Asphalt hören, ich lief dann schnell zum Fenster, um mir das langsam vorbeiziehende Gespann anzusehen. Vorn auf dem Kutschbock saß meist ein Mann in einem hellgrauen Arbeitsanzug und mit einer Schiebermütze auf dem Kopf, auf dem Anhänger waren Holzbretter gestapelt oder Kohlen oder Winterkartoffeln.

Unser Haus wurde zu jener Zeit noch von einem großen eisernen Kohlekessel beheizt, er befand sich im Keller und war ebenso alt wie das Haus selbst. Im Oktober pflegte mein Vater den Kohlenhändler anzurufen, früh genug noch, um uns die besten Briketts zu sichern.

Bald darauf fuhren die Kohlenmänner vor unserem Haus vor, ich beobachtete aus meinem Fenster, wie sie ihre »Ameise« in die Einfahrt bugsierten. Die »Ameise« war ein seltsames Gefährt auf vier Rädern, der Führerstand war nicht überdacht, es gab auch kein Lenkrad darin, der Fahrer stand aufrecht und steuerte die »Ameise« mit Hebeln und Pedalen, die links und rechts von ihm aus dem Boden aufragten. Die Briketts waren in Holzkisten sortiert, die Kohlenmänner schwangen sie auf ihren Rücken und entluden dann die schwarze Last durch das kleine schmale Fenster unseres Kohlenkellers. Morgens und abends ging mein Vater hinunter und legte neue Kohlen auf; wenn es besonders kalt wurde, heizten meine Eltern auch die Kachelöfen im Haus.

Im Winter sah ich oft abends aus meinem Fenster auf die verschneiten Fahrbahnen hinunter, es dauerte meist einige Zeit, bis die erste Spur von einem einsamen Auto durch den frischen Schnee gezogen war, so still war es nachts in unserer Straße, dass ich manchmal glaubte, den Schnee fallen zu hören.

Früher, bevor ich geboren wurde, als die Straße noch den Namen Bismarcks trug, schien eine Straßenbahnlinie an unserem Haus vorbeigeführt zu haben, die Gleise und die Oberleitung waren noch da, und ganz selten bog doch noch eine Tram in unsere Straße ein, aber niemand stieg aus oder zu, es galt nur, die Wagen zu rangieren. Irgendwann wurden die Leitungen gekappt, die Masten demontiert, und eines Tages waren schließlich auch die Gleise verschwunden, ebenso wie die Bismarckfigur auf dem Eckhaus am Platz. Allmählich begann sich die Straße vor meinen Augen zu verändern, fast unmerklich zunächst, so dass ich die Verwandlung anfangs kaum bemerkte. Der Verkehr in unserer Straße schien langsam, aber stetig zuzunehmen, nun fuhr schon jede Minute ein Automobil unter meinem Fenster vorüber, irgendwann vermisste ich plötzlich das Klappern der Pferdehufe, ich fragte mich, was wohl aus dem Mann mit der Schiebermütze geworden war, aber dann sah ich ihn eines Tages am Steuer eines Lastwagens. Die dreirädrigen Tempo-Lieferwagen wurden seltener, irgendwann verschwanden sie ganz, sie kamen nicht wieder, wie auch die DKW F8 nicht mehr zu sehen waren.

An einem Morgen bogen Fahrzeuge der Stadtwerke in unsere Straße ein, Arbeiter begannen damit, die alten Gaslaternen zu demontieren und große, moderne Bogenleuchten aufzustellen, die fortan ein helles, aber kaltes Licht auf die Bürgersteige warfen.

Von einem Tag auf den anderen verstummte schließlich auch das Knattern des alten Motorrades, ich sollte ihn nie wieder sehen, den korpulenten Mann mit dem Ledermantel und der Lederkappe. Jetzt, wo er nicht mehr da war, vermisste ich förmlich jene Augenblicke der Furcht, als ich mich unter der Bettdecke vor dem bedrohlichen Geräusch seines großen, schwarzen Motorrades zu verbergen gesucht hatte.

Ich versuche mich manchmal an das seltsame Knattern der alten BMW zu erinnern, aber es will mir nicht gelingen. Es ist nur noch eine schwache, undeutliche Erinnerung an eine längst vergangene Zeit.

8.

Das Grundstück unseres Hauses grenzt seit jeher an den Hinterhof eines großen Mietshauses. Über den Eingang an der Grabbeallee 69 gelangt man zunächst auf einen kleinen betonierten Innenhof. Hier befand sich, als ich ein Kind war und auch später noch, eine privat geführte Fleischerei, durch die Zufahrt von der Straße wurden jeden Tag große Rinder- und Schweinehälften angeliefert, es roch nach frisch Geschlachtetem, und auf dem Beton bildeten sich kleine Pfützen roten Tierblutes. Von diesem Innenhof führte ein Durchgang auf den Hinterhof, der eigentlich eher einem verwilderten Garten glich und damit unserem Grundstück sehr ähnlich war. In einer Parterrewohnung, deren Fenster nach hinten hinaus gingen, wohnte die Familie G. Der Vater war Heizer, ein hagerer hakennasiger Mann, den ich fürchtete. Er ging sehr streng mit seiner Familie um und schimpfte heftig mit uns Kindern, wenn er sich gestört fühlte. Seine Frau arbeitete als Kindergärtnerin.

Das Ehepaar G. hatte drei Kinder. Der älteste Sohn hieß Christian. Ich buhlte um seine Gunst, aber Christian nahm mich nicht ernst und war oft recht grob zu mir. Christian – daran bestand kein Zweifel – war der unumschränkte Herrscher des Hinterhofes, der aus einer großen Wiese, einer Teppichklopfstange, einem ungepflegten Sandkasten und einigen verfallenen Nebengebäuden, die den Bewohnern des Mietshauses als Waschküche dienten, bestand. Christians Schwester Christine war in meinem Alter, sie trug einen kurzen, jungenhaften Haarschnitt, sie spielte und raufte mit uns, stets beschützt von ihrem großen Bruder. Und dann war da noch Roy, das Nesthäkchen, etwa vier Jahre jünger als ich, und das zählt viel, wenn man acht oder neun ist.

Im Sommer verbrachte ich fast jeden Tag auf dem Hinterhof des Mietshauses, hin und wieder kamen noch zwei Mädchen dazu, die im Nachbarhaus wohnten, die dunkelhaarige Kathrin und die blonde Angela, beide hielten sich eher abseits von uns. Wenn sie mich allein zu fassen bekamen, war Kathrin ebenso freundlich zu mir wie Angela hinterhältig. Folgerichtig fand ich Angela deutlich interessanter, aber beide waren älter als ich und gaben sich nur selten mit mir ab. Die Kinder – so nannte ich Christian, Christine und Roy meinen Eltern gegenüber –, die Kinder spielten gern mit mir, und das hatte einen simplen Grund. Ich besaß Spielzeug, das sie nicht kannten, darunter Metallautos der Marke »Matchbox« und »Dinkey Toys«. Jeden Tag baten sie mich, die Tüten mit den Autos in den Garten zu schleppen, dann wurden die kleinen Fahrzeuge unter uns verteilt, Christian achtete darauf, dass er die besten bekam, ich ließ ihn gewähren, er war der Ältere, und ich wollte seine Freundschaft. Die Faszination der »Matchies«, wie wir die Spielzeugautos nannten, hielt einige Zeit an. Dann begannen wir neue Spiele zu erfinden, Murmelbahnen wurden angelegt, ich hatte von Henner Müller-Holtz, einem Lehrer der Odenwaldschule, der mit meinem Vater befreundet war und ihn gelegentlich besuchte, eine stattliche Anzahl Keramik- und Glasmurmeln geschenkt bekommen. Wir bauten im Sand des Hinterhofes kleine Berge mit Bahnen und ließen die Murmeln hinabrollen.

Einmal im Jahr rasten die Rennräder der Friedensfahrer am Mietshaus in der Grabbeallee vorbei, wir Kinder standen dann an der Straße und versuchten, den Fahrer mit dem gelben Trikot in der Menge von Sportlern auszumachen. Christian hatte irgendwann die Idee, die Friedensfahrt nach zuspielen. Wir sammelten die metallenen Kronverschlüsse von

Flaschen, klebten in deren Innenseite kleine selbst gemalte tschechische, ungarische oder polnische Fahnen und bildeten mehrere Mannschaften, die gegeneinander antraten. Mit den Fingern schnipsten wir die kleinen Deckel eine Bahn entlang, die wir mit den Hacken unserer Schuhe wie eine Furche in die Erde gezogen hatten. Meist gewann Christian das Rennen, aber auch ich hatte hin und wieder Erfolg und brachte meine »Friedensfahrer« als Erster ins Ziel.

Wenn wir Fußball spielten, stand ich meist im Tor, als Feldspieler traf ich nur selten und war Christian im Zweikampf hoffnungslos unterlegen. Wir spielten oft Fußball, worunter der Zustand des alten Maschendrahtzauns, der den Hinterhof von unserem Garten trennte, litt. Er hielt den heftigen Torschüssen irgendwann nicht mehr stand, ohnehin kletterten wir ständig über den Zaun hin und her, bis er schließlich ganz nachgab und in sich zusammenfiel. Fortan gab es keine Grenze mehr zwischen den beiden Grundstücken.

Während diese Barriere scheinbar mühelos gefallen war, bestand eine andere, fast unüberwindliche fort: Die Kinder hörten eine Musik, die ich nicht kannte, nicht kennen wollte, nicht kennen durfte. Diese Musik war bei uns zu Hause so verpönt, dass mein Vater – wann immer Derartiges versehentlich aus dem Lautsprecher drang – aufgebracht zum Radioapparat stürzte und eilends den Deutschlandfunk einstellte. Auf der anderen Seite, jenseits des demolierten Maschendrahtzauns, begann eine ganz andere, mir fremde musikalische Welt. Wenn die Eltern der Kinder am Wochenende ihre Parterrewohnung auf Vordermann brachten, tönte Schlagermusik über den Hof, Christian sang aus voller Kehle mit: »It Never Rains In Southern California« oder »Money, Money, Money« – es war das Lied einer gewissen Gruppe namens ABBA, wie ich erfuhr. Hin und wieder berichteten die Kinder von Unterhaltungssendungen, die sie mit ihren Eltern gesehen hatten, und von

Schlagersängern, deren Namen mir ebenso unbekannt waren wie ihre Hits, die jeder zu kennen schien. Ein paar Mal versuchte ich, die Kinder für meine Musik zu begeistern, ich lud sie in mein Zimmer ein und spielte ihnen Benny Goodman und Django Rheinhardt vor, aber sie reagierten verständnislos, sie machten sich lustig über meine Musik, sie fanden diesen alten Jazz seltsam, und ich gab meine Bemühungen schnell wieder auf, um nicht als komischer Kauz angesehen zu werden. Wir redeten nie wieder über Musik.

Ein kleines gelbes Abzeichen beschäftigte einige Zeit lang unsere Phantasie, ich hatte es eines Morgens im regennassen Gras gefunden, es war aus Kunststoff, auf der Vorderseite war deutlich ein Hakenkreuz zu erkennen, auf der Rückseite stand: »Unsere Ehre heißt Treue!« Das Abzeichen musste in der Erde vergraben gewesen sein, nun hatte es der Regen herausgewaschen. Ich zeigte es den Kindern, wir stritten, was das Ganze wohl zu bedeuten habe und wie mit dem Abzeichen zu verfahren sei. Schließlich brachte ich den seltsamen Fund zu meinem Vater. Er besah sich das Abzeichen von allen Seiten und nahm es mir ohne ein Wort zu sagen weg. Als ich meine Mutter später nach dem Verbleib der Reliquie fragte, berichtete sie mir, mein Vater habe sie im Heizungskessel verbrannt.

Eines Tages versammelte Christian alle Kinder des Hofes, ich wurde herbeigerufen, wie sie es immer taten, wenn sie mit mir spielen wollten, mit mir oder den Autos. Diesmal allerdings waren die Taschen mit den Spielzeugautos nicht gefragt, vielmehr überraschte uns Christian mit einer neuen Idee: »Lasst uns doch eine Bande gründen!« Wir waren Feuer und Flamme. Schnell war klar, dass Christian unser Anführer sein würde, ich schlug vor, das hölzerne Gartenhaus unseres Grundstücks zum Hauptquartier zu erklären. Der Schuppen war verfallen, die Fenster herausgeschlagen, Glasscherben ragten gefährlich spitz aus dem verwitterten Holz, aber wenn man geschickt war und vorsichtig genug, konnte man sich an den Fensterrahmen hinaufschwingen auf das Dach des Häuschens. Dort richteten wir uns ein. Wir suchten nach einem Namen und nannten uns schließlich »Die Cobrabande«, wir installierten einen drehbaren Flitzbogen auf dem Dachfirst und bewaffneten uns mit Äpfeln aus unserem Garten, die uns als Wurfgeschosse dienen sollten, falls eine rivalisierende Bande angreifen sollte. Da diese Angriffe allerdings ausblieben, aßen wir die Äpfel nach und nach einfach auf.

An einem Sommernachmittag verwickelt mich Christian in ein Gespräch. »Wen findest du besser, deine Freundin Sybille oder meine Schwester Christine?« Christian sieht mich prüfend an, er weiß: Mit Sybille, der Tochter des Dachdeckers Robert Moh, bin ich seit frühester Kindheit befreundet. Wir verbringen viele Nachmittage miteinander, sie ist weitaus hübscher als Christine. Der ist die Frage ihres älteren Bruders sichtlich unangenehm, betreten schaut sie zu Boden, während ich mich winde. »Wahrscheinlich Christine«, presse ich schließlich hervor. Christian scheint nicht zufrieden zu sein. »Beweis es!«, ruft er und blickt dabei herausfordernd zu mir herüber. Fieberhaft denke ich nach. Was soll ich nur tun? Mir kommt eine teuflische Idee. »Wir könnten Sybille eine Falle stellen, ich könnte sie hierher in den Garten locken, dann könnt ihr sie vom Dach des Schuppens aus mit unseren Äpfeln bewerfen.« Christian scheint der Gedanke zu gefallen.

Ich gehe über die Straße und läute bei den Mohs. Es wird geöffnet, Sybille freut sich sehr, mich zu sehen, wir spielen im Sandkasten, aber ich kann an nichts anderes denken als an die präparierte Falle, ich fühle mich wie ein Verbrecher. So muss sich wohl, denke ich, ein Mörder kurz vor der Tat fühlen! Die Zeit verrinnt. Irgendetwas, das weiß ich, muss jetzt geschehen. Die Kinder warten in ihrem Versteck. Ich schlage Sybille vor, doch in unseren Garten zu gehen. Ich wolle ihr etwas Interessantes zeigen, erkläre ich Sybille, ohne sie dabei anzusehen. Mein Herz schlägt bis zum Hals, als wir die Straße überqueren, ich fühle mich grässlich in Erwartung dessen, was unvermeidlich kommen muss. Ich bin ein Betrüger und Verräter. Da ist es schon, das braune Gartenhaus, Sybille lächelt ahnungslos, dann plötzlich hebt ein wildes Geschrei an, die Kinder werfen mit den Äpfeln nach meiner Freundin, ich springe zur Seite, Sybille wird getroffen, sie bricht in Tränen aus und läuft weg.

Wochenlang werde ich sie nicht wiedersehen, sie verzeiht mir den bitteren Verrat erst nach einer Intervention meiner Mutter, die in meinem Namen um Verzeihung bittet. Die Cobrabande besteht noch einige Zeit weiter, aber man sieht sich seltener im Garten, ich habe ohnehin neue Freunde in der Schule gefunden, mit denen ich meine freie Zeit verbringe. Nur noch selten rufen die Kinder nach mir, wir beginnen uns aus den Augen zu verlieren, und die Kindheit nimmt Abschied. Irgendwann Anfang der achtziger Jahre bricht die Verbindung zu den »Kindern« ganz ab.

Eines Morgens ist Christian unterwegs zu seinem Lehrbetrieb, er hat den Bus verpasst und will zu Fuß gehen. Ein anderer Lehrling hält mit seinem Mofa am Straßenrand: »Christian, steig auf, ich nehm dich mit!« Zwei Kurven weiter fährt das kleine Moped gegen einen Baum, der Fahrer steht unverletzt wieder auf, neben ihm liegt Christian. Es sieht aus, als schlafe er. Er trägt keinen Helm. Christian ist tot.

Ich hatte nie Freunde unter »meinesgleichen«, ich traf ohnehin nur selten auf Kinder von Schriftstellern oder Künstlern. Die wenigen, die ich kannte, waren und blieben mir fremd. Sie lebten in einer Welt, die mich nicht locken konnte, weil ich selbst in ihr zu Hause zu sein schien, ich suchte ihre Freundschaft nicht, weil ich insgeheim wusste, dass ich nicht zu ihnen gehören konnte, nicht zu ihnen gehören wollte. Ich gehörte zu den »Kindern«.

10.

Von all den Freunden meines Vaters war mir Günter Kunert der liebste. Und dies aus gutem Grund: Kunerts besaßen viele Katzen, acht, um genau zu sein. Kunerts und die Katzen wohnten in einem schönen alten Haus draußen in Buch, wo wir sie gelegentlich besuchten. Während der Fahrt, die etwa ein halbe Stunde in Anspruch nahm, saß ich voller Erwartung im engen Fond unseres Volkswagens. Kunerts empfingen uns an der Tür, Günters Frau Marianne, die ihren Gatten in allen Dimensionen überragte, hatte meist etwas Verführerisches vorbereitet, manchmal erwarteten uns Kaffee und selbstgemachter Kuchen, dann wieder gab es ein Abendessen, je nachdem, zu welcher Tageszeit wir erschienen. Zu jener Zeit war ich dazu übergegangen, mich nur noch von Brot zu ernähren, alle Bemühungen Mariannes, mich zu Besserem zu überreden, fruchteten nicht, ich verlangte nach Brot und sonst gar nichts. Ohnehin hatte ich nur Augen für die Katzen, ich schlich ihnen nach, verfolgte sie durch alle Zimmer, ich ahmte ihre Bewegungen und ihre Geräusche nach, nichts wünschte ich mir sehnlicher, als ein Kater zu sein. Mein Vater teilte meine Vorliebe, oder war es nicht vielmehr so, dass ich seine zu teilen begonnen hatte?

Aus dem Parterre waren Stimmen zu vernehmen, aber sie bedeuteten mir nichts, ich verstand die Gespräche nicht. Ich ging an den Bücherregalen vorüber, Kunerts hatten von einer Amerikareise viel Nippes mitgebracht, darunter ein großes braunes Kavalleriepferd mit einem Offizier der Nordstaaten auf seinem Rücken, das Pferd war aus Kunststoff gefertigt, aber die schiere Größe, der verwegene Blick des Reiters und die kunstvoll ausgeführten Details des Sattels beeindruckten mich sehr. Gern hätte ich das Pferd mit nach Haus genommen, aber nie hätte ich gewagt, danach zu fragen. Manchmal erschien während unserer Besuche in Buch die Nichte der Kunerts, die alle Josi nannten. Sie war um ein Jahr älter als ich, wir spielten miteinander, ich mochte sie, wohl allein schon, weil sie zu den Kunerts gehörte, zu ihnen und den Katzen. Mit der Zeit freundeten wir uns an. Wann immer wir nach Buch fuhren, freute ich mich nun auf die Kunerts, die Katzen – und Josi.

Viele Jahre später stand ich, schon fast Abiturient, auf dem Schulhof des Ossietzky-Gymnasiums in Pankow, dessen Schüler ich gerade geworden war, als eine mir unbekannte junge Frau auf mich zukam und mir eine Fotografie vor die Nase hielt. Ich erkannte Günter Kunert in deren Mitte, von beiden Seiten küssten ihn zwei etwa zehnjährige Kinder, das eine Kind war Josi, das andere war ich. Ich blickte verdutzt in das Gesicht der jungen Frau: Josi und ich waren nun Schulkameraden geworden, für einige Zeit waren wir auch etwas mehr als das, aber der Zauber der Kindertage ließ sich nicht hinüberretten in die Welt der Erwachsenen.

Damals jedoch, als Kunerts noch in der DDR lebten, als sie noch nicht gegangen waren, als Günter meinem Vater noch nicht »Dichter zweer Herrn« ins Grab nachgerufen hatte, damals also zählten die Stunden in Buch zu den schönsten meiner Kindheit.

Eines Tages luden die Kunerts uns zu einem Abendessen ein, viele andere Freunde waren erschienen, wieder hatte ich auf all die Köstlichkeiten verzichtet und nur um einige Scheiben Brot gebeten. Die Erwachsenen hatten sich nach dem Essen in eine Ecke des großen Wohnzimmers zurückgezogen, ich saß etwas abseits und beobachtete die Katzen. Was danach geschah, ist aus meiner Erinnerung getilgt, aber es besteht kein Zweifel daran, dass ich tat, was ich tun musste. Ich erhob mich vom Boden, ging hinüber zu den Erwachsenen, näherte mich Marianne, beugte mich über sie und biss mit aller Kraft, zu der ein Sechsjähriger imstande ist, in Mariannes üppigen Busen. Marianne schrie auf, die Erwachsenen blickten fassungslos auf die Abdrücke meiner Zähne in Mariannes Brust, meine Eltern brachten kaum ein Wort heraus. In den folgenden Monaten präsentierte Marianne ihre Wunde, die nicht verheilen wollte, wie eine Trophäe Freunden und Bekannten. Zu mir hielt sie eine herzliche Distanz. In einer meinem Vater gewidmeten kleinen Erzählung schrieb Günter Kunert später, Stephan Hermlin sei »Grandseigneur der deutschen Literatur« und zugleich »Vater eines kannibalisch veranlagten Jungen«.

Kunerts verließen unser Land eines Tages, es war ein angekündigter Abschied, es hieß, sie wollten das Haus behalten, für den Fall ihrer Rückkehr. Aber Kunerts kehrten nicht zurück, sie nahmen ihre Katzen mit und die Bücher und das braune Pferd – und eine Freundschaft, die schon geendet hatte, als sie noch zu bestehen schien.

11.

Links und rechts auf der hölzernen Verkleidung zwei Frauenakte von Fritz Cremer, die Bronzefiguren flankieren eine dunkle Maske aus Ebenholz, der Blick des Besuchers fällt unweigerlich auf diese etwas gewagte Anordnung, sobald er unser Haus betritt.

Bis auf den heutigen Tag ist das Ensemble unverändert geblieben, die Maske befindet sich noch immer an der Stelle, wo mein Vater sie nach seiner Rückkehr von einer Afrikareise aufgehängt hatte. Es ist eine Katzenmaske, nur sparsam verziert, ein Katzenkopf mit menschlichen Zügen. Mein Vater war nach Afrika gereist, als ich keine zwei Jahre alt war, man hatte ihn zu einem Kongress eingeladen, es sollte seine einzige Reise auf den schwarzen Kontinent bleiben.

Nur wenig hatte mein Vater berichtet von jenen Tagen in einem Land mit dem seltsamen Namen Elfenbeinküste, das sehr viel später Schauplatz eines furchtbaren Bürgerkrieges sein sollte. Afrika schien wenig Eindruck auf meinen Vater gemacht zu haben. Allerdings erzählte er meiner Mutter und mir von einem Ausflug, den er gemeinsam mit einigen anderen unternommen hatte, an einem Nachmittag, nur wenige Tage vor der beabsichtigten Rückkehr nach Europa.

Was zunächst harmlos begonnen hatte, geriet schnell zu einem gefährlichen Abenteuer. Der Bus, in dem die Gesellschaft unterwegs war, blieb fernab jeder Zivilisation bei sengender Hitze in einer Sanddüne stecken. Hilfe war nicht zu erwarten. Mit großer Mühe war es den Männern schließlich gelungen, das Fahrzeug aus seiner fast hoffnungslosen Lage zu befreien. Dabei hatte mein Vater unvermittelt einen plötzlichen, überaus heftigen Schmerz in der Brust verspürt, gefolgt von einer Atemnot, die sich erst nach einiger Zeit legte. Immer wieder drängte ich meinen Vater, mir diese Geschichte zu erzählen, ich kannte sie schließlich in allen Details, sie beunruhigte mich über alle Maßen, und doch wollte ich sie hören. Ich stellte mir vor, wie mein Vater mit den anderen Gefährten versucht, den im weichen Sand versunkenen Bus wieder auf die Straße zu bringen, wie er sich – als der Schmerz ihn überwältigt – an einen Baum lehnt und nach Luft ringt. Ich fürchtete mich vor diesem Bild, mein Vater erschien darauf so schwach, und ich fragte mich, was geschehen wäre, wenn es den Männern nicht gelungen wäre, den Bus wieder flott zu bekommen. Wann immer ich an der Katzenmaske vorbeiging, vermied ich, sie direkt anzusehen, ich hatte keine Angst vor ihr, nein, das nicht, aber sie kam von dort, und ich wollte nicht daran denken, dass ich – mit weniger Glück – meinen Vater hätte in Afrika verlieren können.

Ich war sechs oder sieben Jahre alt, als meine Mutter eines Tages mein Zimmer betrat, sie sah mich ernst an, schloss die Tür hinter sich und sagte, sie müsse mit mir reden. Einen Augenblick zögerte sie. Dann erklärte sie mir, mein Vater sei kürzlich bei einem Arzt gewesen, der habe ihn eingehend untersucht und etwas gefunden. »Was hat denn Papa?«, fragte ich voller Angst. »Weißt du Andrjuschenka, damals in Afrika, als Papa mit den anderen versucht hatte, den Bus wieder auf die Straße zu bringen, und keine Luft mehr bekommen hatte, damals, jedenfalls glaubt das der Arzt, könnte das wohl ein Herzanfall gewesen sein.« Meine Mutter blickte mich prüfend an. Hatte ihr Sohn, ihr kleiner Sohn verstanden, was sie ihm sagen wollte? Aber ich hatte verstanden, nur zu gut. Etwas in mir zerbrach in diesem Augenblick, und obwohl ich ein Kind war, wusste ich, es würde nie wieder ganz heilen. Meine Mutter legte ihre Hand auf meine Schulter. Wieder zögerte sie. »Andrjuschenka, du musst vorsichtig sein, du darfst Papa nicht aufregen. Wenn er sich aufregt, dann könnte er sterben!« Sie gab mir einen Kuss auf die Stirn, drehte sich um und ging.

Ich blieb allein zurück. »Dann könnte er sterben, dann könnte er sterben«, wiederholte eine kalte, monotone Stimme in mir in einem fort. Von dieser Stunde an beobachtete ich meinen Vater voller Sorge. Ich versuchte in seinem Gesicht zu lesen, seine Gesten zu deuten, war da etwas, das seinen Zorn auslösen könnte? Ich war nie ein stiller folgsamer Sohn gewesen, ich begehrte auf, ich widersprach. Mit meiner Mutter geriet ich fast täglich aneinander, unsere Zänkereien, die wir in russischer Sprache führten, waren laut und verletzend. Ich war meiner Mutter im Streit schon als Kind ebenbürtig und nutzte dabei ihre Liebe oft schamlos aus. Vor meinem Vater, der kein Russisch sprach, suchten wir unsere Ausbrüche nach Kräften zu verbergen, denn wann immer er die gegen meine Mutter gerichteten Unverschämtheiten doch irgendwie erahnte, verlor er die Fassung und kanzelte mich brüllend ab. Hin und wieder hatten auch wir Streit miteinander, ich widersprach meinem Vater, aber nie über jene feine, unsichtbare Grenze hinaus, die ich genau zu kennen glaubte. Ich vermied alles, was seine Aufregung so weit hätte steigern können, dass ich um sein Leben hätte fürchten müssen. Ich wusste genau, wann ich aufhören musste.

Ein einziges Mal nur schlug mich mein Vater. Ich hatte den unverzeihlichen Fehler begangen, ganz in seiner Nähe meine Mutter in einem sinnlosen Streit auf das Schlimmste herabzusetzen, mein Vater hatte mein Geschrei aus dem Nachbarzimmer verfolgt und war schließlich wutentbrannt in die Küche gestürzt. Er verlangte zu wissen, was vorgefallen war. Meine Mutter ließ die schrecklichsten Entgleisungen aus, aber das, was er hörte, genügte meinem Vater. Er drehte sich mit einer schnellen Bewegung zu mir um und schlug mir mit der flachen Hand ins Gesicht. Dann verwies er mich des Hauses. Ich war zehn oder elf, ich streifte eine Jacke über und trat auf die Straße. Ich beschloss, einen längeren Spaziergang zu unternehmen. Unterdessen, aber das erfuhr ich erst viel später von meiner Mutter, rang mein Vater mit seiner Entscheidung: »Ich bin zu weit gegangen, nicht wahr?« Meine Mutter nickte. Nach einer Viertelstunde kehrte ich nach Hause zurück. Mein Vater erwartete mich schon auf der Veranda, er bat mich in sein Zimmer und sah mich lange schweigend an. Tränen schienen in seinen Augen zu schimmern, er umarmte mich plötzlich und bat leise um Verzeihung. Sofort vergab ich ihm, aber im nächsten Moment ging ich zu meiner Mutter und erklärte triumphierend: »Er hat sich entschuldigt. Das war auch das mindeste!«

Eines Tages begegnete mir mein Vater im Traum, ich war von der Schule heimgekommen, er begrüßte mich freundlich, wir sprachen einige Worte miteinander, doch irgendetwas war anders an ihm, ich konnte mir die Veränderung nicht erklären, ich sah ihn an, verzweifelt darum bemüht, das Rätsel zu lösen. Mein suchender Blick fiel auf seinen Kopf, und da sah ich es: der Kopf saß seltsam verschoben auf seinen Schultern, als habe man ihn abgetrennt und danach nicht wieder an der richtigen Stelle aufgesetzt. Ich brach in Tränen aus. Ich wusste, mein Vater war tot. Am folgenden Morgen wagte ich nicht, meiner Mutter von dem Traum zu berichten, es schickte sich nicht in unserer Familie, vom Tod zu sprechen, es war ein Tabu. Nur meine Mutter hatte es durchbrechen dürfen, an jenem Tag, als sie mich so eindringlich davor gewarnt hatte, das Leben meines Vaters aufs Spiel zu setzen.

Viele Jahre waren vergangen. Ich war nun ein Erwachsener, ich überragte meinen Vater um einen Kopf oder mehr. Ich besaß inzwischen ein Auto, mit dem ich zu meinen ersten Auftritten fuhr oder Ausflüge unternahm.

Eines Abends setzte ich mich in meinen Wagen, es war schon spät, es war Herbst, es war schon Stunden zuvor dunkel geworden. Ich fuhr an unserem Haus ab, in gemächlichem Tempo ging es in die Stadt, in Richtung der Charité. Aufmerksam sah ich, während ich durch den Prenzlauer Berg fuhr, nach links und rechts. Ich wollte sicher sein, dass die Volkspolizei in dieser Nacht nicht auf der Lauer lag, um Fahrzeuge mit überhöhter Geschwindigkeit anzuhalten und den Fahrern derselben den Führerschein zu entziehen. Nirgends war ein Polizeifahrzeug zu erkennen. Ich kehrte nach Pankow zurück und hielt vor unserem Haus. In Gedanken ging ich die Fahrt zum Krankenhaus noch einmal durch. Dann beschleunigte ich den Wagen, immer schneller fuhr ich durch die fast menschenleere Mühlenstraße, ich raste mit mehr als hundert Stundenkilometern über die Schönhauser Allee, mit quietschenden Reifen bog ich nach rechts ab, der Wagen jagte nun die dunkle Wilhelm-Pieck-Straße entlang, Häuser, Laternen und Litfasssäulen flogen an mir vorüber, endlich sah ich das große Gebäude des Krankenhauses vor mir, endlich war ich am Ziel, keine zehn Minuten waren seit meiner Abfahrt vergangen. Ich hielt vor dem Portal des Krankenhauses. Ich war erleichtert, ich wusste, ich würde meinen Vater retten können, er würde nicht sterben, ich würde da sein, wenn es darauf ankäme.

12.

In all den Jahren ist ihm einiges angetan worden, dem Blüthner-Flügel im Salon unseres Hauses. Mein Vater hatte ihn 1947 gekauft, kurz nachdem er von Frankfurt nach Berlin gewechselt war und hier Quartier bezogen hatte. Ein kleiner Stutzflügel, braunes Holzfurnier, wahrlich kein herausragendes Instrument, aber es gehörte sich, ein Klavier im Hause zu haben. Niemand schien den Blüthner in den darauf folgenden Jahren wirklich benutzt zu haben. Mein Vater spielte nicht, meine Mutter hatte zwar in Moskau einige Klavierstunden gehabt, aber erst sehr viel später, als ich vierzehn oder fünfzehn war, hörte ich sie ab und zu einfache Stücke probieren. Ansonsten kam dem Flügel zu jener Zeit eher die Rolle eines eleganten Möbelstücks zu, außerdem ließen sich vortrefflich Blumenvasen darauf abstellen, eigens dazu war stets eine schützende Decke über den Blüthner-Flügel gebreitet.

Ich war sechs, als meine Eltern mich fragten, ob ich nicht ein Instrument spielen wollte, ich bejahte, und so wurde entschieden, mich in der Pankower Musikschule vorzustellen. Dort erklärte ich den Lehrern voller aufrichtiger Begeisterung, ich wolle Geige spielen lernen. Mein Vater war in den zwanziger Jahren von Andreas Weisgerber unterrichtet worden, und ich selbst hörte immer wieder jene berühmten Schallplattenaufnahmen Stéphane Grapellis mit seinem Freund Django Reinhardt, die zweifellos zu den besten des Jazz gehören. Man gab mir eine Kindergeige in die Hand, dann noch ein Cello, einige Wochen später erreichte uns das Verdikt der Aufnahmekommission: Für die Geige seien meine Finger schon zu groß gewachsen, entweder Cello oder Klavier. Ich erklärte meinen

Eltern, das Cello sei nichts für mich, es würde mich auf die klassische Musik festlegen, im Jazz könne man nichts damit anfangen. Ich war noch kein Schulkind, aber ich wusste schon, was ich nicht wollte.

Also Klavier. Nur war für das beginnende neue Schuljahr kein Platz frei in der Klavierabteilung, es wurde entschieden, ich solle mit der Blockflöte beginnen, und dann nach einer Wartefrist von einem Jahr zum Klavier wechseln. Eine kleine dunkelbraune Blockflöte wurde beschafft, und ich begann meine Übungen. Tonleitern, dann auch einige einfache Stücke, täglich versuchte ich immer wieder aufs Neue, »Im Märzen der Bauer« fehlerfrei zu blasen, doch es wollte mir nicht gelingen, denn da war das tiefe C. Wann immer ich alle Löcher der Blockflöte zu schließen versuchte, pfiff es aus dem unteren Loch heraus, der Ton quietschte, und das Stück war verdorben. Sosehr ich mich auch bemühte: mit dem tiefen C stand ich auf Kriegsfuß. Ich schob es auf das Instrument, meine Lehrerin bezweifelte dies jedoch und gab mir die Schuld. Sie bestand darauf, dass ich ausdauernder üben müsse, mit dem kleinen Finger das C-Loch zu verschließen. Ich beschwerte mich bei meinen Eltern, die tatsächlich eine neue, schönere Flöte kauften, aber auch dann wurde es einfach nicht besser mit mir und dem tiefen C! Nicht nur einmal landete das Instrument an der Wand meines Kinderzimmers, erstaunlich, dass die Flöte diese wüste Behandlung überstand. Die Kerben, die das Holz des Instruments in die verputzten Wände schlug, waren noch nach Jahren zu sehen.

Im September 1972 war es so weit: der Klavierunterricht konnte beginnen. Ich wurde Frau Grollmuß zugeteilt, sie war nicht mehr jung, im Kern gutmütig, aber hin und wieder doch recht streng. Frau Grollmuß unterrichtete ausschließlich Mädchen, sie waren alle in meinem Alter, trugen Rüschenblusen und übten fleißig. Ich war der einzige Junge und übte nicht. Immer wieder versuchte mich meine Mutter mit Schokoladen zu ködern, ab und zu gelang ihr das auch. Eines Tages verkündete Frau Grollmuß, sie hielte mich für begabt. Wenn ich nur ordentlich üben würde, könne ein guter Pianist aus mir werden, ja mehr noch: nicht nur ein guter, sondern ein herausragender. Das Urteil meiner Klavierlehrerin war ein gefundenes Fressen für meine Mutter und stürzte mich im Alter von acht Jahren zugleich in eine tiefe Sinnkrise. Ich überlegte wochenlang: sollte ich meine Kindheit dem Klavierspiel opfern, um eines Tages vielleicht auf den großen Bühnen der Welt zu Hause zu sein? Ich fragte mich, was ich wohl später als Erwachsener über meine Kindheit sagen würde, eine Kindheit zwischen Notenblättern und Vorspielen bei Frau Grollmuß. Und so entschied ich eines Nachmittages, doch lieber Modellflugzeuge oder LEGO-Städte zu entwerfen und keinesfalls auf meine goldene Kindheit zu verzichten. Dafür würde aus mir eben nur ein mittelmäßiger Pianist, aber ich fühlte mich nun erleichtert, ich hatte eine Entscheidung getroffen und war entschlossen, dabei zu bleiben. Ich habe diese Entscheidung später nie bereut. Ich bin im Reinen mit ihr, sie erst hat mir ein Leben ermöglicht, wie ich es wirklich wollte. Wissen konnte ich das damals allerdings nicht.

Eines Tages beschloss meine Mutter, das Weihnachtsritual unserer Familie bedürfe einer Auffrischung. Sie kaufte einen Adventskranz. Noch nie hatten wir etwas Derartiges besessen. Natürlich wurde er auf dem Blüthner aufgestellt. Wenige Tage waren vergangen, ich hörte auf meinem Zimmer Tommy Dorsey und seinem Orchester zu, da vernahm ich aus der unteren Etage einigen Krawall. Ich lief die Treppe hinunter und konnte gerade noch sehen, wie mein Vater eine Vase nach der anderen umstülpte und deren Inhalt in den Flügel entleerte. Ihm war zuvor ein prasselndes Geräusch aufgefallen. Als er nach dem Rechten sehen wollte, stand der Adventskranz bereits lichterloh in Flammen. Wie gut, dass gleich drei oder vier große Vasen nebst Blumen und Wasser auf dem Instrument deponiert waren, das Feuer ließ sich in Sekunden ersticken. Nur der Flügel klang fortan etwas seltsam, das Furnier war verschmort und hatte ein fast kreisrundes Loch.

Nach einiger Zeit nahm sich eine Klavierbaufirma der Sache an. »Das Furnier ist nicht zu retten«, hieß es nach eingehender Prüfung des Schadens, »wir lackieren den Flügel schwarz!« Mein Vater stimmte dem Vorschlag nach kurzem Zögern zu. Monate vergingen, in denen ich auf einem Ersatzinstrument übte, dann stand eines Morgens überraschend der Klaviertransport vor der Tür. Zum Vorschein kam ein blütenweißer Blüthner, der entsetzte Blick meines Vaters sprach Bände: »Hollywood« in unserem Haus! Die Arbeiter erklärten lakonisch: »Schwarze Farbe hatten wa nich!« Offenkundig gab es in der DDR wieder einmal einen Engpass. Mein Vater zuckte hilflos mit den Schultern, ergab sich in sein Schicksal und betrat für einige Zeit nur sehr ungern den Salon.

Mit den Jahren gewöhnten wir uns an den Anblick. Das helle Weiß verwandelte sich durch den Pfeifen- und Zigarettenrauch meiner Eltern allmählich in ein schmutziges Blassgelb. Ich wurde älter, mein Übungseifer sank nochmals rapide, bei den Vorspielen avancierte ich zum schwarzen Schaf der Klavierklasse von Frau Grollmuß. Nach sieben Jahren und unzähligen Czerny-Etüden und Kabalewski-Stücken verließ ich schließlich die Pankower Musikschule mit einer schmachvollen Drei im Abschlussvorspiel. Ich schien Frau Grollmuß enttäuscht zu haben, ich wandte mich nun der Swingmusik zu, stundenlang saß ich am Blüthner-Flügel und versuchte nachzuahmen, was ich von Teddy Wilson und Fats Waller gehört hatte.

Noch immer steht das Instrument an seinem angestammten Platz. Heute hat der Flügel endlich die von meinem Vater gewünschte schwarze Farbe, wir haben jedoch an der Qualität der Lackierung gespart, und das sieht man leider auch. Kürzlich fand ich meine alte Blockflöte wieder, tiefe Kerben im Holz erinnern an meine einstigen Wutausbrüche, ich versuchte mich an »Im Märzen der Bauer«, das tiefe C will mir immer noch nicht gelingen.

13.

»Der Nächste bitte!« Die Stimme des hageren, hoch aufgeschossenen Friseurs ist streng und unerbittlich. Verzweifelt sehe ich mich um. Da muss doch noch einer vor mir sein. Ein älterer Herr blättert gelangweilt in der neuesten Ausgabe der »NBI«, zwei junge Männer, beide in dunkelblauer Arbeitskleidung, haben eben erst den Friseursalon betreten, sonst ist niemand da an diesem frühen Nachmittag. Es gibt keinen Ausweg, die Reihe ist an mir. Ich nehme auf dem Stuhl Platz, im Spiegel sehe ich mein verängstigtes Gesicht, der Friseur drückt mehrfach auf ein kleines Pedal an der Seite, der Stuhl fährt mit mir empor, Herr Elias wetzt schon das Messer, mit dem er in wenigen Augenblicken meinen Nacken bearbeiten wird. Ich weiß genau, was mir bevorsteht. Zunächst wird Herr Elias meinen Kopf unsanft in das Waschbecken drücken, Seife wird in meine Augen laufen, ich werde versuchen, den brennenden Schmerz zu unterdrücken und nicht aufzustöhnen. Dann wird der Friseur schließlich zu schneiden beginnen, pedantisch, langsam, dabei wird er immer wieder in meinen Hals schneiden, der blutig sein wird am Ende der Tortur.

Neben mir hat der ältere Herr mit der »NBI« inzwischen Platz genommen, er hat Glück, er ist – der Zufall wollte es so – von Egon aufgerufen worden, wie gern würde ich jetzt mit ihm tauschen. Egon ist klein, drahtig, er ist sehr sportlich, jeden Morgen läuft er, das wissen alle, zwanzig Kilometer durch den Bucher Forst, ehe er mit seinem Rennrad zum Frisieren in den Salon am Kurt-Fischer-Platz fährt. Herr Elias ist inzwischen weiter vorangeschritten, er hat sich von meinem völlig zerkratzten Hals zur linken Seite meines Kopfes vorgearbeitet, der ältere Herr ist schon einige Zeit weg, einer der beiden jungen Männer im Blaumann ist eben von Egons Stuhl aufgestanden und hat seinen Kollegen herangewunken, Egon macht sich mit Elan an die Arbeit, und während Herr Elias meinen Scheitel nun schon zum dritten Mal zu bändigen sucht, versprüht Egon bereits den obligatorischen Haarduft aus einer kleinen Flasche mit einem Blasebalg aus rotbraunem Gummi. Endlich ist auch Herr Elias fertig mit mir, ich bezahle eine Mark fünfzig, und nehme mir vor, nicht so bald wiederzukommen. Als ich gehe, verabschiede ich mich knapp von Herrn Elias und mit einem hoffnungsvollen Lächeln von Egon. Irgendwann muss es einfach klappen, denke ich mir.

Seit Jahren schon schneidet Egon meinem Vater die Haare, er ist immer zufrieden, und er duftet ganz frisch, wenn er aus dem Salon kommt. Ich frage mich, wie mein Vater es anstellt, nicht von Herrn Elias malträtiert zu werden. Einige Wochen später marschiere ich freiwillig und gemeinsam mit meinem Vater zum Friseur, ich hoffe inständig, hinter sein Geheimnis zu kommen, aber mein Vater hat einfach nur Glück, er wird im richtigen Moment aufgerufen und setzt sich zu Egon auf den Stuhl, während ich abermals bei Herrn Elias lande. Mein Vater muss fast eine Stunde auf mich warten.

Nun vergehen viele Wochen, ehe ich mich wieder zum Friseur traue, die Kratz- und Schnittwunden an meinem Hals sind zwar mit der Zeit verheilt und die Haare inzwischen entsetzlich lang gewachsen, aber ich wehre mich standhaft gegen einen neuerlichen Friseurbesuch. Irgendwann aber wird die Sache unvermeidlich, will ich dem Hohn und Spott meiner Mitschüler entgehen, meine Mutter drängt mich schon seit Tagen, schließlich gebe ich nach. Ich bin wild entschlossen, diesmal nicht von Herrn Elias zerschnitten zu werden. Ich sitze im Warteraum des Salons und sehe mich um. Da sitzen sie: meine Kontrahenten. Insgesamt vier Herren unterschiedlichen Alters, es wird also dauern. Nach und nach kommen weitere Kunden dazu, alle Stühle sind nun belegt.

»Der Nächste bitte!« ruft Herr Elias. Ich erbleiche. Die Reihe ist an mir. Gerade will ich mich erheben und zu Herrn Elias hinübergehen, da habe ich plötzlich einen Einfall. Ich wende mich an meinen Nachbarn, er ist wenige Minuten nach mir gekommen und wirkt überaus ungeduldig. »Gehen Sie ruhig vor, ich warte noch!« Der Mann sieht mich ebenso erstaunt wie erleichtert an, er steht auf und setzt sich nichtsahnend zu Herrn Elias auf den Stuhl. Egon hat eben einen jungen Mann verabschiedet. »Wer ist der Nächste bitte?«, fragt er mit einem Blick auf mich. Ich strahle und rufe: »Ich bin an der Reihe!«

Das ist es! So werde ich es fortan immer machen!, sage ich mir. Und tatsächlich: nie wieder soll Herr Elias meinen Hals verunstalten, Egon schneidet nun mein Haar, mal kurz, mal lang, meistens lang, wie damals, in den siebziger Jahren, üblich. Egon berichte ich in den folgenden Jahren von meinen sich verändernden Interessen, von den neuesten Spielsachen, die ich besitze, von den Reisen, die ich unternehme, von Mädchen, in die ich mich verliebe. Er ist es auch, der mir, als ich neunzehn bin, einen militärisch kurzen Haarschnitt verpasst, wenige Tage bevor ich meinen Dienst bei der Nationalen Volksarmee antrete.

Nach der Wende wird der kleine Salon, der immer eine sozialistische Produktionsgenossenschaft war, privatisiert, die Duftflaschen mit dem Zerstäuber aus rotbraunem Gummi werden durch elegante Sprays westlicher Fabrikation ersetzt, die Preise steigen rasant, aber Egon arbeitet weiter dort, Tag aus, Tag ein, Herr Elias hat kaum noch Kunden, irgendwann hört er ganz auf, nur Egon bleibt, er ist nun eine Institution in Pankow. Noch immer läuft er am frühen Morgen durch den Bucher Forst, er hat sich ein neues rotes Rennrad gekauft, ich mache mich gelegentlich über seine sportlichen Ambitionen lustig, in Wahrheit aber bewundere ich ihn. Egon ist inzwischen über sechzig, er sieht zwanzig Jahre jünger aus, läuft den Marathon in Berlin über die halbe und die ganze Distanz und scheint in bester Verfassung zu sein. Nichts kann ihn von seiner Arbeit abbringen, nichts ihm die gute Laune verderben. Vor Jahren hatte Egon bei einem Unfall einen Finger verloren, aber nach wenigen Wochen schon war er in den Salon zurückgekehrt, fröhlich und vergnügt wie immer.

In den letzten Jahren seines Lebens hatte ich Egon zu Hause besucht, wie immer schnitt er mir die Haare, er brauchte wie früher kaum länger als eine Viertelstunde dazu, ich musste ihm nichts sagen, wir verstanden uns blind. Nie war ich in all den Jahren zu einem anderen Friseur gegangen. Aber dann wurde Egon, der drahtige, sportliche Egon, überraschend krank. Es schien ernst um ihn zu stehen, ich besuchte ihn im Krankenhaus, er war sichtlich erstaunt, mich dort zu sehen, aber er schien sich zu freuen. Noch einmal kehrte Egon zurück in seinen kleinen Garten, in dem er die Sommer zu verbringen pflegte, er kehrte zurück zu Schere und Kamm, einmal im Monat saß ich in seinem improvisierten Salon, wir wechselten ein paar Worte, wie alte Bekannte es tun.

Es ist ein unerträglich heißer Julitag in Berlin, wieder bin ich bei Egon, er schneidet das Haar diesmal besonders kurz, ich hatte ihn darum gebeten, ich fliege am nächsten Tag nach Kenia und bin einige Wochen weg, da soll das Haar nicht zu lang wachsen in dieser Zeit. Beim Hinausgehen rufe ich Egon zu: »Bis zum nächsten Mal, vielen Dank!« Ich rufe ihm das ganz beiläufig zu, ich bin in Eile, ich sehe mich nicht einmal um dabei, ich gehe auf die Straße hinaus und frage mich plötzlich: »Hätte ich ihn nicht noch einmal ansehen sollen?« Wie komme ich nur auf diesen seltsamen Gedanken? An einem Donnerstagmorgen, drei Wochen später, quäle ich mich mit meiner Familie durch den dichten Verkehr Nairobis. Die Muranga Road ist wie immer hoffnungslos verstopft. Morgen werden wir nach Berlin zurückfliegen. »Ich muss Egon anrufen!«, schießt es mir durch den Kopf. Im nächsten Augenblick läutet mein Telefon. Es ist Egons Frau, sie weint leise. Egon, mein Freund Egon, ist tot.

14.

Von einem Tag auf den anderen Tag ist sie einfach verstummt, unsere Hausklingel. Immer wieder hatte mein Vater sie reparieren lassen, immer wieder hatte er sich über die Klingelstreiche vorbeikommender Kinder geärgert, nun hat mein Vater offenbar beschlossen, der Sache ein für alle Mal ein Ende zu machen. Niemand kommt, um die Klingel instand zu setzen.

Fortan steht unser Gartentor permanent offen, auch die Haustür selbst ist nicht verschlossen.

Alles schien nun auf günstigste Weise vereinfacht. Kam ein Besucher, schritt er einfach den Weg zur Veranda entlang, erklomm die wenigen Stufen, die zur Haustür führten, und stand schon wenige Augenblicke später inmitten unseres Hauses. Die Freunde meines Vaters waren mit dieser Prozedur bald bestens vertraut, höchstens klopften sie kurz an, um dann von meiner Mutter begrüßt zu werden, die schließlich meinen Vater herbeirief. Nur Fremde waren irritiert, erfolglos hatten sie zunächst nach einer Klingel gesucht, tief verunsichert drückten sie sich daraufhin – von uns meist unbemerkt – auf dem Gehweg herum und fragten sich immer wieder, was nun zu tun sei.

Besucher kamen oft in unser Haus, in der Regel waren es Freunde. Zu den häufigsten Gästen gehörte Hermann Kant. Obwohl er sich in den großen politischen Debatten des Landes regelmäßig auf der anderen Seite wiederfand, auf jener Seite also, die er aus unbedingter Loyalität seiner Partei gegenüber, aber letztlich doch höchst freiwillig gewählt hatte, schien er eine besondere Zuneigung für meinen Vater zu empfinden.

Nach einem schweren Autounfall war Hermann Kant gezwungen gewesen, auf Dauer mit schier unerträglichen Schmerzen leben zu müssen, alle, auch noch die außergewöhnlichsten Behandlungen in der Sowjetunion, hatten keine Linderung gebracht. Hermann Kant war mit der Schauspielerin Vera Oelschlegel verheiratet, sie begleitete ihn nur selten, wenn er zu uns kam. Einmal – ich mag etwa acht oder neun Jahre alt gewesen sein – hatte Vera Oelschlegel darauf bestanden, mir beizubringen, wie ein Schauspieler auf der Theaterbühne zu laufen habe. Ich wollte dies nicht lernen, ich wollte es vor allen Dingen nicht von dieser Frau lernen, aber ich war ein Kind, und Frau Oelschlegel sehr energisch. Sie zerrte mich immer wieder über das Parkett, bis sie endlich ein Einsehen hatte. Ich riss mich von ihrer Hand los und lief wutentbrannt die Treppe hinauf in mein Zimmer. Später erschien Vera Oelschlegel die Verbindung mit dem Politbüromitglied Konrad Naumann nützlicher zu sein, sie verließ Hermann Kant und blieb bei Naumann, allerdings nur, bis dieser in Ungnade fiel, nachdem er betrunken die Absetzung Erich Honeckers verlangt hatte.

Hermann Kant kam weiter in unser Haus, fast wöchentlich sah ich ihn in seinem Auto vorfahren, später, viel später erst sollte bei einigen der Verdacht aufkommen, Kants Besuche bei uns könnten nicht nur privater Natur gewesen sein.

Mit Stefan Heym war mein Vater in Chemnitz zur Schule gegangen, er war zwei Jahre älter, sein Gesicht glich dem eines Adlers, jedenfalls erschien es mir damals so. Ich hatte ihn gern, seine Stimme hatte ein außergewöhnliches, etwas heiseres Timbre, fast immer kam er mit seiner Frau Inge zu uns, gelegentlich besuchten wir ihn auch in seinem Haus in Grünau. In den meisten Fällen war Heym im Grundsatz mit meinem Vater einig, aber er gebrauchte weniger die Kunst der Diplomatie, sondern schien eher auf die Wirkung der überlegten Provokation zu setzen. Heym hatte gegen Ende des Krieges in einer speziellen Propaganda-Einheit der US-Armee gedient. Als ich – Mitte der achtziger Jahre – Soldat in der Strausberger Propagandabrigade war, schenkte mir Stefan Heym sein Buch »Reden an den Feind« mit einer Widmung: »From Psywarboy to Psywarboy!«

Heym erregte immer wieder aufs Neue das Missfallen der Regierenden in unserem Land. Wann immer sein Freund attackiert wurde, schritt mein Vater ein, um ihn zu verteidigen. »Fünf Tage im Juni« erschien in der DDR, weil mein Vater sich bei Honecker für das Buch verwendet hatte. Als Heym 1979 aus dem Schriftstellerverband ausgeschlossen wurde, hatte mein Vater – er war der Einzige gewesen – eine leidenschaftliche Gegenrede gehalten. Stefan Heym hat diese Freundschaft nie verraten, nie in Frage gestellt. Ganz zum Schluss verteidigte Stefan Heym seinen Freund in einem brillanten Aufsatz gegen die schmutzigen Manöver eines Fälschers. Mein Vater hat diese Schrift noch gelesen.

Christa Wolf war eine besonders häufige Besucherin in unserem Haus, fast schon gehörte sie für mich zum »Inventar«, so selbstverständlich erschien mir ihre Anwesenheit, ich mochte vor allen Dingen ihren Mann Gerhard, der einen warmherzigen und gütigen Eindruck bei mir hinterließ.

Schon als Kind saß ich oft bei den Erwachsenen, wenn sie miteinander sprachen, meine Eltern hatten nichts dagegen einzuwenden, ich bemühte mich dann nach Kräften, den Debatten zu folgen. Leicht war dies für mich freilich nicht, denn die Freunde meines Vaters sprachen wie er selbst ein kunstvolles Deutsch, sie benutzten Wörter, die ich nicht kannte, und sprachen von Ereignissen, mit denen ich nicht vertraut war.

Hin und wieder kamen außergewöhnliche Gäste in unser Haus, ich erinnere mich an einen Besuch Heinrich Bölls, ich wusste, dass er den Nobelpreis für Literatur erhalten hatte, und vor allen Dingen deswegen war ich darauf aus gewesen, seine

Bekanntschaft zu machen. Uwe Johnson kam einige Male, auch Erich Fried, sie nahmen kaum Notiz von mir, obwohl mein Vater mich jedem Besucher vorstellte.

Zu den interessantesten Freunden meines Vaters gehörten Jeanne und Kurt Stern, Jeanne war Französin, eine kleine, zierliche Person, ihr Mann groß, mit einer gewaltigen, hakenförmigen Nase, die mich als Kind überaus beunruhigte. Die Sterns kamen oft zu uns, sie waren über all die Jahre ein Teil meiner Kindheit gewesen. Als Kurt Stern 1989 kurz vor dem Zusammenbruch der DDR starb, hielt mein Vater die Grabrede. Noch nie zuvor war ich auf einem Begräbnis gewesen. Mein Vater sprach in der Kapelle des kleinen Friedhofes direkt an der Schönholzer Heide. Er sprach von den leuchtenden Augen der leidenschaftlichen, jungen Kommunisten, von einer Generation, die nun für immer fortging und die es so nicht wieder geben würde. Um uns herum schien in jenen Tagen alles zu zerfallen. Ich weinte um Kurt Stern und um die verlorene Illusion.

Heiner Müller kam nur selten zu uns, er blieb dann aber bis in die Nacht und trank bedenkliche Mengen Whiskey, ich erinnere mich daran, wie mein Vater mich eines späten Abends bat, Heiner Müller mit dem Wagen nach Hause zu fahren, es war ein amüsanter Ausflug, Heiner Müller war bestens gelaunt, und wir unterhielten uns während der Fahrt über meine musikalische Karriere, die ihn sehr zu interessieren schien.

Bald darauf wurde Heiner Müller krank, nach einiger Zeit stellte sich heraus, wie ernst sein Zustand war, es gab keine Hoffnung. Heiner Müller wurde auf dem Dorotheenstädtischen Friedhof begraben, ganz in der Nähe seines Lehrers Bertolt Brecht. Ich war an jenem grauen Januartag an der Seite meines Vaters über den Friedhof auf das frisch ausgehobene Grab zugegangen, mein Vater hatte kurz zuvor noch im Berliner Ensemble gesprochen, nun lief Manfred Stolpe neben uns, mein Vater wechselte einige Worte mit ihm, ich betrachtete die Grabsteine um uns herum, ich konnte nicht ahnen, wie bald ich an diesen Ort zurückkehren würde.

In den achtziger Jahren nahm die Zahl der Besucher in unserem Haus allmählich ab, einige hatten das Land verlassen, andere lebten nicht mehr, und auch mein Vater schien nun zunehmend die Abgeschiedenheit unseres verlebten, verwunschenen Hauses zu bevorzugen.

Die Journalisten kamen noch. Wann immer sich etwas Außergewöhnliches im politischen Leben des Landes ereignete, konnte man fest damit rechnen, dass die Übertragungswagen von ARD, ZDF oder SFB vor unserem Haus vorfuhren, Fritz Pleitgen oder Lutz Lehmann besprachen mit meinem Vater das beabsichtigte Interview, Kabel wurden ausgerollt, Leuchten aufgestellt, Möbel gerückt. Es musste dann still sein im Haus, kein Gedanke an Musikhören oder laute Spiele. Die Dreharbeiten waren schon schwierig genug, das elektrische System unseres Hauses stammte aus dem Jahre 1927 und war nie modernisiert worden, es hielt den Belastungen der Kamerabeleuchtung nicht stand, oft genug musste meine Mutter die Kellertreppe hinunterlaufen und herausgesprungene Sicherungen wieder eindrehen.

Hanns Joachim Friedrichs trafen meine Eltern meist auswärts, er empfand augenscheinlich tiefe Verehrung für meine Mutter. Kaum hatte er erfahren, dass sich ihr Sohn für amerikanischen Swing interessierte, eine Begeisterung, die er, wie sich herausstellte, mit mir teilte, schleppte Friedrichs ein gutes Dutzend Schallplatten aus seiner Sammlung an. Er behauptete zumindest, sie stammten von dort, aber die Hüllen waren neu und ohne jede Abnutzung. Wir vermuteten, dass Friedrichs sie wohl doch in einem Geschäft eigens für mich gekauft haben musste. Mir war das gleich, ich hörte – dank Hanns Joachim Friedrichs – zum ersten Mal Earl Hines und Jimmy Lunceford, und abends, wenn ich mit meinen Eltern die »Tagesthemen« sah, blickte ich voller Dankbarkeit in das freundlich lächelnde Gesicht des berühmten Nachrichtensprechers.

Selten, ganz selten nur kamen auch unwillkommene Besucher zu uns. Eines Tages fanden wir, eben von einer Lesung auf dem Alexanderplatz zurückgekehrt, in unserem Garten eine hagere Frau mittleren Alters vor. Nachbarn hatten ihr, in der Annahme, sie sei mit meinem Vater verabredet, einen Gartenstuhl und einen Klapptisch geliehen, auf dem Tisch stapelten sich Manuskripte, es mögen gut und gern drei- oder viertausend Seiten gewesen sein. Die Dame bestand energisch darauf, mein Vater möge ihr Werk sofort studieren und ein zweifellos möglichst günstiges Urteil fällen. Mein Vater floh ins Haus, während meine Mutter und ich die sich heftig wehrende Irre mühsam auf die Straße hinauskomplimentieren mussten.

Irgendwann meldete sich telefonisch ein junger Mann bei uns, er habe ein dringendes Anliegen, das er mit meinem Vater zu besprechen wünsche. Meine Mutter verabredete mit ihm einen Termin, zu dem dieser auch pünktlich erschien. Etwas Entrücktes in seinem Blick irritierte meine Mutter und mich, wir beschlossen, im benachbarten Raum zu warten, während sich mein Vater mit dem Besucher in sein Zimmer zurückzog. Bald darauf hob ein schreckliches Geschrei an, der junge Mann – offensichtlich ein Geistesgestörter – stürzte mit wild verzerrtem Gesicht aus dem Zimmer und begann damit, seinen Kopf immer wieder gegen die Wand zu schlagen. Es blieb uns nichts anderes übrig, als die Polizei herbeizurufen.

In den letzten Lebensjahren meines Vaters versiegte der Strom der Besucher in unserem Haus fast vollständig, die Abende mit Stefan Heym, Kurt Stern oder den Wolfs waren für mich nur noch sentimentale, wehmütige Erinnerungen an die unwiederbringliche Zeit meiner Kindheit.

Das ist es wieder, das schrille Geräusch. Ich schrecke aus meinen Gedanken auf, durchdringend hat unsere Hausklingel geläutet, durch das Fenster meines Arbeitszimmers sehe ich gerade noch einige fröhlich lachende Kinder davonlaufen.

15.

Der größte Schatz meiner Kindheit passte in eine schon etwas mitgenommene Plastiktüte. Dort pflegte ich sie aufzubewahren: meine Spielzeugautos. Bunt durcheinandergeworfen, warteten sie in dieser Tüte auf die Ausflüge, die ich mit ihnen im Garten unternahm. Da war ein weißer Mercedes SL, ich liebte seine aufregende, moderne Form und die neuartigen großzügigen Rückleuchten. Ich besaß einen RO80, der blinken konnte, wenn man ihn links oder rechts zur Seite drückte – und eine frische Batterie eingelegt war. Mein ockerfarbener Porsche Targa lockte mit ausziehbaren Seitenfenstern, ein Opel GT mit drehbaren Frontscheinwerfern. Wann immer das Wetter es zuließ, schleppte ich die schwere Tüte in den Garten und ließ die kleinen Modellautos über die steinerne Brüstung hinter dem Haus rollen. Mit den Jahren hatten sich die Steinplatten allmählich gelockert, so dass ich gezwungen war, die Lücken mit Sand zu verschließen. Immer und immer wieder, denn jeder Regen wusch den sorgsam festgeklopften Sand aufs Neue aus. Mit Kreide malte ich Straßen und Parkplätze auf die Steinplatten, sperrte Baustellen mit Zweigen ab oder errichtete Polizeikontrollen, die ein alter dunkelgrüner VW Käfer mit Blaulicht bewachte. Ich hütete meinen Schatz, die feinen Modelle der Marke Dinkey Toys waren besonders schön gemacht und sehr detailliert. Nie hatte ich ein Modellauto verloren, nie war etwas kaputtgegangen. Selbst die Kinder aus der Grabbeallee 69, die natürlich sehr darauf erpicht waren, mit den Modellautos zu spielen, hatten sie immer sorgsam behandelt.

In jenem verhängnisvollen Sommer verreisten wir in die Schweiz. Bevor wir abfuhren, deponierte ich die lädierte Tüte auf der Veranda, aus den Löchern im Plastik lugten Mercedes-Sterne und BMW-Nieren hervor. Wir verschlossen die Tür und fuhren unbeschwert in den Süden.

Vier Wochen später sind wir zurück. Mein Vater schließt das Haus auf, wir schleppen Taschen und Koffer herein, wie immer riecht das Haus etwas fremd, ich weiß, der Geruch wird binnen Minuten vergehen, und ich werde mich wieder heimisch fühlen. Doch irgendetwas ist anders als sonst. Irgendetwas ist nicht an dem Ort, an dem es sein sollte. Die Plastiktüte! Meine Autos! Sie sind verschwunden. Alle. Ich alarmiere meine Eltern, eine fieberhafte Suche setzt ein, weinend erkläre ich, meine Sammlung wäre ohne jeden Zweifel gestohlen worden. Mein Vater widerspricht energisch: »Wer sollte deine Autos stehlen, niemand war hier im Haus.« – »Doch«, entgegne ich misstrauisch, »Gretel!« Meine Eltern ziehen die Augenbrauen hoch. Auch mir selbst erscheint der Verdacht, unsere alte streng katholische ostpreußische Haushälterin könnte die Plastiktüte entwendet haben, noch im selben Moment völlig abwegig. Gretel ist die gute Seele des Hauses, ich liebe es, ihr Streiche zu spielen, auf die sie immer wieder von neuem hereinfällt. Ich sabotiere unseren Staubsauger, erschrecke sie auf dem Dachboden oder spanne Bindfäden in den Zimmern, über die sie stolpert. Nie ist sie mir böse, und für mich ist Gretel keine Haushälterin, sondern vielmehr Teil unserer Familie. Kein Gedanke, sie könnte etwas mit dem Verschwinden der Spielzeugautos zu tun haben. Aber alles Suchen ist am Ende umsonst, ich sehe meine Autos nicht wieder.

Etwa zu jener Zeit verkauft mein Vater überraschend unsere Musiktruhe, einen großen hölzernen Kasten aus den fünfziger Jahren, mit Plattenspieler, Radio und Tonbandgerät. Von einem Tag auf den anderen steht an Stelle des vertrauten Möbels ein kleiner Plattenspieler der Marke Ziphona und ein unscheinbares Radiogerät aus Plastik in der Ecke des Esszimmers. Ich erkundige mich bei meinem Vater nach dem Grund dieser Veränderung. »Das Tonbandgerät war defekt, und niemand konnte es reparieren.« Ich frage nicht weiter nach. Jahre später erst berichtete mir mein Vater, dass eines Tages das Wählgeräusch des Telefons am anderen Ende des Zimmers plötzlich in den Lautsprechern der Musiktruhe zu hören gewesen sei ... Daraufhin hatte er kurz entschlossen das Gerät samt aller eingebauten Mikrofone versetzt.

Das Telefon in unserem Haus ging regelmäßig kaputt, erstaunlicherweise erschienen die Monteure bei der geringsten Reklamation sofort, ganz im Gegensatz zu der ärgerlichen Gewohnheit ostdeutscher Handwerker, ihre Kunden wochenlang warten zu lassen. Für einige Zeit funktionierte das Telefon dann anstandslos, nur um schließlich wieder auszufallen und neuerlich repariert zu werden. Ganz offensichtlich hatten gewisse Vorrichtungen im Telefon nur eine ganz bestimmte Lebensdauer.

Ende der achtziger Jahre bot der damalige Leiter der Ständigen Vertretung Hans Otto Bräutigam meinem Vater an, unser Haus von einem darauf spezialisierten Unternehmen aus Westberlin auf verborgene Abhöreinrichtungen untersuchen zu lassen. Mein Vater schien von der Idee zunächst ganz angetan zu sein, bis er von den zu erwartenden Kosten hörte.

Eines Abends sitzen wir im Arbeitszimmer meines Vaters vor dem Fernsehapparat, eben hat meine Mutter das Essen hereingebracht, die »Tagesschau« wird gleich beginnen, da wirft mein Vater einen Blick aus dem Fenster. »Was ist denn dort draußen?«, frage ich. »Da stehen sie wieder, geh doch mal nachsehen!« Ich laufe aus dem Haus, direkt gegenüber, auf dem Mittelstreifen, der die beiden Fahrspuren unserer Straße teilt, parkt ein Wartburg. Ich gehe auf das Auto zu. Zwei Herren sitzen darin und lesen Zeitung. Als ich näher komme, werfen sie mir verstohlene Blicke zu. Ich gehe auf die Fahrerseite hinüber und starre ins Auto hinein. Die Herren sind irritiert, sie wagen nicht, von ihrer Zeitung aufzublicken. Schließlich ziehe ich ein Blatt Papier aus der Tasche und beginne, die Autonummer zu notieren. Fassungslos sehen die Herren meinem Treiben zu. Noch ehe ich unser Gartentor wieder erreicht habe, heult der Motor des Wartburgs auf, und das Auto braust davon. Meine Eltern und ich amüsieren uns köstlich über den Spaß. Den enttarnten Herrn haben wir wohl gründlich die Laune verdorben. Von Zeit zu Zeit konnte ich beobachten, wie mein Vater – wenn wir nach einer Reise oder dem Besuch bei Freunden in unser Haus zurückkehrten – unvermittelt ein beliebiges Zimmer betrat, entschlossen auf eines der Bücherregale zuschritt und die Position eines Bandes korrigierte. Unter hunderten Büchern erkannte mein Vater mit einem einzigen Blick, welches Exemplar sich nicht an seinem Platz befand oder doch wenigstens verschoben war. Ich maß meiner Beobachtung damals keine besondere Bedeutung bei. Erst viele Jahre später erfuhr ich, dass unser Haus in jenen Jahren hin und wieder ungebetenen Besuch bekommen hatte. Sie müssen durch alle Zimmer gegangen sein, haben gewiss in der Bibliothek gestöbert und die französischen Parfüms meiner Mutter ausprobiert. Irgendwann könnte ihnen vielleicht auf der Veranda eine weiße, ramponierte Plastiktüte aufgefallen sein, und sie hatten ja auch Söhne und Töchter …

Vor einigen Jahren besuchte ich eine Oldtimerausstellung in Berlin. Wunderschöne alte Wagen waren auf dem weitläufigen Gelände in Moabit platziert und wurden von den Schaulustigen bewundert. Dazwischen einige Händler, die Zubehör und Modellautos vertrieben. Ich bleibe vor einem kleinen Verkaufsstand stehen und glaube meinen Augen nicht zu trauen: Dort steht er: mein ockerfarbener Porsche Targa. Ich nehme ihn in die Hand, die winzigen Fensterscheiben in den Türen lassen sich noch immer bewegen. Auf der Haube fehlt etwas Lack. Ich stelle das Auto zurück und gehe weiter.

16.

Mit neun Jahren wechselte ich die Schule, in der alten Schule hatte ich mich zu langweilen begonnen, die Lehrer waren der Ansicht gewesen, ich gehörte nun auf eine Anstalt mit höheren Anforderungen. Ich war von der Veränderung alles andere als begeistert. Ich mochte das aus rotem Backstein errichtete Gebäude der Gerhart-Eisler-Oberschule, es lag unserem Haus direkt gegenüber, für meinen Schulweg hatte ich bislang kaum zwei Minuten benötigt. Doch meine Eltern hielten einen Wechsel für angezeigt, und so besuchte ich fortan die Wilhelm-Pieck-Oberschule an der Kissingenstraße. Ich wurde der Klasse 3R2 zugeteilt, das R stand für erweiterten Russischunterricht, statt der in der DDR üblichen Wochenstunde hatten wir jeden Tag eine Lektion in russischer Sprache. Meine Mutter war schon immer der Ansicht gewesen, das Antisowjetischste in der DDR sei der Russischunterricht, und tatsächlich dürfte kaum etwas so sehr zur ablehnenden Haltung der Bevölkerung allem Russischen gegenüber beigetragen haben wie der Zwang, die komplizierte russische Sprache zu erlernen und das sowjetische Volk als Brudervolk zu betrachten.

In der neuen Schule kam ich anfangs ganz gut zurecht. Gewiss, das große, düstere Schulgebäude aus Kaiserzeiten wirkte abweisend auf mich, und der Schulweg war weit. Ich musste jeden Morgen zehn Minuten zur Haltestelle am Heinrich-Mann-Platz laufen und von dort den 45er Bus nehmen, doch es war aufregend, in einer neuen Klasse zu sein und neue Lehrer kennenzulernen. Unter meinen Mitschülern war ein Junge, dessen Eltern Diplomaten waren, eben erst war die Familie aus Havanna zurückgekehrt, R. war sportlich, eloquent und offenbar daran gewöhnt, Wortführer in einer Gemeinschaft zu sein. Nach einiger Zeit hatte sich herumgesprochen, dass mein Vater ein berühmter Schriftsteller war, es war auch auf unerklärliche Weise herausgekommen, dass ich mit meinen Eltern gelegentlich in den Westen reiste. R. gefiel das gar nicht, er begann damit, mich zu hänseln und andere Schüler gegen mich aufzubringen. Gerüchte machten die Runde, meine Mitschüler hielten mich für einen Aufschneider, obwohl ich alles tat, um meine privilegierte Lage vor den anderen zu verheimlichen. Betrat ich das Klassenzimmer, steckten sie ihre Köpfe zusammen, wiesen in meine Richtung und flüsterten miteinander. Ich wusste mich all dessen nicht zu erwehren, ich versuchte, sie zur Rede zu stellen, aber sie lachten mich nur aus. Schließlich sah ich keinen anderen Ausweg und zog mich zurück. Wenn sie mich nicht wollten, dann wollte ich sie auch nicht. Meine Haltung schien jene zu bestätigen, die mich schon immer für seltsam und überheblich gehalten hatten.

Unsere Deutschlehrerin hieß Frau Reeck, sie war eine aparte Person, sie trug ihr dunkles Haar streng nach hinten gekämmt und zu einem Pferdeschwanz zusammengebunden, ihr Unterricht war nie langweilig, und sie behandelte alle Schüler freundlich. Ich hatte den Eindruck, dass sie mich mochte. Eines Tages stellte Frau Reeck der Klasse eine Aufgabe. Wir sollten uns einen Mitschüler aussuchen und seine Eigenschaften beschreiben. Wir machten uns an die Arbeit. Nach einer halben Stunde bat Frau Reeck uns, die Federhalter wegzulegen, und forderte einige Schüler auf, ihre Notizen vorzulesen. Nacheinander lasen sie ihre Beschreibungen vor, alle handelten von mir, und keinem einzigen meiner Mitschüler war dabei eine erfreuliche Eigenschaft eingefallen. Eine Schülerin berichtete, wie ich nach einer Julfeier aus dem Fenster unseres Westwagens gesehen und die im Regen zurückbleibenden Schüler ausgelacht hätte, während mein Vater den Wagen vor der Schule wendete. Eine Schauergeschichte folgte der anderen. Keine einzige hatte sich so ereignet, es war, als hätten sich alle Schüler verschworen, Geschichten über mich zu erfinden, denn das waren sie: erfundene Geschichten. Entsetzt brach Frau Reeck die Stunde ab, aber helfen konnte sie mir auch nicht.

Schon als kleines Kind hatte ich gern gezeichnet, Stunden konnte ich über einem Blatt Papier zubringen, ich zeichnete Automobile, Flugzeuge und Gebäude, mit Menschen tat ich mich schwer, sie lagen mir nicht. In der alten Schule hatte Frau Beier uns im Zeichnen unterrichtet, sie war eine milde, gutherzige Frau gewesen. Als ich mich in einer ihrer Unterrichtsstunden geweigert hatte, zu einem Schlager von Frank Schöbel zu tanzen, und wie ein Stock steif in der Bank stehen geblieben war, hatte sie mich wortlos gewähren lassen, meine Zeichnung tanzender Kinder gelang mir natürlich nicht, aber auch darüber hatte Frau Beier hinweggesehen. In der neuen Schule war Frau M. unsere Zeichenlehrerin, sie erkannte schnell, dass ich nicht unbegabt war, doch sie hatte ihren Lehrplan, und den galt es einzuhalten. Darin war vorgesehen, dass wir eine sozialistische Baustelle zu malen hatten, mit großen Kränen und Baggern, fröhlichen Bauarbeitern und hellen, freundlich aussehenden Plattenbauten. Gesagt, getan. Ich war von der Aufgabe begeistert. Ich ordnete meine Maschinen und die Menschen, die sie bedienten, hintereinander an, je weiter sie vom Betrachter entfernt waren, desto kleiner wurden die Objekte. In weiter Ferne standen schließlich die bereits fertig gestellten Wohngebäude, aus denen die glücklichen neuen Mieter winkten.

Ich sah hinüber zu meinen Nachbarn. Auf ihren Blättern war alles in gleicher Größe übereinander angeordnet, Traktoren, Kräne, Häuser, Menschen. Ich musste lächeln. Ich fühlte mich sicher und überlegen, ich sah auf meine Zeichnung, so und nicht anders musste eine sozialistische Baustelle aussehen.

Frau M. sammelte am Ende der Stunde unsere Blätter ein. In der darauffolgenden Woche bekamen wir sie zurück. Unter meiner Zeichnung stand in roter Tinte eine 3. Ich war fassungslos. Was hatte ich denn falsch gemacht? Die anderen Schüler sahen zu mir herüber, sie kicherten und freuten sich offenkundig über meine schlechte Note. Nach der Stunde ging ich zu Frau M. und wollte von ihr wissen, womit ich denn eine 3 verdient hätte. »Du hast perspektivisch gezeichnet. Das ist zwar eigentlich richtig, aber so zeichnet kein neunjähriges Kind. Wir nehmen das erst im übernächsten Jahr durch. Deswegen ist es falsch.« Ich verstand: Etwas Richtiges war falsch, wenn die sozialistische Volksbildung das Richtige erst für später vorsah.

Enttäuscht fuhr ich nach Hause, meine Mutter versuchte mich zu trösten, aber ich wollte nur noch weg von dieser seltsamen Schule und meinen Mitschülern, die mich nicht mochten. Ich konnte nicht wissen, dass meine Rettung nahte. In wenigen Wochen würde ich einen Freund fürs Leben finden.

17.

Das Grundstück des Dachdeckers Robert Moh auf der anderen Seite der Straße war ein großes, unübersichtliches Gelände, in dessen Mitte ein kleines Haus stand, umgeben von Gartenlauben, Garagen und einem ausgedehnten überdachten Lager für die unzähligen Holzleitern in allen nur denkbaren Größen. Robert Moh führte den Dachdeckerbetrieb seines Vater weiter, im Wohnzimmer hing die Schwarzweißaufnahme eines riesigen Baugerüsts, die Firma Moh war Ende der zwanziger Jahre am Bau der berühmten, seinerzeit hochmodernen Karstadtrepräsentanz am Herrmannplatz in Neukölln beteiligt gewesen. Robert Moh pflegte jeden Morgen mit seinem altmodischen rotbraunen Lastwagen der Marke »Garant« aus dem Tor des Grundstücks zu fahren, um eines der vielen maroden Dächer der Stadt auszubessern, oder – wenn die Bewohner des jeweiligen Gebäudes besonders viel Glück hatten – es gänzlich neu einzudecken.

Robert Moh lebte mit seiner Frau und seiner Tochter im oberen Stockwerk des in den dreißiger Jahren errichteten kleinen Hauses, das Parterre hatte die Schwester bezogen, mit ihrem Mann Herrn Dalchow. Fast jeden Tag war ich bei Mohs zu Besuch, ich hatte mich mit deren Tochter Sybille angefreundet, schon als wir beide drei waren. Frau Moh saß entweder im Büro und sortierte Rechnungen und Lieferscheine oder verbrachte Stunden mit der Pflege des sorgsam angelegten Gartens. Ihr Mann war fortwährend damit beschäftigt, irgendetwas zu reparieren. Er besserte das Dach aus oder erneuerte den Anstrich des Gartenzauns.

Ich liebte Sybilles Vater, er war ein strenger und doch gütiger Mann, in ihm wohnte eine gewisse Ironie, die man nur richtig zu deuten verstehen musste. Er war das natürliche Oberhaupt der Familie, seine Frau war eine einfache Person, aber an beider Zuneigung füreinander gab es allen Frotzeleien zum Trotz keinen Zweifel. Das Grundstück war für Sybille und mich ein großartiger, verwunschener Abenteuerspielplatz, immer wieder entdeckten wir neue Winkel und Ecken, die wir zuvor übersehen hatten. Wir stellten einigen Unsinn an. So beschloss ich eines Tages, mich in einer der zahlreichen leeren Teertonnen zu verstecken, in denen Herr Moh das Regenwasser auffing, um die Blumenbeete zu bewässern. Als meine Mutter nach einiger Zeit herüberkam, um mich zum Mittagessen abzuholen, log Sybille wie verabredet, sie wüsste nicht, wo ich wäre. Möglicherweise sei ich schon nach Hause gegangen, sie habe mich längere Zeit nicht gesehen. Meine Mutter schien Sybille nicht zu glauben und suchte verzweifelt zwischen den Leitern und Teertonnen nach ihrem verschwundenen Sohn. Ich hörte ihre sich überschlagende Stimme direkt neben mir, aber meine Mutter versäumte es, in jene Tonne zu sehen, in der ich mich zusammengekauert versteckt hielt. Schließlich – nun schon in Tränen aufgelöst – verabschiedete sich meine verängstigte Mutter, jetzt erst überkam mich ein schlechtes Gewissen, ich sprang aus der Tonne, meine Mutter sah mich entgeistert an, wütend über den gelungenen Streich und zugleich erleichtert über den wiedergefundenen Sohn. Ich hatte in den folgenden Stunden Mühe, meine Mutter zu besänftigen.

Irgendwann berichtete mir Sybille, sie hätte mit ihren Stofftieren einen Tierclub gegründet, es waren Bären und Hunde unter den Mitgliedern, Sybille hatte alle ihre Namen aufgelistet. Umgehend gründete ich meinen eigenen Tierclub. Ich sortierte meine Stofftiere. Präsident wurde ein Eisbär, meine Mutter hatte das in der DDR gefertigte Tier Mitte der fünfziger

Jahre in Moskau gekauft. Während sie 1958 bei Hans Mayer Germanistik studierte, wartete der Eisbär in ihrer Leipziger Wohnung. Mit ihr kehrte er später wieder nach Moskau zurück, bis ich ihn eines Tages dort entdeckte und nach Berlin brachte. Der Eisbär war jedenfalls weit gereist, dies allein machte ihn zu einem idealen Kandidaten für den Vorsitz des Tierclubs, dies und der sowjetische Orden, den ich an seine Brust geheftet hatte. Immer mehr Tiere traten dem Club bei, ein Schwein wurde zum Chefredakteur der Clubzeitung bestimmt, die in einem einzigen Exemplar erschien. Ich entwarf ein Statut, das im Wesentlichen den Statuten der Jungpioniere entliehen war. Ich hatte ihm allerdings eine Präambel vorangestellt. Dort hieß es: »Der Club ist sozialistisch, aber demokratisch.« Ganz nebenbei hatte ich mit neun Jahren den mir völlig unbekannten demokratischen Sozialismus erfunden.

Sybille und ich lagen nun in einem erbitterten Wettstreit um die jeweils höchste Mitgliederzahl unserer Clubs, ich suchte überall in unserem Haus nach Tieren, die darauf brannten, meinem Tierclub beizutreten, ich riss einen Kleiderhaken mit Hundekopf aus der Wand und erklärte den Haken und einen Topflappen mit Tiergesicht ebenso zu Mitgliedern des Clubs wie fünf äußerst geschmacklose Stoffäffchen, die ich in einem Blumengeschäft entdeckt hatte. Beide Clubs tauschten Botschafter aus, ich bekam einen Stoffhund namens Flimmi, ich entsandte einen Ziegenbock, der prompt verloren ging, weshalb Flimmi noch heute sein Dasein in Geiselhaft verbringt. Oft spielten Sybille und ich mit den Figuren meiner LEGO-Stadt. In »Browsken«, so hatte ich sie getauft, gab es Schulen, Krankenhäuser, einen Bahnhof und sogar einen Hafen. Durch das ganze Zimmer zogen sich blaue Gleise aus Plastik, ein filigranes System mit Weichen und Brücken. Unserer Haushälterin Gretel war es auf das Strengste untersagt, sich der Stadt mit dem Staubsauger zu nähern. Das hatte über die Jahre Folgen, aber Sybille und ich störten uns nicht an den Staubflocken unter den Gleisen und in den Vorgärten der LEGO-Häuser.

Für Sybilles Figur hatten wir uns den Namen Kakuline Kasch ausgedacht, mein Held war nach einem legendären amerikanischen Fernsehdetektiv benannt, zu dessen Markenzeichen ein zerknitterter Trenchcoat und ein Glasauge gehörten – mein Columbo trug einen Cowboyhut, was ihn zweifelsfrei als Amerikaner auswies. Während wir spielten, hörten Sybille und ich Tommy Dorsey oder Artie Shaw. Ich hatte damit begonnen, Musik aus dem Radio aufzuzeichnen. Ich besaß ein polnisches Mikrophon, ein sowjetisches Radio und einen »Sonett 77«, ein Kassettengerät aus DDR-Produktion. Mit dieser Installation nahm ich Radiosendungen des SFB auf, niemand durfte mich dabei stören, am wenigsten meine Mutter, die ich kurzerhand aus meinem Zimmer warf, nicht ohne meinen Zeigefinger mit energischer Geste an den Mund geführt zu haben. Sybille spielte ich von Zeit zu Zeit meine neuesten Aufnahmen vor. Sie hat sich nie darüber beschwert, andererseits aber auch kein besonderes Interesse an meiner Musik gezeigt.

Mit der Zeit änderten sich unsere Spiele, wir besuchten nicht mehr dieselbe Schule, hatten nicht mehr dieselben Freunde. Es gab eine Periode, da stritten wir häufig. Die Anlässe waren meist nichtig, Sybille – so schien mir – war nun oft launisch und unberechenbar. Ich verstand sie nicht mehr und ärgerte mich über ihre bisweilen – wie ich meinte – giftigen Bemerkungen. Meine Mutter meinte, wir seien nun in der Pubertät, ich solle es nicht schwernehmen, so sei es eben, das ginge vorüber. Ich begann, Distanz zu halten, doch die Verbindung riss nie ganz ab. Noch immer fuhr Herr Moh mit seinem Garant durch die Stadt und reparierte Dächer, dann wurde er krank und musste das Geschäft aufgeben. Wir sahen ihn immer seltener, ab und zu sprach er mit meiner Mutter, die er zu mögen schien, weil sie ihn nahm, wie er war, und ihn verstand. Als Robert Moh starb, starb auch ein Teil meiner Kindheit. Das Grundstück wurde verkauft. Sybille lebt heute mit ihrem Mann ganz in der Nähe. Hin und wieder läuft man sich über den Weg. Wenn ich über die Straße sehe, blicke ich auf den Ort meiner Kindheit. Das Gelände ist verwahrlost. Nichts ist dort mehr so, wie es war.

18.

Seit ich im September 1974 auf die Wilhelm-Pieck-Schule gewechselt war, hatte sich an meiner Isolation in der Klasse nichts geändert. Immer wieder erfuhr ich die Ablehnung der anderen, auf die ich meinerseits mit herausfordernder Überheblichkeit und Arroganz zu reagieren begonnen hatte. Ich lieferte den anderen in meiner Klasse, selbst den eher wohlmeinenden, nun jeden Grund, mich nicht zu mögen. Die Fronten hatten sich schließlich immer weiter verhärtet, aus der verfahrenen Situation schien es keinen Ausweg zu geben. Eines Tages stellte unsere Klassenlehrerin Frau Kahms uns einen neuen Mitschüler vor. Er heiße Christian Reich, sagte sie, und sei vor wenigen Wochen mit seinen Eltern aus der Sowjetunion zurückgekehrt. Ich horchte auf. Dann musste er wohl russisch sprechen können. In der Pause ging ich zu ihm hinüber. Christian hatte ein freundliches, offenes Gesicht, seine kurzen blonden Haare waren gelockt, er lachte mich an und fragte mich nach meinem Namen. Es stellte sich heraus, dass sein Vater Jens Reich Biologe war, die Familie hatte einige Zeit in Puschstschino gewohnt, einem Akademikerstädtchen in der Nähe von Moskau. Christian sprach – wie ich es vermutet hatte – tatsächlich sehr gut russisch, schnell freundeten wir uns an.

Unsere Freundschaft traf sofort auf das Misstrauen der anderen, sie versuchten eifrig, Christian auf ihre Seite zu ziehen, aber mein neuer Freund zeigte sich unbeeindruckt von ihren Einflüsterungen. Schließlich gaben sie auf, Christian war ihnen offenbar ohnehin nicht ganz geheuer gewesen, nach einiger Zeit jedenfalls ließen sie uns Außenseiter einfach in

Ruhe. Ich fand mich nun in einer neuen, ganz ungewohnten Lage wieder. Mit einem Mal war ich nicht mehr die alleinige Zielscheibe des Spottes meiner Mitschüler, ich konnte mich ihnen entziehen, indem ich die Pausen mit Christian verbrachte. Er war ganz anders als ich, lustig, neugierig, an allem interessiert, er war aufsässig und nie mit einer einfachen Antwort zufrieden. Wir stritten oft und laut, aber schnell wurde diese Art des Streites zu einer festen Bindung zwischen uns, wir maßen uns aneinander, wir lernten voneinander, und nie konnte unsere Form des Streites uns entzweien.

Ich begann, Christian hin und wieder zu Hause zu besuchen, sein Vater war ein sanftmütiger Mann, eher still und zurückgenommen, die Mutter schien hingegen das Zepter fest in der Hand zu halten, sie war durchaus herzlich, konnte aber auch sehr bestimmend und aufbrausend sein. Christian hatte zwei Schwestern, Elo war ein Jahr älter als wir, Steffi um einiges jünger.

Im Sommer nahmen mich die Reichs ab und zu mit nach Spreewerder, hier hatte sich die Familie mit einigen Freunden ein Feriendomizil eingerichtet, es gab dort ein einfaches Bauernhaus, in dem wir Kinder übernachteten. Feste Regeln schien es in »Summerhill« nicht zu geben, die Erwachsenen ließen uns gewähren, wir Kinder tollten umher und entdeckten die nahen Wiesen und den Wald auf der anderen Seite der Straße. Ich mochte das Anwesen in Spreewerder, und doch fühlte ich mich hier auf seltsame Weise fehl am Platze. Die anderen schienen so fröhlich und unbeschwert, ich hingegen war ernst, verschlossen und neigte zum Grübeln. Ich sehnte mich nach der Abgeschiedenheit unseres Hauses in Niederschönhausen, nach meinen Eltern, nach meinen Schallplatten und Spielsachen, ich war jedes Mal erleichtert, wenn wir im elterlichen Škoda der Reichs schließlich wieder nach Berlin zurückfuhren.

Einige Monate nachdem ich Christian kennengelernt hatte, wurde unserer Klasse wieder ein neuer Schüler vorgestellt. Sein Name, so erfuhren wir, war Wulf Böttger, auch seine Familie war kurz zuvor aus der Sowjetunion zurückgekehrt. Sein Vater war Physiker und hatte drei Jahre in Leningrad gearbeitet. Wulf war ein stiller, nachdenklicher, schmächtiger Junge, er trug eine Brille und hielt sich von Anbeginn abseits von uns. Christian und ich beschlossen bald darauf, ihn in der Hofpause anzusprechen. Wulf sah uns erstaunt an, als wir auf ihn zuschritten, er schien sich zu freuen, dass jemand mit ihm sprach, aber er reagierte zurückhaltend auf das überschwängliche Angebot unserer Freundschaft.

In den folgenden Wochen standen wir in den Pausen zu dritt beieinander auf dem grauen, unansehnlichen Hof unserer Schule, Christian und Wulf berichteten mir von ihren Erlebnissen in der Sowjetunion, und schnell spürten wir, was uns drei zu verbinden schien. Wir waren nicht wie die anderen, wir unterschieden uns von ihnen durch die Andersartigkeit unseres bisherigen Lebens und durch unsere andere Sicht auf die Dinge, die uns umgaben. Jedenfalls bestärkten uns die anderen Schüler in der Annahme, uns grundsätzlich von ihnen zu unterscheiden, indem sie uns schnitten. Wir wurden anders als die anderen, weil es die anderen so zu wollen schienen. Aber wir waren nun zu dritt, Wulf hatte unsere Freundschaft angenommen, die Troika hielt zusammen, wir fuhren Fahrrad, bauten LEGO-Modelle, entwarfen wilde Konstruktionen von motorbetriebenen Flugzeugen oder Tiefseetauchstationen. Kaum einer der hochfliegenden Pläne wurde je verwirklicht, Christian behauptete allerdings, eine Tauchstation gebaut zu haben, aber weder Wulf noch ich bekamen sie zu Gesicht, irgendwann erklärte Christian schließlich zerknirscht, die Tauchstation sei in der Spree versunken. Wulf, Christian und ich verbrachten fortan jede Minute unserer Freizeit miteinander, wir stritten oft und heftig, wir feierten gemeinsam unsere Geburtstage, unsere Freundschaft wurde zu einer Selbstverständlichkeit, wir wussten, sie würde halten, für immer halten, wir waren – so verschieden wir zu sein schienen – Brüder geworden, für den Rest unseres Lebens.

19.

Frau T. war eine nette Lehrerin, sie war bei uns beliebt, sie sprach bedächtig, was vielleicht daran lag, dass sie schon etwas älter war. Frau T. hatte sich entschlossen, in dem von ihr unterrichteten Fach Heimatkunde unsere politische Standfestigkeit auf die Probe zu stellen. Wir waren nun Schüler der vierten Klasse und damit reif genug, in einem Schulaufsatz die wichtigste aller sich im Umlauf befindlichen Parolen zu begründen: »Von der Sowjetunion lernen, heißt siegen lernen!« Damals konnte Frau T. noch nicht voraussehen, wie unwillkommen diese Losung Jahre später jenen werden würde, die sie erfunden hatten. Gutwillige Menschen würden in Verdacht geraten, die fest gefügte Ordnung des Landes mit eben jener Losung ins Wanken bringen zu wollen. Der Verdacht sollte sich übrigens als begründet erweisen.

Aber noch war Michail Sergejewitsch Gorbatschow nur ein lokaler Parteifunktionär und Frau T. sich ihrer Sache sicher. Aufmunternd sah sie ihre Schüler an. Ich dachte kurz nach: die Losung stimmte. Wenn wir siegen wollten, dann nur mit Hilfe der Sowjetunion, dort war man klüger, kein Wunder, es gab sie ja auch schon viel länger. Mit kühnem Schwung ergriff ich meinen Füllfederhalter und begann: »Wir müssen von der Sowjetunion lernen, um zu siegen. Vor allen Dingen müssen wir von Stalin lernen. Wir müssen lernen, dass Stalin ein Diktator war und viele unschuldige Menschen umgebracht hat. Es waren zwanzig Millionen. Er hat auch viele Kommunisten töten lassen. Deshalb müssen wir lernen, dass es im Sozialismus nie wieder eine Diktatur geben darf.«

Ich war mit mir zufrieden, der Text war – wie von Frau T.

ausdrücklich gewünscht – kurz und knapp, und Recht hatte ich auch. Gerade erst hatte ich mich bei Papa erkundigt, was das Wort Gulag denn bedeutete. Er hatte es mir erklärt. Siegesgewiss gab ich mein Blatt ab. Wenige Tage darauf erhielt ich es zurück. Das Blau meiner Tinte war vom Rot des Korrekturstifts übertüncht. Unten prangte eine große rote 4, daneben stand »Thema verfehlt«. Die erste 4 meines bisherigen kurzen Schülerdaseins. Ich setzte zu einem leisen Protest an, ich hatte doch alles richtig geschrieben. Aber Frau T. wollte nichts von meinem Einspruch wissen. Sie war schon mit etwas anderem beschäftigt. In Gedanken versunken stand unsere Lehrerin vor der Klasse und runzelte die Stirn. Mit großem Eifer hatte sie eine rote Fahne an die Tafel gezeichnet. Wir bewunderten ihr Geschick und die Genauigkeit der Zeichnung. Nur Frau T. schien nicht zufrieden zu sein. Mit dem Schwamm wischte sie die Verzierung der Fahnenspitze wieder aus. »Das ist falsch«, erklärte sie uns, »so sahen die Fahnenstangen des BDM aus.« Ich fragte mich: Woher wusste sie das bloß?

20.

Zu den Lieblingsbeschäftigungen meiner Kindheit gehörte – neben dem stundenlangen Hören von Swingschallplatten – das Basteln von Flugzeugmodellen. Die Firma VEB PIKO hatte eine ganze Reihe recht interessanter Flugzeugtypen in ihrem Programm, erstaunlicherweise auch einige westliche Fabrikate. Oft saß ich in der Mathematikstunde verträumt und abgelenkt an meinem Platz und sinnierte darüber, welches Modell ich mir wohl am Nachmittag vornehmen würde. Hin und wieder schleppte ich meine Mutter in das von mir bevorzugte Spielzeuggeschäft in der Wollankstraße, um sie zum Kauf eines neuen Bastelkartons zu bewegen, selten ging dies ohne Geschrei aus, aber ich bekam meist, was ich wollte. Eines Tages erblickte ich ein neues Modell, der Karton stand ganz oben im Regal des Geschäfts, er enthielt eine Boeing 727 in den Farben der legendären PAN AMERICAN, ein elegantes, dreistrahliges Passagierflugzeug. Mehr aber noch als das Modell selbst faszinierte mich die Kulisse des Titelbildes. VEB PIKO hatte Kunstmaler engagiert, die für jeden Karton das jeweilige Flugzeugmuster möglichst beeindruckend in Szene setzen sollten. Im Falle der Boeing 727 hatte man sich für die Skyline Manhattans entschieden, das Flugzeug stieg vor der Wolkenkratzerkulisse steil in den Himmel hinauf. Ich leimte das Kunststoffmodell an einem einzigen Nachmittag zusammen, mit einigem Geschick trug ich die PAN-AM-Abziehbilder auf – darunter auch die Flagge des Erzfeindes, Stars and Stripes. Neben das fertige Modell stellte ich den Karton auf meinen Nachttisch, jeden Morgen fiel mein Blick auf die dicht zusammengedrängten Hochhäuser der fernen Stadt, ich träumte davon, mit einer Boeing 727 über New York zu fliegen, ich stellte mir vor, ich sei einer der Passagiere hinter den so verlockend erleuchteten Fenstern des Flugzeuges auf dem Bild. Während ich davon träumte, an den hoch aufragenden Gebäuden der Stadt vorbeizuspazieren, wusste ich doch, dass ich niemals das Glück haben würde, mit der PAN AM nach New York zu fliegen.

Einige Wochen waren vergangen, noch immer stand der Karton auf meinem Nachttisch, da baten mich meine Eltern eines Abends zu sich, sie hätten etwas mit mir zu besprechen. Fieberhaft kramte ich in meinem Gedächtnis und versuchte mich an meine letzten Missetaten zu erinnern und mir die möglichen Konsequenzen auszumalen. Doch meine Eltern blickten mich freundlich an, als ich das Zimmer betrat. Mein Vater erklärte ohne weitere Umschweife: »Es ist so, dass mir die Universität von Ohio in Cincinnati eine Gastprofessur angetragen hat. Wir werden also für ein halbes Jahr nach Amerika gehen und dort leben.« Ich war wie vom Donner gerührt. Amerika? Ein halbes Jahr? Ich konnte es nicht glauben. Ich überschüttete meine Eltern mit den Fragen eines neunjährigen Schülers: Würde ich eine amerikanische Schule besuchen und Englisch lernen müssen? Wo würden wir wohnen? Was wäre nach unserer Rückkehr in die DDR? Würde ich eine Klasse wiederholen müssen, also zu einem von allen verachteten »Sitzenbleiber« werden? Vor allen Dingen: würden wir nach New York reisen? Mein Vater bat um Geduld.

In den folgenden Wochen berichteten mir meine Eltern regelmäßig vom Fortgang der Vorbereitungen, eine Konsulatsschule war zwischenzeitlich gefunden worden, aber sie war natürlich auf das westdeutsche Schulsystem festgelegt, das taugte also nicht für mich. Erwogen wurde das Aussetzen für ein ganzes Jahr, dann wieder hieß es, Mama könnte mich nach einem zuvor festgelegten Lehrplan daheim unterrichten.

Die Universität von Ohio hatte ein kleines Haus für uns vorgesehen, ein Auto sollte für die Zeit unseres Aufenthaltes zu unserer Verfügung stehen. Ich begann allmählich, mich auf mein neues Leben in Amerika einzustellen, in Gedanken verabschiedete ich mich von meinen Mitschülern, wahrscheinlich würde ich sie nicht wiedersehen, ich würde sie, soviel war sicher – von Wulf und Christian abgesehen – kaum vermissen. Ich machte hier und dort einige Andeutungen, ohne das Geheimnis – denn ein solches war es ja noch – wirklich zu enthüllen. Immer wieder blickte ich auf die Boeing vor der Kulisse Manhattans, bald würde ich da sein, mein Traum würde wahr werden, meine Eltern hatten mir schon einen Ausflug nach New York versprochen, auf dem Hinflug würden wir ohnehin dort Station machen.

Wir reisten nicht nach Amerika. Eines Morgens erklärten mir meine Eltern am Frühstückstisch en passant, sie hätten es sich anders überlegt. Später berichtete mir meine Mutter, mein Vater habe sie in der Nacht zuvor geweckt. »Ich habe nachgedacht. Ich will nicht nach Amerika, ich will in Berlin bleiben!« Damit war alles gesagt. Es würde keinen Mietwagen geben, kein Haus am Rande Cincinnatis, keine Privatstunden mit meiner Mutter – und keinen Ausflug nach New York. Immer wieder fiel mein Blick auf den nun schon vergilbten Karton mit der Boeing und der Skyline Manhattans, niemals würde ich aus dem Fenster eines Flugzeugs auf diese hinreißende Kulisse blicken, nie durch die Schluchten der Stadt spazieren, die Boeing 727 flog dahin, und ich war nicht an Bord.

21.

Da steht er im Schaufenster der Spielwarenhandlung: ein großer elektrisch betriebener Traktor mit einem Anhänger, dessen Ladefläche sich durch eine geschickte mechanische Vorrichtung nach hinten kippen lässt – der Traum eines jeden Jungen von zehn Jahren. Der Traktor verfügt über eine Gangschaltung und ein schwarzes Lenkrad aus Kunststoff, mit dessen Hilfe man das Gefährt in alle Richtungen steuern kann. Gebannt starre ich auf das Objekt der Begierde, aber noch ehe ich überhaupt fragen kann, zerstört meine Mutter all meine Hoffnungen im Keime. »Das ist viel zu teuer, wenn überhaupt, dann vielleicht zu Weihnachten!« Weihnachten? Das ist noch Wochen hin! Wie soll ich diese lange Zeit der Ungewissheit überstehen? Aber ich begreife schnell: Hier hilft nur Geduld. Daheim berichte ich meinem Vater von dem Traktor im Schaufenster, er fragt, was das Gespann denn kosten würde, 59,50 Mark, antworte ich. Nun, das sei sehr viel Geld, man werde sehen.

Je näher das Fest rückt, desto größer wird meine Erwartung. Aber aus den Vorbereitungen meiner Eltern kann ich – so sehr ich mich auch bemühe – nicht ablesen, ob sie meinen Wunsch vielleicht doch erfüllen wollen.

Von Zeit zu Zeit erinnere ich sie vorsichtig an den Traktor, aber sie sind mit anderem, offenkundig weitaus Wichtigerem beschäftigt: Ein Weihnachtsbaum mittlerer Größe wird beschafft und vorerst auf dem Balkon deponiert. Meine Mutter inspiziert sorgfältig den in einem staubigen Karton auf dem Dachboden aufbewahrten altmodischen Weihnachtsbaumschmuck. Kerzen aller nur denkbaren Größen und Farben werden in den umliegenden Drogerien gekauft, und auch das Festmahl für den Heiligen Abend will organisiert sein. Das Wichtigste dabei: die Pute. Weihnachten wird in unserem Hause seit jeher von Gretels Pute dominiert, nicht so sehr von der Pute selbst, sondern vielmehr von der Leberfüllung, die unsere Haushälterin nach einem geheimen Rezept aus ihrer ostpreußischen Heimat zubereitet. Die Aufgaben sind klar verteilt: Meine Mutter beschafft das Tier, Gretel sorgt sich um das Füllen und Backen. Mit dem Fleischer in der Grabbeallee verbindet meine Mutter eine erfolgreiche Geschäftsbeziehung, sie bekommt – Jahr für Jahr – die größte und zarteste Pute aus polnischer Aufzucht, dafür ist sie der Fleischerei auch in den übrigen Monaten eine treue Kundin. Eine Woche vor Weihnachten wird die Pute behutsam in den Kofferraum unseres roten VW verladen und in Gretels Wohnung überführt. Mein Vater und ich schleppen das Tier die Stufen hinauf in die dritte Etage und laden es in der Küche ab – um alles Weitere kümmert sich Gretel.

In den Tagen vor Heiligabend kann ich kaum noch schlafen, jeden Morgen öffne ich eine weitere Tür meines Adventskalenders und schiele dabei nach der größten Pforte mit der 24.

Dann ist der große Tag da. Wie immer stehe ich am frühen Morgen auf und versuche durch lautes Musikhören meine Eltern aus dem Bett zu befördern. Irgendwann geben sie entnervt auf, meine Mutter begibt sich in die Küche, Rotkohl und Kartoffeln gehören zum Weihnachtsmenü – es ist noch viel zu tun. Mein Vater nimmt sich den Baum vor, der Stamm muss am unteren Ende mit einem Beil bearbeitet werden, damit die Tanne in den stählernen, unerhört schweren Ständer passt, ich höre meinen Vater fluchen, das Holz will nicht, wie es soll. Kaum ist der Baum aufgestellt, wird das Wohnzimmer für mich zu einer verbotenen Zone, ich ziehe mich in das Kabinett meines Vaters zurück und sehe im DDR-Fernsehen einen

Märchenfilm nach dem anderen. Das geht so bis in den Nachmittag. Aus dem Wohnzimmer ist kaum ein Geräusch zu vernehmen, aber dann sehe ich plötzlich durch das Fenster, wie mein Vater das Haus verlässt und auf unsere Garage zugeht, die sich in einem Nachbarhaus, keine fünfzig Meter entfernt, befindet. Aha, denke ich mir, dort also müssen die Geschenke versteckt sein! Warum bin ich nicht früher darauf gekommen, in der Garage nachzusehen?

In den vergangenen Jahren hatte ich immer wieder verzweifelt nach versteckten Geschenken gefahndet. Die Suche war von mir generalstabsmäßig organisiert. Der Tischkalender meines Vaters verriet mir frühzeitig, an welchem Tag meine Eltern zu einem Empfang oder einem Abendessen gehen würden. Kaum hatten sie das Haus verlassen, rief ich Sybille herbei. Gemeinsam stellten wir das Haus auf den Kopf. Wir folgten dabei einem ausgeklügelten Plan und suchten stundenlang ebenso eifrig wie erfolglos nach den Weihnachtsgeschenken. Nur einmal waren wir auf etwas gestoßen, eine gewaltige runde Batterie und ein seltsames Metallbehältnis, auf dem die Inschrift »Racing fuel« zu lesen war. Mit Hilfe eines Wörterbuches hatten wir herausgefunden, dass die Inschrift übersetzt »Rennbenzin« bedeutete, und waren danach keineswegs schlauer gewesen. Es stellte sich schließlich – allerdings erst am Weihnachtsabend – heraus, dass mein Vater sich einen Kindheitstraum erfüllt hatte. Er war in einem Spielzeuggeschäft zufällig auf ein Flugzeugmodell mit Benzinmotor gestoßen und hatte es kurzerhand gekauft. Meine wiederholten Versuche, das Flugzeug in die Luft zu bekommen, scheiterten allerdings kläglich, irgendetwas schien kaputt zu sein, der Motor ließ sich nicht starten.

Eines Tages besuchte ich meinen Freund Wulf und tauschte das Flugzeug gegen eine Packung »Nimm2«-Bonbons. Wulf deponierte die fluguntaugliche Maschine im elterlichen Keller, aus dem sie dann irgendwann auf unerklärliche Weise verschwand.

Hin und wieder – ich war nun schon älter – erinnerte sich mein Vater an sein Geschenk und fragte mich, was aus der Maschine geworden sei. Ich brachte es nicht übers Herz, ihm die Wahrheit zu sagen, und behauptete, das Flugzeug wäre erfolgreich geflogen. Irgendwann, so schien mir, hatte er die Sache vergessen. Bis sich mein Vater plötzlich – kurz vor seinem Tod – auf das Modellflugzeug besann. Ich schob alle Schuld auf Wulf, er habe das Flugzeug, das ich ihm geliehen hätte, verloren, auf welche Weise, wüsste ich nicht. Zu meinem Glück unterließ es mein Vater, sich bei meinem Freund nach dem genauen Verbleib der Maschine zu erkundigen.

Ich stehe noch immer am Fenster, leidlich versteckt hinter der weißen Gardine. Jeden Moment muss mein Vater zurückkommen, dem Paket, das er tragen wird, gilt mein ganzes Interesse. Ich hoffe, den Inhalt des Paketes anhand seiner Größe erraten zu können.

Doch da betritt meine Mutter das Kabinett meines Vaters. Sie schickt mich hinauf in die obere Etage, auf mein Zimmer. Im selben Moment gehen unten die Türen, mein Vater ist zurück, nur um einige Augenblicke habe ich ihn verpasst. Ich lasse mich vorsichtig auf meiner graugrünen Couch nieder, aus deren Kissen die metallenen Federn immer bedrohlicher ragen – nur notdürftig überdeckt von einigen Lagen dicker Wolldecken. Wie in den Jahren zuvor höre ich jene schöne, inzwischen zerkratzte Schallplatte, auf der Tommy Dorsey mit seinem Orchester »Santa Claus Is Coming To Town« spielt.

Es ist fünf Uhr am Nachmittag, das Warten will kein Ende nehmen, da höre ich endlich meine Mutter nach mir rufen. Ich zwinge mich, gemessenen Schrittes die Treppe hinunterzugehen, das Wohnzimmer ist nur von den Kerzen des Baumes erleuchtet, rote und blaue Kugeln hängen an den Zweigen, meine Eltern sehen mich erwartungsvoll an. Auf dem Tisch ist ein kleiner Berg von Schokolade aufgehäuft, in dessen Mitte ein gewaltiger Karton, das könnte, nein, das muss er sein: mein Traktor! Ich reiße das Papier herunter, und tatsächlich, zum Vorschein kommt eine Verpackung der Firma ANKER, ich öffne den Karton und nehme behutsam das große Modell heraus. Meine Eltern haben zum Glück an eine frische Batterie gedacht, ich setze Traktor und Anhänger zusammen und fahre – solange die Ladung der Batterie hält – im Wohnzimmer auf und ab. Am Abend machen wir uns auf den Weg in die Kuckhoffstraße, um die Pute zu holen. Gretel hat sie sicher verpackt, in einem kleinen Gefäß befindet sich die Leberfüllung. Ich helfe meinem Vater, das Tier die Treppe hinunterzutragen, es hat geschneit, die Gehwege sind glatt, vorsichtig balancieren wir Füllung und Pute auf dem kurzen Weg zu unserem geparkten Auto.

Und dann sitzen wir zu fünft am Tisch, meine russische Mutter, mein jüdischer Vater, die polnische Pute, der ostdeutsche Traktor und ich, die Promenadenmischung. Wir hören das Weihnachtsoratorium, und der Rest des Heiligen Abends verschwindet in einem betörenden Duft von Truthahn und Rotkohl, Marzipan und Schokolade.

22.

Die blauen Stoffvorhänge am Fenster meines Zimmers sind noch zugezogen. Ich bin eben erst aus einem seltsamen Traum erwacht. Eine Wespe hatte sich darin auf meinem Daumen niedergelassen, ich hatte aufgeschrien, als sie zustach, im gleichen Moment schwoll mein Daumen an, größer wurde er und größer, schließlich hatte er den Umfang meines Armes angenommen. Die Sonnenstrahlen blitzen durch den winzigen Spalt, den die beiden nicht ganz geschlossenen Vorhänge bilden, ich versuche ganz wach zu werden, ich wundere mich, irgendetwas fühlt sich seltsam an, ich besehe mir meine rechte Hand und erschrecke: der Daumen ist angeschwollen, auf nicht weniger als das Doppelte, er schmerzt nun auch und lässt sich nur mühsam bewegen. Ich springe aus dem Bett, laufe auf die offene Veranda des oberen Stockwerks hinaus und die Steintreppe hinunter, meine Eltern sitzen am Frühstückstisch neben dem Lorbeerbaum. Ich zeige ihnen meinen verunstalteten Daumen und berichte ihnen von meinem merkwürdigen Traum. Mein Vater entscheidet: »Wir fahren nach Ascona, das muss sich jemand ansehen!«

Mit vier Jahren war ich zum ersten Mal nach Giumaglio gekommen. Das kleine Dorf im Tessiner Maggiatal hatte Papas Freund und Verleger Klaus Wagenbach entdeckt, er hatte – als einer der ersten ausländischen Besucher – ein altes kleines Stallgebäude am Rande des Dorfes erworben und es mit bescheidenen Mitteln in ein Feriendomizil verwandelt. An der Tür hängt ein Plakat: »Vorsicht, Arbeiter! Die SPD will euch eure Villen im Tessin wegnehmen!« Das Haus im typischen Tessiner Baustil mit einem Dach aus flachen Granitsteinen, das ohne jeden Mörtel Jahrhunderte überdauert hatte, dieses kleine Haus ist zu unserem Ferienparadies geworden. Während meine Freunde an die Ostsee reisen oder, mit etwas Glück, ihre Sommerferien in Polen oder der Tschechoslowakei verbringen, bade ich in dem kalten grünen See unterhalb des Wasserfalls in Giumaglio oder sitze mit meiner Mutter und meinem Vater unter Palmen und Zypressen auf der Piazzetta in Ascona. Während Ferraris mit alternden Playboys und Bentleys mit eleganten älteren Damen am Steuer an uns vorüberfahren, trinke ich Coca Cola. Meine Eltern lesen die neuste Ausgabe des »Spiegel« oder der »Zeit«. An keinem anderen Ort ist meine außergewöhnliche Lage, mein geradezu unfassbares Privileg, die für die meisten unüberwindbare Staatsgrenze der DDR doch überwinden zu können, deutlicher zu spüren als eben hier. Niemanden kenne ich, der aus dem Land, aus dem ich komme, hierher reisen dürfte.

Hin und wieder sind selbst die hiesigen Grenzpolizisten mit unserer seltsamen kleinen Reisegesellschaft überfordert. Ende der achtziger Jahre, der Zerfall der DDR ist bereits etwas mehr als eine vage Vision, fahren wir eines Nachmittags an der schweizerisch-österreichischen Grenze vor. Der Zöllner bittet um die Papiere. Wir reichen ihm zwei DDR-Pässe und ein sowjetisches Dokument. Der Beamte blickt irritiert auf den Volvo, in dem wir sitzen. »Sie kommen aus der DDR?« – »Ja, wie Sie sehen«, antwortet mein Vater. »Und dann fahren Sie so ein großes Auto?« Keine Antwort. Der Grenzbeamte denkt nach: »Was sind Sie denn von Beruf?« Mein Vater ist bester Laune und antwortet geduldig: »Ich bin Schriftsteller.« Der Zöllner sieht ihn entgeistert an: »Was, Schriftsteller?«, ruft er laut, als hätte mein Vater soeben zugegeben, der Cosa Nostra anzugehören. »Und da sind Sie in Ihrem Land noch nicht verhaftet?« Wir lachen.

Mein Eltern rüsten zum Aufbruch, in Ascona soll mein Daumen begutachtet werden, wir fahren mit unserem roten Volkswagen durch das Tal, das von bewaldeten Bergen begrenzt ist, die im Sommerdunst um so bläulicher schimmern, je weiter sie von uns entfernt sind. Wir fahren an den vertrauten Dörfern vorbei, an Coglio, Maggia, Gordevio und Avegno, dann biegen wir rechts ab, Richtung Ascona, über den Fluss hinüber, der in diesem Sommer 1976 wenig Wasser führt, seit Wochen hatte es nicht mehr richtig geregnet. Wir parken den Wagen direkt an der Uferpromenade, erst Jahre später werden die örtlichen Behörden das gesamte Areal zu einer Fußgängerzone erklären. In der Apotheke untersucht eine Dame meinen geschwollenen Daumen, es sei nichts Ernstes, eben nur ein Wespenstich, sie verschreibt eine Salbe, mit der der Daumen zweimal am Tag einzureiben sei. Wir sitzen auf der Piazzetta, ich trinke Coca Cola, während meine Eltern in den neuesten Zeitungen lesen. Bevor wir heimfahren, sind die üblichen Besorgungen zu erledigen. Geschlagene zwei Stunden warte ich mit meinem Vater im überhitzten Wagen auf meine Mutter, die im »Migros« die Sonderangebote studiert. Am Abend entlädt sich über dem Maggiatal ein schweres Gewitter, aber es regnet kaum, nur die Blitze sind gewaltig, und der Donner lässt das Tal erbeben.

Ich liege im Bett, Klaus Wagenbach hatte es für seine Töchter bauen lassen, es ist zweigeschossig und aus einfachem Holz. Ich bevorzuge, unten zu schlafen, denn so kann ich jene gedruckten Texte lesen, die an die Unterseite des oberen Bettes genagelt sind und die ich liebe. Wie jenen antiautoritären Abzählreim: »Zehn Polizisten pissten in die Kisten, einer pisst daneben, und du musst gehen!« Irgendwann schlafe ich ein.

Am folgenden Morgen bemerke ich eine gewisse Aufregung vor unserem Haus. Noch im Schlafanzug trete ich auf die Veranda, mein Vater steht neben meiner Mutter und deutet mit der Hand auf den Berghang, an dessen Ausläufern Giumaglio liegt. Dort, ganz oben, auf der Spitze des Berges, einige hundert Meter oberhalb des Dorfes ist ein schwaches Rauchwölkchen zu sehen. Mein Vater ist sich seiner Sache sicher: »Das ist ein Waldbrand, wahrscheinlich hat ein Blitz das ausgetrocknete Gehölz entzündet!« Meine Mutter und ich bleiben skeptisch, auch die Dorfbewohner geben sich gelassen und messen der kleinen Rauchsäule keine größere Bedeutung zu. Am Abend hat sich die Mutmaßung meines Vaters bewahrheitet, nun sind in der Dunkelheit ganz deutlich rot-orangefarbene Flammen auszumachen, die sich am Berghang entlangzüngeln. Es scheint indes, als sei das Feuer lokal begrenzt, auf wenige Dutzend Quadratmeter ganz oben am Bergkamm. Niemand macht sich ernstlich Sorgen. Der folgende Morgen ist sonnig, keine Wolke am Himmel, keine, bis auf die eine an unserem Berg. Der Brand hat sich ausgebreitet und über Nacht hinuntergefressen in Richtung des Dorfes. Bald erscheint ein Helikopter am Himmel, er ist recht klein, eine Alouette, an einem langen Seil ist ein Gefäß befestigt. Dieses taucht der Pilot immer wieder aufs Neue in die benachbarte Maggia, das dauert einige Minuten, dann steigt er auf, immer höher, am Berg entlang, der Pilot öffnet das Gefäß über dem Brandherd und versucht das Feuer mit dem geschöpften Wasser zu löschen. Wir Kinder sehen dem Schauspiel begeistert zu, wir blicken dem Hubschrauber nach, als er für einen Moment hinter dem Bergkamm verschwindet, dann stirbt das Motorengeräusch plötzlich ab. Später erfahren wir, dass die Maschine einen Baum berührt hat und abgestützt ist, der Pilot konnte sich im letzten Augenblick retten. In der Nacht beobachten wir mit Schaudern und Verzückung den nun glutroten Berg und die Flammen, die das Tal erhellen.

Am nächsten Tag ist die Luft angefüllt mit Brandgeruch, auf unserem Auto findet sich eine feine graue Staubschicht, die den roten Lack fast völlig verdeckt. Überall im Dorf trifft man auf besorgte Gesichter, das Feuer hat sich bis auf wenige Meter jenem Waldstück genähert, das sich direkt neben dem Dorf befindet. Die Erwachsenen beginnen davon zu sprechen, dass wir Giumaglio womöglich räumen müssen. Unten im See am Wasserfall badet niemand mehr.

Wo bleibt die Armee? Sie muss doch eingreifen und das Feuer löschen! Dann schließlich hören wir einen geradezu infernalischen Motorenlärm, zwei dunkelgrüne Hubschrauber jagen im Tiefflug durch das Tal, ich erkenne das weiße Balkenkreuz auf rotem Grund, im Akkord schöpfen die großen Maschinen Wasser aus der Maggia, Wasserfontänen ergießen sich über dem in Flammen stehenden Berghang, aber dem geballten Einsatz des helvetischen Militärs hat das Feuer schließlich nichts entgegenzusetzen, noch am selben Abend ist der Waldbrand gelöscht. Bald baden wir Kinder wieder im See am Wasserfall, ich werde noch einige Male mit meinen Eltern nach Ascona fahren, bevor wir in die DDR zurückkehren.

Einige Wochen später wird unsere Klassenlehrerin uns bitten, unser spannendstes Ferienerlebnis niederzuschreiben. Ich denke kurz nach, es ist ein Schulaufsatz, nur die Lehrerin wird ihn lesen, meine Mitschüler werden nicht erfahren, in welchem Land ich war, und selbst wenn: was würde es ändern an meiner Lage, die ohnehin so unerfreulich ist, dass ich manchmal lieber zu Hause bliebe, anstatt zur Schule zu fahren. Ich nehme meinen Füllfederhalter in die Hand und beginne: »Der Waldbrand von Giumaglio«.

23.

Wenige Tage nach unserer Rückkehr aus der Schweiz flog ich mit meinen Eltern nach London. Die Reise stand von Anfang an unter keinem guten Stern. Einige Zeit zuvor war mein Vater zu einem der internationalen Vizepräsidenten des PEN gewählt worden, auf Lebenszeit wie üblich. Nur der Präsident selbst wurde alle fünf Jahre neu bestimmt. Der jährliche PEN-Kongress sollte in diesem Jahr, 1976, in der britischen Hauptstadt abgehalten werden, meine Eltern entschieden kurzerhand, mich auf die Reise mitzunehmen. Nie zuvor war ich mit einer westlichen Airline geflogen. Ich bewunderte den Amsterdamer Flughafen, auf dem wir zwischenlandeten, für seine gewaltigen Ausmaße, schlaue Konstrukteure hatten sich Rolltreppen ausgedacht, die nicht – wie in der mir vertrauten Moskauer Metro – auf- oder abwärts fuhren, sondern vielmehr waagerecht wie schier endlose Laufbänder die Passagiere zu den Fluggastbrücken beförderten. Diese wiederum hatte ich nie zuvor gesehen, in Schönefeld oder Scheremetjewo gab es so etwas nicht, die runden Bullaugen der Gangways erinnerten an Ozeandampfer. Wir bestiegen eine DC-9 der KLM, auf dem kurzen Flug über den Ärmelkanal wurde ein Abendessen serviert, das heutzutage jeder Business-Class zur Ehre gereichen würde.

In Heathrow wurden wir abgeholt, die Fahrt auf der falschen Seite der Straße kam mir weniger eigentümlich und exotisch vor als erwartet. Die Londoner Taxis, deren Aussehen sich seit Jahrzehnten kaum verändert hatte, waren zumeist entweder schwarz oder weinrot lackiert, wir saßen in einem seltenen dunkelblauen Exemplar, es hielt schließlich vor einem hoch aufragenden Gebäude, über der Auffahrt las ich »Penta Hotel«. An der Rezeption empfing man uns freundlich, allerdings auch etwas irritiert. Unsere Zimmer seien reserviert, erklärte man uns mit einem hilflosen Achselzucken, nur bedauerlicherweise nicht für heute, sondern erst für den morgigen Tag. Das Gesicht meines Vaters verfärbte sich augenblicklich dunkelrot. Doch noch ehe er zu einem seiner wirklich beängstigenden Wutausbrüche ansetzen konnte, gelang es unserer Begleitung mit einem formidablen Vorschlag, die Wogen zu glätten. Ja, im Penta wäre für diese Nacht tatsächlich kein Zimmer mehr zu bekommen, aber wir würden umgehend in ein anderes Hotel umquartiert. Als der Name unseres neuen Domizils fiel – »The Dorchester« – waren meine Eltern ganz offenkundig besänftigt.

Nach kurzer Fahrt trafen wir am Dorchester ein, vor dem Hotel parkten einige Rolls Royce, die Hotelhalle war überwältigend schön, man erzählte uns, eben erst hätten märchenhaft reiche Scheichs das Hotel erworben, und tatsächlich gingen in diesem Moment einige weiß gewandete Herrn an der Rezeption vorbei, sie sprachen leise miteinander und würdigten uns keines Blickes. Ich wünschte nichts sehnlicher, als dass im Penta unser Zimmer belegt bliebe, aber schon am nächsten Morgen zogen wir zu meiner grenzenlosen Enttäuschung wieder um.

Im Penta brachte man uns in der 26. Etage unter. Immerhin: die Aussicht war grandios. Noch am selben Abend gab es einen Empfang, meine Eltern nahmen mich mit, das Essen war vorzüglich, so vorzüglich, dass ich – ganz gegen meine Gewohnheit – daran teilnahm und auf Brot verzichtete. Irgendwann spät am Abend fuhren wir mit dem Lift wieder hinauf in die 26. Etage. Als ich aus dem Badezimmer kam, trug mein Vater bereits seinen Morgenmantel, auch meine Mutter hatte ihre Abendgarderobe abgelegt. Plötzlich vernahmen wir einen seltsamen hohen Ton, ein unerklärliches Pfeifen, das aus dem Badezimmer zu kommen schien. »Du hast den Wasserhahn nicht zugedreht, geh ins Bad und sieh nach!«, verlangte mein Vater. Auf dem Weg ins Badezimmer fiel mein Blick auf ein Hinweisschild an der Tür. Ich las die deutsche Übersetzung: »Unterbrochener Pfeifton: Feueralarm, bitte verlassen Sie das Hotelzimmer. Dauerton: Katastrophenalarm, verlassen Sie sofort das Hotel!« Der Ton, den wir hörten, war nicht unterbrochen. Vorsichtig öffnete ich die Tür zum Hotelflur. Dort war die Hölle los, Menschen rannten auf und ab, riefen sich irgendetwas zu, ich sah den PEN-Präsidenten Mario Vargas Llosa an unserem Zimmer vorbeistürmen, er trug einen Smoking, weißes Hemd mit steifem Kragen, Lackschuhe, nur die Hose fehlte … Ein bemerkenswerter Auftritt für einen späteren Nobelpreisträger.

Ich wandte mich zu meinen Eltern um, doch noch ehe ich etwas sagen konnte, rief meine Mutter, die sich aus dem Fenster beugte, sie sähe einen Feuerschein, einige Stockwerke unter uns. Zu dritt stürzten wir aus dem Zimmer. Die Aufregung im Flur war in der Zwischenzeit noch größer geworden, während meine Eltern nachdachten, was jetzt zu tun sei, schlug die Tür zu unserem Zimmer zu, zurück blieben Geld und Pässe, ich drängte zur Flucht, all dies könne man später holen. Wir waren unvermittelt zu Hauptdarstellern im Film »Flammendes Inferno« geworden, daran konnte nach Lage der Dinge kein Zweifel mehr bestehen. Wir begannen die Stockwerke hinunterzulaufen, die Lifts waren schon außer Betrieb, die Menschen stiegen rasch, aber ohne größeres Geschrei die Stufen hinab, sechsundzwanzig Etagen in vielleicht zehn oder fünfzehn Minuten. Unten in der Hotellobby angelangt, verkündete meine Mutter, sie würde nun wieder hinauflaufen, um unser Hab und Gut aus dem Hotelzimmer zu retten. Ich warf mich auf sie, umklammerte ihre Beine und schrie, sie dürfe auf keinen Fall dort hinauf, das Hotel stünde in Flammen, sie würde sterben. Panische Angst um meine Mutter hatte mich erfasst, ich verstand nicht, wie man einiger Papiere wegen sein Leben opfern konnte. Zum Glück schien mein Vater der gleichen Ansicht zu sein und hielt meine Mutter zurück. Im selben Moment ertönte eine Ansage, die über die Tonanlage des Hotels übertragen wurde, die Ansage war in englischer Sprache, ich verstand sie nicht, aber ich sah, wie die Hotelgäste zu lachen begannen, sich auf den Teppichen niederließen und sich gegenseitig auf die Schultern klopften. Es war nichts mit dem flammenden Inferno, wir würden nicht in die Schlagzeilen geraten, ein harmloser Fehlalarm, für den sich das Management wortreich und überaus höflich entschuldigte. Vargas Llosa in Smoking und Unterhose saß nun amüsiert in einem breiten Ledersessel und trank einen Cognac. Wir fuhren mit dem Lift in die 26. Etage, jemand schloss unser Zimmer auf, alles war an seinem Platz und der Feuerschein, den meine Mutter zu sehen geglaubt hatte, entpuppte sich als Widerschein einer Leuchtreklame.

Einige Tage später, mein Vater ist zu einer Sitzung gefahren worden, meine Mutter zu einem kurzen Spaziergang aufgebrochen, ich hatte darauf bestanden, im Hotelzimmer zu bleiben. Ich lese in der neuesten Ausgabe des »Spiegel« und betrachte ein kleines LEGO-Modell, das ich am Morgen zusammengebaut hatte.

Plötzlich ist es wieder da: das merkwürdige Pfeifen! Der Ton ist unterbrochen, ich beschließe, ihn zu ignorieren, es kann nur, es muss ein Fehlalarm sein! Dann – unvermittelt – ändert sich das Pfeifen, es ist nun wieder dieser bedrohliche Dauerton, ich werde unruhig, gehe zur Tür, ein Blick in den Flur: Niemand ist zu sehen, nur ein Zimmermädchen, das unbeeindruckt einige Meter entfernt mit einem Staubsauger den Fußboden bearbeitet. In diesem Moment schlägt hinter mir die Tür zu. Ich rüttele am Türknauf, aber so lässt sich die Tür nicht öffnen. Ich bin zehn Jahre alt und stehe allein auf dem Flur eines brennenden Hotels mitten in London. Ich laufe zum Zimmermädchen hinüber, ich spreche nicht englisch, also rufe ich laut »Feuer!« Dann fällt es mir ein: »Fire!« Das Zimmermädchen sieht mich ungerührt an und setzt ihre Arbeit fort. Gut, soll sie in den Flammen umkommen, sage ich mir und trete die Flucht an. Ich reiße die Tür zum Treppenhaus auf und beginne die Stufen hinunterzulaufen, nach einigen Augenblicken höre ich über mir Schritte, ganz offensichtlich hat nun auch das Zimmermädchen den Ernst der Lage erkannt und folgt mir. Unten angelangt, treffe ich auf eine unwirkliche Szenerie: in der Hotellobby sitzen teilnahmslose Gäste verteilt auf den breiten Sesseln, Kellner huschen über die dicken Teppiche und servieren kleine Speisen oder Getränke. Niemand scheint den Pfeifton zu bemerken. Ja wissen die denn nicht, dass das Hotel brennt? Ich renne zu Rezeption hinüber, mein Kauderwelsch löst Ratlosigkeit aus, immerhin bemüht man sich um einen Dolmetscher, ein junger Mann erscheint, nein, das Hotel brennt nicht, ich solle mich beruhigen, wo denn meine Eltern seien, ach, das Zimmer ist verschlossen, ich solle einfach mit dem Lift nach oben fahren, ein Mitarbeiter würde die Tür für mich entriegeln. Eine Dame begleitet mich in die 26. Etage. Als wir den Flur entlanggehen, bemerke ich eine Gestalt, sie kauert an unserer Tür und schluchzt. Es ist meine Mutter, die eben von ihrem Spaziergang zurückgekehrt ist, das Hotelzimmer verlassen vorgefunden hat und nun um ihren verschwundenen Sohn weint. Ich beruhige sie nach Kräften, mein Vater trifft Minuten später ein, wir packen die Koffer und stellen sie neben das Bett. Wir schwören uns: Beim nächsten Feueralarm ziehen wir ins Dorchester, koste es, was es wolle.

24.

Es war einer jener kühlen Novemberabende, grau und abweisend, als ich mit meiner Mutter von der Klavierstunde nach Hause zurückkehrte. Mein Vater empfing uns zornesbebend auf der Veranda: »Sie haben den Biermann ausgebürgert, nun reicht es.« Meine Eltern zogen sich ins Arbeitszimmer zurück, ich hörte sie hinter der verschlossenen Tür leise miteinander sprechen. Mein Interesse an ihrer Unterhaltung verflog bald, ich ging die Treppe hinauf, in meinem Zimmer wartete ein Modellflugzeug auf seine Vollendung. Von Biermann hatte ich gehört, hin und wieder fiel sein Name in den Gesprächen, die mein Vater mit Freunden führte – ich wusste, Biermann sang Lieder, die die Regierenden beunruhigten. Nun hatten sie offenbar genug von ihm und sich seiner entledigt. Mir schien dies ein Zeichen von Schwäche zu sein.

Ich hatte die Sache längst vergessen, als ich am folgenden Morgen in die Schule fuhr. Direkt vor der Mathematikstunde ging ein schlimmes Gerücht um. Jemand hatte verbreitet, unsere Klassenlehrerin Frau Kahms beabsichtige, eine Klassenarbeit schreiben zu lassen. Das Gerücht wurde zur schrecklichen Gewissheit, als wir den Mathematikraum betraten: die bedrohlich leeren karierten Blätter lagen bereits vorn auf dem Lehrertisch. Ich rang nach einer Ausflucht, schließlich erklärte ich Frau Kahms, mir sei hundeelend und ich fühle mich außerstande, den Test zu schreiben. Frau Kahms blickte mich misstrauisch an, eben noch hatte sie mich vergnügt über den Schulhof rennen sehen. Ich versuchte, eine möglichst leidende Miene aufzusetzen, schließlich entschied Frau Kahms: »Also gut, Andrej, du gehst nach Haus, wer bringt dich?« Gleich mehrere Hände flogen hoffnungsvoll in die Luft – es galt die Vorschrift, dass ein kranker Schüler von einem anderen, gesunden nach Haus zu begleiten war. Ich wählte meinen Freund Wulf, erleichtert setzten wir uns Minuten später in Marsch. Als wir in Pankow in die Kurt-Fischer-Straße einbogen, wunderte ich mich über die Ansammlung von Automobilen vor unserem Haus. »Sieh mal, Wulf, die Wagen unserer Freunde, was machen sie hier?« Meine sonst so besorgte Mutter empfing mich ohne sichtliches Interesse und beschied mich knapp. »Dir ist nicht gut? Nun, dann geh auf dein Zimmer, und leg dich hin!« Sie schloss die Tür zum Wohnzimmer, in dem – so viel konnte ich erspähen – Stefan Heym, Günter Kunert, Christa Wolf und andere Freunde saßen. Kein Tee? Keine Wolldecken, in die ich mich einzurollen hatte? Kein mitfühlender Blick? So viel stand fest: Die Lage war ernst.

Ich stieg die Treppe zu meinem Zimmer hinauf, ich versuchte etwas zu lesen, aber die seltsame Versammlung im Parterre wollte mir nicht aus dem Sinn gehen. Wann immer uns Freunde besuchten, standen die Türen offen, ich konnte ins Zimmer treten und es wieder verlassen, wenn ich nur nicht die Gespräche der Erwachsenen störte, was selten geschah. Nun war ich auf mein Zimmer verbannt, meine Mutter hatte mir aufgetragen, nicht herunterzukommen, bevor sie mich holen würde. Ich beschloss, der Sache auf den Grund zu gehen. Behutsam – die Schuhe hatte ich vorsichtshalber ausgezogen – schlich ich hinunter, ich ließ die knarrenden Stufen aus, die mich hätten verraten können, schlüpfte in die Garderobe und zog leise den Vorhang zu. Ich hatte ein kleines Vokabelheft mitgenommen und notierte nun im fahlen Licht einer Taschenlampe meine Beobachtungen. Aus dem Wohnzimmer waren Stimmen zu hören, hin und wieder öffnete sich eine Tür, Christa Wolf kam heraus und brühte mit meiner Mutter in der Küche Kaffee auf, ich konnte sehen, wie mein Vater mit

Stefan Heym in das Arbeitszimmer hinüberging, kurz darauf ertönte das vertraute Klappern der alten, schwarzen Schreibmaschine, die mein Vater immer noch benutzte. Irgendwann schließlich vernahm ich lautes Stühlerücken, offenbar rüstete man zum Aufbruch, ich musste mein Versteck verlassen und floh im letzten Moment ungesehen in die obere Etage unseres Hauses.

Mein Vater holte den VW aus der Garage und brauste davon. Meine Mutter schien sich nun wieder an ihren kranken Sohn zu erinnern, sie kam zu mir herauf, in der Hand eine Tasse heißen Tees, ich erklärte, nun wieder genesen zu sein, und fragte sogleich nach dem Grund der Versammlung. Meine Mutter zögerte: »Das erkläre ich dir später!«

Am Abend saßen wir vor dem Fernsehapparat, meine Mutter hatte mir einige Brote geschmiert, das Signal der »Tagesschau« erklang – und dann sah ich eine Fotografie meines Vaters. Der Nachrichtensprecher verkündete, einige der bedeutendsten Dichter der DDR hätten in einer Protestresolution Einspruch erhoben gegen den Hinauswurf Biermanns aus ihrem Land. Ganz offensichtlich handelte es sich um ein außergewöhnliches Ereignis, denn es war der Aufmacher der Tagesschau. An diesem Abend läutete das Telephon fast ohne Pause. Am folgenden Morgen fuhr ich wie immer mit dem Bus zur Schule, einige meiner Mitschüler stiegen unterwegs zu, gemeinsam liefen wir die Treppen unseres alten Schulgebäudes hinauf bis zu unserem Klassenzimmer, dem Raum mit der Nummer 35. Dort standen die Übrigen aus unserer Klasse, mittendrin Matthias B., einer von denen, die in unserer Klasse das Sagen hatten. Mit einer Mischung aus Erstaunen und Bewunderung sah er mich an: »Da hat sich ja dein Vater was geleistet!«

Von diesem Tag an war ich nicht mehr der ungeliebte Außenseiter. Hätte es in unserem Sprachschatz damals das Wort schon gegeben, hätte man wohl sagen können: Man hielt mich fortan für »cool«! Meine Mitschüler behandelten mich nun mit jenem Respekt, den ich mir in den vergangenen Jahren so sehr gewünscht hatte.

Für andere Schüler der Wilhelm-Pieck-Oberschule galt dies allerdings nicht. In der Hofpause drängten mich einige ältere Jungs beiseite, sie umringten mich und riefen: »Ihr konterrevolutionären Schweine, geht doch in den Westen!« Meine Mutter erschien am nächsten Tag bei unserer Schuldirektorin und fragte erbost nach, ob die Sippenhaft in diesem Lande wieder eingeführt sei. Die Direktorin versprach, der Sache nachzugehen. Bald darauf erhielten wir Nachricht. Die Eltern der Schüler – sämtlichst lokale SED-Funktionäre – hatten sich von ihren Kindern, die sie selbst aufgehetzt hatten, distanziert. ›Welch ein Familiensinn!‹, dachte ich.

In unserem Briefkasten fanden sich in jenen Tagen zahlreiche Briefe mit ganz unterschiedlichem Inhalt, viele mit aufmunternden Worten, auf einem kleinen Zettel stand nur: »Bitte bleiben Sie bei uns!« Einem größeren Paket waren frische Exkremente beigefügt.

In den folgenden Monaten verließen einige unserer Bekannten die DDR, auch meine Schwester Bettina entschloss sich auszureisen. Sie war elf Jahre älter als ich, ich sah sie von Zeit zu Zeit, aber ich kannte sie kaum. Bettina war eng mit Sybille Havemann befreundet und der Enge des Landes ohnehin seit langem überdrüssig.

Irgendwann im Frühjahr fragte ich meinen Vater: »Und, Papa, wann gehen wir?« In meiner Frage schwang eine leise, unwissende Hoffnung mit. »Freiwillig nie!«, sagte mein Vater. Mir fiel etwas ein: »Und wenn wir doch drüben wohnen würden, wen würdest du wählen?« Mein Vater zögerte keinen Augenblick: »Natürlich SPD!«

Kurz darauf beging ich einen unverzeihlichen Fehler. Ich beichtete meiner Mutter meine Beobachtungen aus der Garderobe. »Hast du das Vokabelheft noch?«, fragte sie etwas beunruhigt. Ich bejahte. Im nächsten Moment landete das Heft im Kohlenkessel im Keller unseres Hauses. Was für eine Verschwendung. Die zuständigen Behörden hatten an jenem Novembertag jedes Gespräch minutiös auf Tonband festgehalten …

25.

Mein Vater reicht mir den Hörer unseres Telefons: »Hier ist deine Großmutter, sprich mit ihr!« Ich weiß nicht, was mich erwartet, unsicher nehme ich den schweren, aus Bakelit gefertigten Hörer unseres Telephons in die Hand. »Hallo!« Ich vernehme eine Stimme, sie klingt fest, ja jugendlich. Ich habe vergessen, was diese Stimme mir in diesem Moment mitteilt, aber ich erinnere mich, dass ich meiner Großmutter mit einem ernst gemeinten Kompliment antwortete: »Du klingst gar nicht wie vierundachtzig, du klingst wie achtundvierzig!« Meine Großmutter lacht. Mein Vater bedeutet mir, ich solle das Gespräch nun beenden, es ist ein teures Ferngespräch aus einer unendlich weit entfernten Welt. Meine Großmutter lebt in Westberlin. Nur ein einziges Mal hatte ich sie gesehen, ich war drei Jahre alt gewesen, mir ist, als erinnerte ich mich an einen Besuch in jenem Ostberliner Krankenhaus, in dem sie vorübergehend behandelt wurde. Es kann aber auch sein, dass ich mich erinnere, weil ich mich an sie erinnern will.

Laura Bernstein, Lola genannt, wurde 1892 in Galizien geboren, die Stadt Jassy, deren jüdischer Distrikt nahezu vollständig vernichtet wurde, befindet sich heute in Rumänien. Meine Großmutter heiratete meinen Großvater David, sie lebten in Chemnitz, wo mein Vater 1915 geboren wurde. Einige Jahre später zog die Familie nach Berlin, mein Großvater brachte es zu Wohlstand, gemeinsam mit seinem Partner Göritz besaß er ein gut gehendes Textilunternehmen, das einigen Profit abwarf. Mein Großvater konnte es sich – zumindest zeitweise – erlauben, meinen Vater von Privatlehrern unterrichten zu lassen, die Familie besaß ein Kraftfahrzeug der Marke Audi, vor allen Dingen aber erwarb sich das Ehepaar Leder einen guten Ruf als Kunstsammler. Mit Max Liebermann verband meine Großeltern eine Freundschaft, mehrmals saß Lola dem berühmten Maler Modell, einige Ölgemälde und zahlreiche Grafiken entstanden dabei. Die erhalten gebliebenen Fotografien und Bilder beweisen: Lola muss eine überaus schöne Frau gewesen sein, sie war stets elegant und nach der neuesten Mode gekleidet. Mein Großvater David legte weniger Wert auf Garderobe, er besaß – den Erzählungen meines Vaters zufolge – nur einen Straßenanzug und einen Smoking, den er im Club oder Casino trug, wo er meist ebenso große Summen gewann wie verlor. Mein Vater berichtete mir, dass Lola ihren Ehemann hin und wieder zur Seite nahm und schalt: »David, du siehst aus wie ein Landstreicher!«

Die Welt, in der die Familie damals, also in den zwanziger Jahren, lebte, erschien mir unwirklich, fremd in den Geschichten, die ich so gern von meinem Vater hörte und um die ich ihn immer wieder bat. Es war eine Welt eleganter Gesellschaften, eine Welt der Musik und Literatur, der Reitstunden und schweizerischen Internate. Lola, so sagte man mir, sei Engländerin gewesen, von ihrem Geburtsort Jassy sollte ich erst viele Jahre später hören. Dass sie Jüdin war, wusste ich nicht. Mein Vater hatte es nie erwähnt, und ich hatte mich nicht danach erkundigt. Nach dem Machtantritt der Nazis blieben meine Großeltern in Berlin, seit dem Bankrott der eigenen Firma hatte David im Unternehmen seines vormaligen Partners gearbeitet. Als dieser nach England ging, übernahm David die Repräsentanz des Unternehmens Woolworth für ganz Deutschland. Sein Geschäftssinn schien sich wieder auszuzahlen, vormalige Freunde und Bekannte wechselten nun allerdings die Straßenseite, wenn sie meinen Großeltern begegneten. Nach und nach hatten die Kinder das Land verlassen, aber noch stemmten sich David und Lola wohl gegen die

Einsicht, dass ihnen unter Hitler kaum etwas bleiben würde von ihrem vertrauten Leben.

David wurde in der Reichskristallnacht verhaftet, am Ende des Jahres kehrte er als gebrochener Mann aus dem Konzentrationslager Sachsenhausen zurück, sechs Wochen hatte er dort zugebracht, während Lola auf ihn wartete. Im letzten Moment, kurz vor Ausbruch des Krieges, konnten sich meine Großeltern nach England retten. Der sorgsam verpackten Gobelins und Bilder sollten ihnen nachgesandt werden. Sie kamen nie an. Nach dem Tod Davids im Jahre 1947 ließ Lola in Deutschland Nachforschungen anstellen. Man teilte ihr schließlich mit, die Untersuchungen hätten ergeben, die Bilder und alle Gegenstände von Wert seien bei einem Bombenangriff auf Berlin Anfang 1944 zerstört worden. Interessanterweise wurden allerdings einige der besagten Bilder noch in den fünfziger Jahren auf Auktionen in Deutschland den Bietern offeriert.

Lola lebte nun in einem bescheidenen Westberliner Hotel. Mein Vater besuchte sie, sooft es die damaligen Verhältnisse zuließen. Nach allem, was ich weiß, waren diese Besuche nicht immer einfach, meine Großmutter machte ihrem Sohn gelegentlich Vorhaltungen, er sei dem Land, in dem er lebte, gegenüber politisch undankbar. Mein Vater überhörte solche Vorwürfe und bemühte sich mit den ihm zur Verfügung stehenden bescheidenen Mitteln um das Wohlergehen seiner Mutter.

Es ist Ende März 1977, irgendetwas ist anders als sonst, die Mienen meiner Eltern wirken ernst, sie sprechen leise miteinander, ganz offenkundig in der Absicht, den Inhalt ihrer Konversation vor mir geheim zu halten. Ich stelle meinen Eltern bohrende Fragen, endlich nimmt meine Mutter mich zur Seite und sagt, Lola sei unheilbar krank, es ginge zu Ende, mein Vater würde zu ihr fahren.

Ich liege in meinem Zimmer und höre eine Schallplatte mit Aufnahmen von Louis Armstrong und Bix Beiderbecke, die Aufnahmen der beiden Musiker stammen aus den Jahren 1926 und 1927. Damals war Lola noch jung, denke ich bei mir.

Wenige Tage später ist sie tot, am 1. April 1977 stirbt Lola Leder, ihr Sohn begräbt sie in Rudow. Für den Rest meiner Kindheit bleibt nur das Liebermann-Portrait in unserem Esszimmer, an Lolas Dekolleté ist das Bild ausgebessert, ein Wahnsinniger hatte es auf einer Ausstellung attackiert. Das Portrait bleibt bei uns, bis mein Vater es kurz vor seinem Tod verkaufen lässt. Heute hängt an derselben Stelle ein anderes Portrait Max Liebermanns, ich liebe das Bild, es ist eine Kopie, im Internet war ich auf eine Firma gestoßen, die für je dreihundert Euro zehn Meisterwerke aus verschiedenen Jahrhunderten gedruckt auf Leinwand anbot. Neben da Vinci, van Gogh und Picasso stieß ich zu meiner grenzenlosen Überraschung auf ein Bildnis meiner Großmutter. Sie sitzt etwas zur Seite gebeugt auf einem kleinen Sofa und lächelt mich an.

26.

Unsere Reise ins Tessin hatte im Sommer 1977 ausfallen müssen, die von der Biermann-Affäre geschlagenen Wunden waren noch nicht verheilt, wenn auch das Kesseltreiben gegen die Unterzeichner der Biermann-Petition allmählich nachzulassen begonnen hatte. Einige Freunde waren bereits gegangen. Unter ihnen befand sich auch ein Mann, mit dessen Tochter Josephine ich einige Zeit die Schulbank gedrückt hatte: Manfred Krug. Er hatte ein großes Haus in unserer Nachbarschaft bewohnt, meine Eltern waren gut mit ihm bekannt, einige Male hatte ich seine Tochter besucht. Krug war mir durchaus sympathisch gewesen, aber seine Stimme kam mir damals ungewöhnlich durchdringend und fordernd vor, er war groß, sehr groß sogar, ein stattlicher Mann, kurzum, so sehr ich ihn mochte, so unheimlich erschien er mir doch. Nun war er weg, das große Haus stand leer, andere waren Manfred Krug gefolgt, in der DDR hatte sich eine Art Katerstimmung breitgemacht, und mein Vater hatte entschieden, nicht mit uns ins Tessin zu reisen. Ich fragte ihn nach den Gründen seiner Entscheidung, er blieb undeutlich in seiner Antwort, aber ich hatte den Eindruck, er fürchtete, ebenfalls ausgebürgert, wenigstens jedoch an der Rückkehr gehindert zu werden, falls wir führen.

Meine Eltern verfielen auf die Idee, ich sollte einige Städte in der DDR kennenlernen, sie gaben zu bedenken, ich hätte bisher kaum etwas von unserer Republik gesehen. Sie hatten Recht, ich war mit Ascona besser vertraut als mit Dresden, und so fuhren wir dorthin und nach Weimar, wo wir im Hotel Elephant abstiegen. Dies sei Hitlers Lieblingshotel gewesen, erklärte mein Vater. Schaudernd stellte ich mir vor, wie der »Führer« mit seiner Entourage in eben jenem Frühstücksrestaurant gesessen haben musste, in dem wir nun Eier und Schinkenbrote verspeisten.

Einige Jahre zuvor waren wir schon einmal im Elephant gewesen, zwei oder drei Tage hatten wir uns dort aufgehalten, mein Vater war einer Lesung wegen nach Weimar gereist. Ein Mann im Blauhemd der Freien Deutschen Jugend war eines Morgens an unseren Tisch getreten, mir fiel seine auffällig gebogene Nase auf, mein Vater stellte ihn mir vor: »Das ist Egon Krenz.« Wir wechselten zwei, drei Worte, dann war Krenz, der sehr beschäftigt schien, wieder gegangen. Viele Jahre später sollte ich ihn wiedersehen. Zur Erinnerung an die Bücherverbrennung hatten einige Autoren auf dem Bebelplatz in Berlin gelesen, ich hatte meinen Vater an jenem Abend im April 1983 begleitet. Auf dem anschließenden Empfang schritt Egon Krenz auf uns zu, er trug kein Blauhemd mehr, er war nun im Politbüro und galt als Honeckers Kronprinz. Er grüßte meinen Vater und wandte sich dann an mich: »Nun Andrej, erinnerst du dich noch, damals im Hotel Elephant?« Ich war aufrichtig verblüfft gewesen, wie konnte sich dieser Mann eine so unbedeutende Begegnung mit einem Achtjährigen gemerkt haben, an die ich selbst kaum eine Erinnerung hatte?

Wir verbrachten drei oder vier Tage in Weimar, in jenem Sommer 1977, mir gefiel die Stadt, deren Zentrum gut erhalten war und die so gar nichts gemein zu haben schien mit den zumeist von Plattenbauten verunstalteten Innenstädten der DDR.

Nach unserer Rückkehr war ich mit meiner Mutter zu den Großeltern nach Moskau geflogen, wie immer hatte ich dort Pelmeni und Kaviar gegessen und mit meiner Großmutter Schach gespielt. Ich war in glühender Sommerhitze das weitläufige Gelände der im Norden Moskaus gelegenen Allunionsausstellung abgeschritten, auf der Suche nach dem Prototypen eines neuen Passagierflugzeugs, meine Mutter hatte mit mir einen Ausflug auf der Moskwa unternommen, an Bord eines Tragflächenbootes, dessen Fenster sich nicht öffnen ließen und in dem ich infolgedessen beinahe erstickt wäre. Nach zwei Wochen war ich mit meiner Mutter nach Berlin zurückgekehrt.

Für den Rest des Jahres, so schien es jedenfalls, würden wir nicht mehr reisen. Doch dann überraschte mich mein Vater eines Tages mit der Nachricht, er habe eine Einladung nach Belgrad erhalten, der jährliche PEN-Kongress würde in der jugoslawischen Hauptstadt abgehalten werden, und meine Mutter und ich würden ihn begleiten. Titos Jugoslawien galt in der DDR als ein immer noch mehr oder weniger sozialistisches Land, eine Reise dorthin schien meinem Vater offenbar ohne besonderes Risiko zu sein.

Wir flogen mit der jugoslawischen JAT über Zagreb nach Belgrad, der Flughafen dort war schwer bewacht, wie auch unser Hotel, überall sah man Milizionäre mit umgehängten Maschinenpistolen. Wir befanden uns im »Deutschen Herbst«, die »Landshut« war eben erst von der GSG9 in Mogadischu gestürmt worden, Schleyer war tot, die Führung der RAF ebenso, und die Welt wartete mit angehaltenem Atem, was wohl als Nächstes geschehen würde.

Ich hatte von all dem in den Nachrichten gehört, all diese Ereignisse hatten sich freilich in weiter Ferne zugetragen, sie hatten scheinbar nichts mit mir zu tun. Die Sicherheitsmaßnahmen überall in der Stadt ließen aber keinen anderen Schluss zu: Hier in Belgrad fürchtete man offenbar ein Übergreifen des Terrors, ich war zwölf und vom martialischen Auftreten der jugoslawischen Polizei außerordentlich beeindruckt.

Wir waren im Übrigen nicht allein angereist, Heinz Kamnitzer und Hendryk Keisch waren ihrer Funktionen im DDR-PEN wegen in Belgrad, ich kannte sie beide, oft genug waren sie bei uns zu Besuch gewesen, ich mochte sie nicht sonderlich, weil ich den Eindruck hatte, mein Vater mochte sie auch nicht. Kamnitzer und Keisch schritten jeden Morgen mit wichtiger Miene durch die Empfangshalle unseres Hotels.

Und dann war da noch ein Dichter, Paul Wiens. Er empfand offenbar großes Vergnügen dabei, Zeit mit meiner Mutter und mir zu verbringen. Kaum ein Tag verging ohne einen Spaziergang, dem sich Paul Wiens ungefragt anschloss. Er bemühte sich eifrig, mir zu gefallen, er erzählte lustige Geschichten und ließ mich glauben, er hätte allergrößtes Interesse an meinen Ansichten. Wiens gefiel mir nicht, er war zu nett und zu aufmerksam, er umschwärmte meine Mutter wie ein verhinderter Kavalier, ich wünschte mir die ganze Zeit, er würde uns endlich in Ruhe lassen. Sein Verhalten erschien mir ebenso anmaßend wie rätselhaft. Ich fragte mich, woher Paul Wiens wohl die Zeit nahm, musste er denn nicht wie mein Vater an den Sitzungen des PEN-Kongresses teilnehmen? Wiens schien das wenig zu kümmern. Er blieb uns auf den Fersen. Später, sehr viel später erst sollten wir erfahren, wer ihn beauftragt hatte. Da war der nette Paul Wiens schon tot.

Am Tag vor unserer Abreise fuhr der Kongress in einigen gemieteten Bussen nach Vrsac – einer unauffälligen Stadt mit wenigen zehntausend Einwohnern, keine Stunde Fahrt von der Hauptstadt entfernt. Im Rathaus empfing uns der Bürgermeister. Das jugoslawische Fernsehen filmte. Stolz erklärte uns der Bürgermeister, zweiundvierzig Nationalitäten würden in seiner Stadt friedlich zusammenleben. Ich war erstaunt: zweiundvierzig Nationalitäten in einer solch kleinen Stadt? Der Bürgermeister lächelte in die Kamera direkt vor ihm. Was mag wohl aus ihm geworden sein? Hat der Bürgermeister eines Tages sein Gewehr geschultert und ist in den Krieg gezogen?

Nach Srebrenica? Und was ist mit ihnen geschehen: den zweiundvierzig Nationalitäten von Vrsac?

Am folgenden Tag flogen wir nach Berlin zurück. In unserer Maschine saßen Kamnitzer und Keisch. Und der nette Paul Wiens.

27.

Im Mai 1978 veröffentlichte das Neue Deutschland einen bemerkenswerten Artikel. Geschrieben hatte ihn das Politbüromitglied Konrad Naumann. Darin hielt dieser einigen der bekanntesten Dichter des Landes vor, für ihre Kritik am Sozialismus in der DDR vom Westen fürstlich entlohnt zu werden. Mein Vater las diese Brandschrift, die an Niedertracht kaum zu überbieten war, unmittelbar nach seiner Rückkehr von einer längeren Reise. Wenige Tage später sollte im neuen Palast der Republik der Kongress des Schriftstellerverbandes beginnen.

Mein Vater entschied sofort, dass eine Teilnahme daran für ihn unter diesen Umständen nicht mehr in Betracht kam. Er rief Hermann Kant an und teilte ihm seine Absage in knappen Worten mit. Wenig später läutete bei uns das Telefon. Erich Honecker war am Apparat. Mein Vater kannte ihn, er empfand für Honecker eine aus der Vergangenheit rührende Sympathie. Honecker hatte bis zu seiner Verhaftung 1935 den kommunistischen Widerstand in der Reichshauptstadt geleitet. Er war damit – ohne dass beide damals voneinander wissen konnten – für einige Zeit Vorgesetzter meines Vaters gewesen.

»Stephan«, sagte Honecker nun am Telefon, »ich möchte dich bitten, dir die Sache noch einmal zu überlegen, ich würde mich sehr freuen, wenn du am Schriftstellerkongress teilnehmen würdest.« – »Erich«, erwiderte mein Vater, »sollte ich kommen, dann nur, wenn es mir gestattet wäre, etwas gegen den infamen Aufsatz Konrad Naumanns sagen zu können.« – »In Ordnung!«, kam es zurück.

Noch nie zuvor war ein hochrangiger Politiker des Landes, noch dazu ein Mitglied des SED-Politbüros, öffentlich attackiert worden. Doch in der Rede, die mein Vater vor den versammelten Schriftstellern im Palast der Republik hielt, fand sich unter anderem folgende Passage: »In Ermangelung wirklicher Argumente greift man zu einer Demagogie, die in Deutschland, wenn es um das Herabsetzen von Intellektuellen geht, eine lange und schmähliche Geschichte hat ... Hofft man auf das Schweigen der Betretenheit, der Furcht? Wenn dem so ist, befindet man sich in einem Irrtum.«

Diese Voranstellung und das Bekenntnis meines Vaters im weiteren Verlauf der Rede, ein spätbürgerlicher Schriftsteller zu sein, löste ein Erdbeben aus, dessen seismische Wellen noch lange im Lande nachhallen sollten. Mit der geringsten denkbaren Zahl der abgegebenen Stimmen wurde mein Vater in den Vorstand des Schriftstellerverbandes gewählt, übrigens – wenn man von einer kurzen Periode als Sekretär der Akademie der Künste zu Anfang der sechziger Jahre absieht – die einzige öffentliche Funktion, die mein Vater in der DDR je innehatte.

Viele Briefe erreichten meinen Vater in den Tagen und Wochen nach dem Kongress. Nicht wenige Leser, die ihm schrieben, gaben sich überrascht, ja entsetzt, ihn fürderhin als spätbürgerlichen Dichter ansehen zu müssen. Sie schienen ihn nicht zu verstehen, für sie war und blieb Stephan Hermlin ein kommunistischer Schriftsteller, ganz gleich, was er bekannte.

Irgendwann in jenen Wochen, es muss gegen Ende des Monats Juni gewesen sein, schwang ich mich eines Nachmittags auf mein Fahrrad und radelte die Grabbeallee entlang. Ich hielt vor der Nummer 18, schob das Fahrrad in den Flur und lief die Treppen hinauf in den zweiten Stock. Hier wohnte mein Freund Wulf mit seinen Eltern. Wir tauschten die letzten Neuigkeiten aus. Irgendwann betrat Wulfs Mutter das Zimmer. Frau Böttger war bei mir sehr beliebt, nicht zuletzt, weil sie die beste Pfirsichtorte der Welt backen konnte. Nun erkundigte sie sich ausführlich nach meinen Reiseplänen für den Sommer. Ich berichtete ihr, ich würde mit meinen Eltern nach dem Urlaub im Tessin noch für einige Zeit in Skandinavien sein, mein Vater betrachtete – wie es schien – die von der Biermann-Affäre erzeugten Wogen als hinreichend geglättet, wir würden, zum ersten Mal seit zwei Jahren, wieder in den Westen reisen. Frau Böttger hatte eine Idee: »Wie wäre es, Andrej, wenn du in den nächsten Wochen ein Tagebuch führen würdest? Dann könntest du mir nach deiner Rückkehr von deinen Erlebnissen berichten und müsstest dich dabei nicht allein auf dein Gedächtnis verlassen!« Ich dachte an die Pfirsichtorte und sagte ja.

Am nächsten Tag fuhr ich zu einem Schreibwarengeschäft und sah mich nach einer passenden Kladde für mein Tagebuch um. Ein blassblaues Büchlein erschien mir am besten dafür geeignet zu sein. Ich beschloss, am 1. Juli 1978 mit dem Tagebuchführen zu beginnen.

Schon einmal hatte ich mich im Schreiben versucht, doch nach einigen Monaten schien mir mein Leben als Schüler der fünften Klasse viel zu banal zu sein, als dass es wert gewesen wäre, ausführlich beschrieben zu werden. Vielleicht suchte ich auch nur nach einer Ausflucht und war in Wahrheit einfach des Schreibens überdrüssig geworden. Diesmal aber war ich entschlossen, bei der Sache zu bleiben. Das erste Büchlein mit immerhin 192 Seiten war nach der Schweizreise schon verbraucht, ich hatte noch die kleinste Beobachtung darin notiert, allen voran jede Sichtung eines jener amerikanischen Straßenkreuzer, die ich damals so liebte.

Für die Reise nach Schweden, Norwegen und Dänemark musste ein neues Buch beschafft werden, ich entschied mich der Einfachheit halber für das gleiche Muster.

Meine Freunde und Klassenkameraden fuhren in den Ferien regelmäßig an die Ostsee, ich war noch nie nördlich Berlins gewesen, nun sah ich die Ostsee aus zehn Kilometern

Höhe. An Bord unseres Flugzeugs, einer DC-9 der SAS, wurden unterdessen Krabben und Kaviar serviert. Ich war das legendäre Aeroflot-Huhn gewohnt und von dem gebotenen Komfort der skandinavischen Fluggesellschaft sehr beeindruckt. Zuletzt war uns auf dem Flug über den Ärmelkanal zwei Jahre zuvor ein so vorzügliches Essen vorgesetzt worden. In Stockholm wohnten wir im Hotel Diplomat, ich war begierig darauf, die Vasa zu sehen, jenes hölzerne Schiffswunder, das am Tage seiner Jungfernfahrt noch im Hafenbecken kenterte und sank, weil die Ingenieure das Gewicht der hundert gusseisernen Schiffskanonen unterschätzt und den Schwerpunkt des Dreimasters falsch berechnet hatten. Das Schiff war nach über dreihundert Jahren gehoben worden und wurde nun in einem sarkophagähnlichen Gebäude behutsam restauriert.

Mit meiner Mutter unternahm ich ausgedehnte Spaziergänge durch Stockholm. Zu meinen Gewohnheiten hatte es bis dahin gehört, auch auf Reisen unzählige Stunden mit meinen Spielsachen zu verbringen, aber meiner Mutter war es gelungen, mich aus dem Hotelzimmer zu locken – ein verhängnisvoller Fehler, denn ich fand schnell Gefallen an der Stadt und trieb schließlich meine Mutter erbarmungslos von einer Sehenswürdigkeit zur nächsten.

In einer Musikhandlung hörte ich eine Schallplatte mit Aufnahmen des Tommy Dorsey Orchestra. Ein Lied hatte es mir besonders angetan, es hieß »San Francisco« und hatte eine wunderschöne Melodie. Damals war ich zwölf und konnte nicht wissen, dass der jüdische Komponist Walter Jurmann dieses Lied im amerikanischen Exil geschrieben hatte. Noch weniger konnte ich ahnen, dass ich eben dieses Arrangement dreißig Jahre später mit meinem eigenen Orchester spielen würde. Ich stritt an jenem Augusttag lange mit meiner Mutter, aber am Ende trug ich die Schallplatte stolz ins Hotel.

Für den folgenden Tag hatte mein Vater ein Mittagessen

mit Peter Weiss ausgemacht. Ich wusste sehr wohl, wie berühmt Peter Weiss war, mein Vater hatte es mir gesagt, aber mein ganzes Interesse galt während des Essens den frischen Krabben, die ich geordert hatte und die zu schälen ich mich bemühte. Während meine Eltern sich mit Peter Weiss unterhielten, haderte ich mit meiner Bestellung, denn nach Abzug der Schwänze und Schalen blieb nur relativ wenig von den Krabben übrig. Hin und wieder sahen die Erwachsenen mitleidig zu mir herüber, dann vertieften sie sich wieder in ihr Gespräch, dem zu folgen ich schon lange aufgegeben hatte. Irgendwann sah Peter Weiss auf seine Uhr, er müsse jetzt gehen, er sei noch anderswo verabredet.

Hungrig verabschiedete ich mich von dem berühmten Mann, den kennenzulernen ich versäumt hatte. Bald darauf flogen wir nach Oslo, seltsamerweise mit der Aeroflot, die diese Strecke bediente. Die norwegische Hauptstadt machte wenig Eindruck auf mich, sie erschien mir farblos und langweilig, ganz im Gegenteil zu Kopenhagen, denn dort war das Tivoli. Ich bin seither nie wieder in Kopenhagen gewesen, und fragte man mich heute nach einer bleibenden Erinnerung an diese Stadt, könnte ich nur von diesem Vergnügungspark berichten, in dem ich – zum Leidwesen meiner Eltern – den ganzen Tag zu verbringen pflegte.

Schließlich flogen wir nach Berlin zurück, wieder sah ich die Ostsee aus der Luft, es sollten noch Jahre vergehen, bis ich an ihrem Ufer stehen würde, ich hatte das Tagebuchschreiben nicht aufgegeben und würde es auch in den folgenden Jahrzehnten nicht tun.

Ich las Frau Böttger aus dem Tagebuch vor, sie sah mich sehnsuchtsvoll an, eines Tages würde sie auch Krabben in Stockholm essen und durch Kopenhagen spazieren – eines Tages …

28.

Morgens – üblicherweise nicht später als gegen zehn Uhr – kommt die Post, es ist immer dasselbe Ritual: mein Vater geht in Hausschuhen und Morgenmantel zum Gartentor, öffnet die alte schief hängende Tür des Briefkastens mit einem lauten Quietschen, nimmt die Post heraus und trägt sie zum Frühstückstisch. Für die folgenden Minuten ist mein Vater nicht anzusprechen, er hört niemanden und nichts, reißt die Umschläge nacheinander auf und liest. Hin und wieder treffen Einladungskarten der Botschaften ein, ich liebe diese Karten, sie sind auf bestem Papier gedruckt, häufig mit einer erhabenen goldenen Schrift versehen, mein Vater sortiert diese Karten in seinen Kalender, der auf dem schweren, aus Eichenholz gefertigten Schreibtisch liegt, den die Amerikaner ihm 1945 in Frankfurt geschenkt hatten und der heute bei meiner Mutter im Souterrain steht. In den späten siebziger Jahren waren die Einladungen häufiger geworden.

Die Begegnungen von Staatsfunktionären, regimefreundlichen und regimekritischen Künstlern mit den Diplomaten der westlichen Mächte und den in Ostberlin akkreditierten Journalisten schufen in gewisser Weise ein gesellschaftliches Parkett, das es in der DDR eigentlich gar nicht gab. Hier trafen Welten aufeinander: der Präsident des Schriftstellerverbandes Kant auf den ausgereisten Dichter Kunert, der DDR-Kulturfunktionär Höpcke auf den ARD-Korrespondenten Pleitgen oder der Schriftsteller Hermlin auf den CDU-Politiker Lehmann-Brauns. Regelmäßig folgten meine Eltern den Einladungen in die Gesandtschaften, sie begingen dort den Geburtstag der Queen, den amerikanischen Unabhängigkeitstag oder den Tag der deutschen Einheit. Ab und zu, wenn das Protokoll es zuließ, nahmen sie mich mit. Die Residenz des amerikanischen Botschafters befand sich auf einem schönen Anwesen im Norden von Pankow, das Gebäude aus dunklem Backstein ist heute fest in kasachischer Hand.

An einem warmen Sommertag, ich muss wohl vierzehn oder fünfzehn gewesen sein, hatte der US-Botschafter einige Gäste zu einem traditionell amerikanischen Barbecue geladen. Der Anlass schien eher familiärer Natur zu sein, infolgedessen sprach nichts dagegen, dass ich meine Eltern begleitete. Wir fuhren den kurzen Weg zur Residenz mit dem Wagen, nur wenige Meter von der Einfahrt entfernt parkte am Straßenrand ein unansehnlicher grauer Bauwagen. In der Gegend hatte es seit Jahren keinerlei Bauarbeiten mehr gegeben, aber der Bauwagen schien dort schon seit längerem zu stehen, und einen verlassenen Eindruck machte er auch nicht …

Der amerikanische Botschafter hatte einen Sohn in meinem Alter. Nach dem Essen lud mich dieser in sein Zimmer ein, dort fiel mein Blick sogleich auf einen riesigen Modellbaukasten, das Titelbild zeigte einen B-52-Bomber, und ich fragte mich, ob die undeutlich gezeichnete Landschaft unter der Maschine wohl Vietnam sei. Der Sohn des Botschafters öffnete den Karton und ließ mich hineinsehen, ich bewunderte die Detailtreue des Bausatzes, die schiere Größe des Modells, irgendwie begann ich mir Hoffnungen darauf zu machen, er könnte mir den Baukasten übereignen, er war schließlich der Sohn des US-Botschafters, und ich kam aus der DDR, dort gab es keine B-52-Flugzeugmodelle. Die Hoffnung hielt nur wenige Augenblicke, dann wurde der Baukasten wieder geschlossen und im Schrank verstaut. Ich ging nach draußen in den Garten zu den Erwachsenen, ich war tief enttäuscht vom Sohn des amerikanischen Botschafters, er hätte doch ahnen müssen, wie sehr ich mich nach dem Modell sehnte, nun hielt mich hier nichts mehr, und ich drängte meine Eltern wiederholt, wenn auch zunächst erfolglos, zum Aufbruch. Irgendwann verabschiedeten wir uns schließlich vom amerikanischen Botschafter und seinem Sohn, der sich, wie ich fand, als ausgesprochen geizig erwiesen hatte, wir gingen an dem grauen unansehnlichen Bauwagen vorbei, setzten uns in unser etwas abseits geparktes Auto und fuhren heim.

Mit Günter Gaus verband meinen Vater eine herzliche Bekanntschaft, die fast schon eine Freundschaft war, so es in jener Zeit eine Freundschaft geben konnte zwischen einem Schriftsteller in der DDR und dem Ständigen Vertreter der Bundesrepublik Deutschland, wie Gaus' Position offiziell hieß, um ihn – darauf hatte man im Westen bestanden – von den Botschaftern der übrigen Staaten zu unterscheiden. Gaus war einige Male in unserem Haus zu Besuch gewesen, und zu den Abendessen in seiner Residenz wurde manchmal auch ich mit hinzugebeten. Es waren meist kleinere Gesellschaften, üblicherweise saßen neben Gaus und seiner Frau nur meine Eltern und vielleicht noch ein oder zwei Gäste am Tisch, die Gespräche waren fast immer politisch, für Gaus war die DDR eine Obsession, er war an den Menschen in diesem abgeriegelten Land interessiert wie kaum ein anderer der westlichen Diplomaten. Ich mochte ihn, Gaus sprach konzentriert und leise, er hörte aufmerksam zu, auch mir, der ich allmählich damit begonnen hatte, mich an den Gesprächen zu beteiligen, wenn auch stets mit einem wachsamen Blick auf meinen Vater, dessen Missbilligung oder Ungeduld ich zu vermeiden suchte.

So sehr ich mich um eine respektvolle Haltung meinem Vater gegenüber bemühte, so wenig hielt ich mich im Umgang mit meiner Mutter zurück. Seit langem schon kultivierten wir beide eine Form des Streites, die jedem Außenstehenden beleidigend und abnorm erscheinen musste. Wann immer sich meine Mutter bitterlich über mein Verhalten ihr gegenüber beschwerte, gab ich zur Antwort, sie habe keinen Grund zur Klage, ich sei ihr gegenüber wenigstens ehrlich und heuchele nicht, wie einige meiner Freunde, Zuneigung und Respekt, nur um hinter dem Rücken der Eltern diese gering zu schätzen und zu verlachen.

Ich war inzwischen fünfzehn, die Auseinandersetzungen hatten in der jüngsten Zeit noch an Schärfe zugenommen, meine Mutter schien nun ihrerseits fortwährend gereizt und unzufrieden zu sein. Ich beklagte ihre wie ich fand übertrieben nörgelnde Kritik an mir und das Ausbleiben jedes Lobes für mein Tun. Eines späten Abends, meine Eltern waren gerade erst von einem Empfang in der britischen Botschaft zurückgekehrt, verstrickten wir uns auf meinem Zimmer von neuem in eine unserer vielen hoffnungslosen Debatten, ich warf meiner Mutter zum soundsovielten Male vor, kein einziges gutes Wort über mich zu finden, meine Mutter bestritt dies, ich wiederholte – schon mit bedenklich lauter Stimme – meinen Vorwurf, ein Wort gab das andere. Schließlich trat meine Mutter – nun auf das höchste erregt – an mein Bett heran, sie rang nach Worten, dann brach es aus ihr heraus: »Ich weiß nicht, was du willst. Heute Abend erst habe ich dem britischen Botschafter erzählt, wie stolz ich auf dich bin!« Ich sah sie ungläubig an. »Dem britischen Botschafter? Mama, wäre es nicht besser gewesen, du hättest es mir erzählt?« Meine Mutter schien nicht zu verstehen. Ihr fiel noch etwas ein: »Übrigens hält der britische Botschafter viel von Erich Honecker. Ist das nicht erstaunlich? Er meinte, für einen Politiker seines Formats sei die DDR doch ein viel zu kleines Land!«

Ich drehte mich um und schaltete das Licht aus.

29.

Im Oktober 1981 wurde ich FDJ-Sekretär für Agitation und Propaganda – keine Schande im Grunde genommen, damit konnte man in späteren Jahren sogar Bundeskanzler werden. Das Ganze war schlicht ein Betriebsunfall gewesen. Zur FDJ-Wahlversammlung unserer Klasse hatte ich nicht erscheinen können, ein Zahnarzttermin war für denselben Nachmittag seit langem vereinbart, mir blieb nur die Wahl zwischen Pest und Cholera, und ich hatte mich schließlich für die Cholera entschieden. Die jährlich stattfindenden Wahlen zur FDJ-Leitung waren ohnehin reine Formsache, André H. war seit Jahr und Tag auf den Posten des Propagandaverantwortlichen abonniert, noch nie war etwas schiefgegangen. Doch diesmal ging es gründlich schief: André H. wollte urplötzlich nicht mehr Funktionär sein und ließ sich auch nicht umstimmen. Irgendein Spaßvogel hatte meinen Namen vorgeschlagen, und ich wurde in Abwesenheit einstimmig zum FDJ-Sekretär für Agitation und Propaganda ernannt. Das alles erfuhr ich am nächsten Morgen von meinen Freunden. Ich hielt die Geschichte zunächst für einen Scherz, aber das diebische Grinsen André H.s belehrte mich eines Besseren. Ich lehnte dankend ab, das würde nie gut gehen, meine politische Haltung sei schließlich allen bekannt, es sei zwecklos. Doch meine Freunde bestürmten mich, ich sollte es doch wenigstens versuchen, und im Übrigen ließ sich so vielleicht etwas Schwung in die Sache bringen. Schließlich gab ich nach. Vor der Klasse erklärte ich, niemals eine Resolution der FDJ vertreten zu wollen, mit deren Inhalt ich nicht übereinstimmte. Niemand widersprach, nicht einmal unser Klassenlehrer Herr K. Harte

Entscheidungen waren K.s Sache ohnehin nicht, obwohl er in seiner Freizeit Bademeister war. Ansonsten schielte er entsetzlich, wann immer Herr K. »Andrej, zur Tafel!« kommandierte, erhoben sich zwei von ihren Stühlen, obwohl mein Namensvetter auf der anderen Seite des Klassenzimmers saß.

Schon in der ersten Woche meiner Funktionärskarriere kam es zum Eklat: Auf einer Versammlung aller Propagandisten wurden wir nacheinander befragt, worüber denn in unseren Klassen gesprochen würde. Als die Reihe an mir war, erklärte ich, dass die Schüler unserer Klasse mit nichts anderem beschäftigt wären als mit den faszinierenden Ergebnissen der letzten Politbürotagung. Schallendes Gelächter, nur die stellvertretende Direktorin lachte nicht mit.

In den Herbstferien flog ich mit meinen Eltern nach Moskau, der sowjetische Schriftstellerverband hatte sich nicht lumpen lassen und holte uns mit einer riesigen Tschaika-Limousine ab, die an amerikanische Straßenkreuzer der fünfziger Jahre erinnerte. Der Wagen verfügte über elektrisch betriebene Fensterheber, ich ließ die Scheiben zum Ärger meiner Eltern fortwährend rauf und runter fahren. Wir wurden im Hotel Rossija einquartiert. Das größte Hotel Europas lag direkt am Kreml und war so groß, dass sich eines Tages eine amerikanische Touristin darin verirrte und erst nach Tagen völlig verwahrlost in einem Nebengang gefunden wurde.

Wir bewohnten eine Suite von immensen Ausmaßen. Ein Schlafzimmer für meine Eltern, eins für mich, ein Empfangssalon, zwei Esszimmer, dazu zwei Bäder. Abends gingen wir ins hoteleigene Restaurant, es gab keine Suppe, keinen Salat, keinerlei Vorspeisen, nur Schnitzel natur oder paniert. Zu jener Zeit konnte man in ganz Moskau keine einzige Wurst kaufen, die Fleischereien vertrieben stattdessen japanische Tonbandkassetten. Im Restaurant spielte eine Tanzkapelle, und obwohl die Musiker am anderen Ende des Lokals platziert waren, verstanden wir unser eigenes Wort nicht. Meine Mutter schickte mich zur Bühne, ich bat einen der Musiker um eine gedämpftere Spielweise, worauf die Kapelle nun erst recht voller Enthusiasmus – also ohrenbetäubend laut – zu musizieren begann.

Während unseres Aufenthaltes in Moskau telefonierte mein Vater andauernd mit Berlin, ich erfuhr, dass er zu einem privaten Friedenstreffen von Schriftstellern und Wissenschaftlern in die DDR-Hauptstadt eingeladen hatte, mein Vater schien große Hoffnungen in eine solche Zusammenkunft zu setzen, nun galt es, die richtige Auswahl zu treffen und die Adressen der Einzuladenden ausfindig zu machen. Als wir nach Berlin zurückkehrten, fanden wir Dutzende Briefe vor, gemeinsam öffneten wir drei die Umschläge, freuten uns über Zusagen und waren von den Absagen enttäuscht. Ein solches Treffen hatte noch nie stattgefunden, aber es schien in die Zeit zu passen, damals, als Pershing II und SS-20 einen europäischen Atomkrieg denkbar werden ließen. Mein Vater hatte ganz bewusst auch Autoren eingeladen, die – wie Jurek Becker – die DDR zuvor verlassen hatten oder – wie Günter Grass – zu deren prononcierten Kritikern im Westen zählten. Nur mein Vater schien damals eine solche Einladung nach Ostberlin aussprechen zu können, er besaß wohl in beiden deutschen Staaten gleichermaßen die dafür nötige Reputation, zumindest im Kreise der Eingeladenen. Die Regierung der DDR wagte nicht, offen Front gegen seine Idee einer Friedensversammlung von Intellektuellen zu machen, aber es gab in Ost und West nicht wenige, die an der Beibehaltung alter Feindschaften stärker interessiert waren als am Versuch eines Dialogs. Hüben wie drüben wurde den Adressaten der Einladung davon abgeraten, nach Berlin zu fahren. Die Dogmatiker beider Seiten waren sich ähnlicher, als sie ahnten.

Der Beginn der »Berliner Begegnung« war auf den Vormittag des 13. Dezember 1981 terminiert, mein Vater hielt auf der Versammlung eine kurze Rede: »Ich habe mir heute einen Traum erfüllt«, sagte er, als könnte man träumen in solchen Zeiten. Da saßen Adolf Muschg, Konrad Wolf, Stefan Heym, Erich Fried, Günter de Bruyn und andere nebeneinander, redeten ohne jede Beschränkung über den Frieden in Ost und West, und für einen kurzen Augenblick schien es, als wäre alles möglich. Wenige Stunden später verhängte die polnische Regierung den Ausnahmezustand.

Trotzdem war das Echo in der Presse und im Fernsehen enorm gewesen, und als in unserer Klasse ein Thema für die FDJ-Versammlung im Januar gesucht wurde, einigten wir uns schnell darauf, über die Berliner Begegnung zu sprechen. Der Schulleitung gefiel unser Vorhaben gar nicht. Von dort hieß es, die Konferenz wäre konterrevolutionär gewesen, über so etwas spräche man nicht auf einer FDJ-Versammlung. Herrn K. war die Ehre zuteil geworden, die schlechte Nachricht zu überbringen. Statt über eine zweifelhafte Versammlung von Intellektuellen in einem Hotel am Alexanderplatz zu sprechen, sollte doch vielmehr die mangelnde Bereitschaft einiger diskutiert werden, sich auf eine längere Dienstzeit in der Nationalen Volksarmee zu verpflichten. Hier sah die Schulleitung akuten Handlungsbedarf. Ich erklärte, mit mir sei das nicht zu machen. Ich drohte mit Rücktritt, und Herr K. tat, was ich von ihm erwartet hatte: Er knickte ein. Man einigte sich auf einen Kompromiss: erst Berliner Begegnung, dann Nationale Volksarmee.

An einem Mittwoch im Januar versammelten wir uns im Klassenzimmer, die Direktion hatte uns zwei Elternvertreter gesandt, Frau K., die Mutter des einzigen Offiziersbewerbers unserer Klasse, und Herrn B., der noch 1945 dem Werwolf beigetreten war und nun für eine andere Behörde arbeitete. Im Herbst 1980 hatte Herr B. auf einer Versammlung, an der ich teilgenommen hatte, erklärt, die Regierung in Warschau sei mit der Konterrevolution zu nachsichtig umgegangen, er würde in Polen einige Tausend an die Wand stellen lassen, um für Ruhe zu sorgen.

Nun bemühen sich Frau K. und Herr B. nach Kräften, unsere Versammlung in ein stalinistisches Tribunal zu verwandeln. Frau K. erklärt mit sich überschlagender Stimme, auf der Berliner Begegnung wären staatsfeindliche Dichter zu Wort gekommen und hätten ungehindert gegen die DDR hetzen können. Ich frage sie erstaunt: »Liebe Frau K., wissen Sie denn gar nichts von der Erklärung des SED-Politbüros zur Berliner Begegnung? Sagt man Ihnen denn so etwas nicht in Ihrer Partei?« Frau K. blickt ratlos in die Runde. »Sie haben sich gerade gegen Ihre eigene Parteiführung gestellt, die das Treffen am Alexanderplatz ausdrücklich befürwortet hat!« Frau K. ist konsterniert, das hatte sie nicht geahnt, ich hatte natürlich meinen Vater um Interna aus der Partei gebeten, nur so für den Fall der Fälle …

Die meisten meiner Mitschüler stellen harmlose Fragen, nur die FDJ-Sekretärin Antje G. schilt Stefan Heym zaghaft für seinen Vorschlag, eine vom Staat unabhängige Friedensdemonstration in der DDR abzuhalten. Nun schaltet sich Herr B. ein, dem Antje G.'s Bemerkung nicht genug ist: »Also liebe Jugendfreunde, wenn ich den Namen Stefan Heym höre« – in diesem Moment führt Herr B. seine rechte Hand an die Hosennaht –, »dann entsichere ich meine Pistole!«

Bis auf den heutigen Tag verfolgt mich der Gedanke an mein Versagen. Ich hätte diesen Kerl aus unserer Versammlung werfen sollen. Ich tat es nicht. Ich sah in die kalten Augen eines Faschisten, der sich für einen Sozialisten hielt, und wusste nicht weiter. Ich sagte nur: »Herr B., ich denke, dass solche Sätze der Vergangenheit angehören sollten.« In der folgenden Stunde wird all jenen, die nicht bereit sind, der DDR-Armee wenigstens drei anstatt der vorgeschriebenen anderthalb Jahre zu dienen, Verrat am Sozialismus unterstellt, wir wehren uns, so gut wir können, aber die andere Seite fletscht die Zähne. Am Abend schreibe ich in mein Tagebuch: »So stelle ich mir eine Versammlung der Hitlerjugend vor.« Ich bin sechzehn und fühle mich fremd in meinem eigenen Land.

30.

Irgendwann im Winter 1982 waren sie urplötzlich bei uns aufgetaucht, die weißen Aufnäher mit der Abbildung einer Skulptur – ein Bauer schmiedet ein Schwert zu einem Pflug. Die Aufnäher aus einfachem Stoff fanden sich auf den Ärmeln der zu jener Zeit so beliebten graugrünen Parka, sie verbreiteten sich rasant unter uns Schülern. Auch ich besaß irgendwann diesen Aufnäher, aber anstatt ihn – wie einige meiner Freunde es taten – an meinem Parka zu befestigen, klebte ich ihn mit Tesafilm an die Wand meines Zimmers. Es war ein feiger Kompromiss, ich zeigte Flagge, aber ganz privat.

In der Schule indessen erhitzten sich allmählich die Gemüter, es war die Rede von pazifistischem Gedankengut, das von den Gegnern des Sozialismus in unsere Reihen hineingetragen werden sollte, um uns vollends zu verwirren. Die Argumente von Partei und FDJ waren ebenso simpel wie zwingend: Der Westen wollte den Krieg, also hatte er eine Friedensbewegung dringend nötig. Unsere SS-20 hingegen dienten dem Frieden, also waren wir selbst die Friedensbewegung. Eine weitere, von »uns« unabhängige Friedensbestrebung war damit völlig überflüssig, ja mehr noch, sie diente allein dazu, den Sozialismus zu unterwandern. Seltsamerweise wollte sich einigen von uns die Logik dieser Argumentation nicht erschließen.

Erste Zweifel an der politischen Weisheit unserer Lehrer hatten sich schon vor Jahresfrist bei mir eingeschlichen. Damals, direkt nach den Sommerferien 1980, war es im Unterricht zu einem kleinen Eklat gekommen: Ich hatte unsere Lehrerin für Staatsbürgerkunde Frau M. mit respektlosen Fragen gepiesackt. »Sie sagen doch immer, dass die Arbeiter im Sozialismus nicht streiken würden, denn sie kämpften ja dann gegen ihre eigene Macht, nicht wahr?« – »Ja, das stimmt, Andrej!« – »Nun haben aber die Arbeiter in Gdansk gestreikt, jetzt haben sie eine eigene Gewerkschaft und bessere Löhne. Wie erklären Sie sich das, Frau M.?« Frau M. blinzelte. Rote Flecken bildeten sich auf ihren Wangen. Sie schnaufte. Dann hatte sie eine Idee: »Ich gebe die Frage an das Klassenkollektiv weiter!« Das Klassenkollektiv hatte allem ehrlichen Bemühen zum Trotz auch keine erschöpfende Antwort auf meine Frage gefunden. Mein Vater brachte von einer Konferenz in der Bundesrepublik ein »Solidarność-Abzeichen« mit, er schenkte es mir, ermahnte mich aber, es nicht in der Schule zu tragen. Ich hörte auf ihn und verstaute das Abzeichen in einer Schublade meines Schreibtischs.

Anderthalb Jahre lag dies nun zurück, anderthalb Jahre und doch eine Ewigkeit, wie es schien. In Polen war vor wenigen Wochen erst die »Solidarność« verboten worden. Ihre Führer hatte man verhaftet. In mir klang noch der Satz von Herrn B. nach: »... dann entsichere ich meine Pistole!« Herr B. konnte zweifellos zufrieden sein mit seinen Genossen vom polnischen Geheimdienst, obwohl diese auf die von Herrn B. empfohlenen Exekutionen verzichtet hatten. Man konnte es allerorten spüren: die Zeiten wurden wieder rauher. Jetzt hatte man offenbar beschlossen, einen Schritt weiterzugehen und den Klassenfeind im Friedenskampf endgültig zu übertrumpfen. Gesagt, getan. Eine FDJ-Versammlung wurde einberufen. Der Pazifismus – so das Ziel der Zusammenkunft – sollte als ernste Bedrohung unserer Errungenschaften gegeißelt werden. Was waren schon die Atomraketen des Westens gegen die Kerzen der Friedensbewegten mit ihren weißen Aufnähern?

Die Sache hatte nur einen Haken: Die besagte Skulptur auf den Aufnähern war die Schöpfung eines sowjetischen Bildhauers, ein Geschenk der UdSSR an die Vereinten Nationen, vor deren Hauptquartier in New York man sie aufgestellt hatte. Ich liebte es, die Agitatoren der FDJ daran zu erinnern. So tat ich es auch diesmal. Dann fiel mir noch etwas ein: »Übrigens: ich glaube, dass Pazifisten und Kommunisten Verbündete sind! Ihr werft den Pazifisten vor, Träumer zu sein. Aber sind wir das nicht auch? Ist der Kommunismus nicht eine ebensolche Utopie wie der Traum von einer gewaltfreien Welt? Über den Weg zu unserem Traum mögen wir unterschiedlicher Ansicht sein. Aber wir sind Verbündete. Wer also als Kommunist Pazifisten zu Feinden erklärt, ist selbst ein Feind!« Ein seltsames Schweigen trat ein. Niemand sagte etwas, niemand versuchte, mich zu widerlegen. Die Versammlung endete an dieser Stelle. Ich fuhr ungläubig nach Hause, hatte ich sie wirklich überzeugt?

Ich sollte mich irren.

Bald darauf werden Schüler in das Büro der Direktorin Frau B. einbestellt, dort wird ihnen nahegelegt, die Aufnäher umgehend zu entfernen. Hier und dort hatten FDJ-Aktivisten oder Leute der Staatssicherheit Jugendlichen auf offener Straße die Aufnäher von den Jacken gerissen, immerhin: das gibt es an unserer Schule nicht.

Stattdessen wird eine gemeinsame Versammlung der beiden zehnten Klassen einberufen. Die Schulleitung nimmt vorn Platz – die Direktorin, neben ihr die beiden Stellvertreter und unsere Klassenlehrer. Dazu zwei Herren, die sich als Abgesandte des Außenministeriums ausweisen, eine Legende, die ihnen niemand glaubt. Die geheimen Herren setzen dazu an, uns die Politik von Partei und Staat schmackhaft zu machen, werden aber sogleich unterbrochen. Einige Schüler stellen vorsichtige Fragen. Von denen aber, die ihre Ansichten äußern, nimmt niemand den Staat in Schutz, rechtfertigt niemand sein feindseliges Vorgehen gegen die Pazifisten, kein einziger von uns stellt sich auf die Seite der Partei. Im Gegenteil: Viele machen der Regierung bittere Vorwürfe wegen ihrer starrköpfigen, unnachgiebigen Haltung in dieser Sache. Die Versammlung geht im allgemeinen Tumult unter und wird schließlich abgebrochen.

Noch immer hing in jenem Frühjahr der Aufnäher daheim an meiner Wand, der Tesafilm war schon vergilbt. Ich hatte mir aber einen Anstecker besorgt und ihn am Revers meiner Jacke befestigt. Er war aus Metall, auf rotem Grund stand mit weißer Schrift: »Kampf dem Atomtod!« Einige Lehrer stellten mich zur Rede, was dies nun wieder sei. Ich solle das sofort von meiner Jacke entfernen. Ich ließ sie ausreden, um sie dann zu fragen, ob sie womöglich die DKP für staatsfeindlich hielten. Jedesmal sah ich in ratlose Gesichter. »Ja, wissen Sie denn nicht, dass dies ein Anstecker der DKP ist?«

Einige Wochen später betritt unser Sportlehrer Herr Kretzschmar mit besorgtem Gesicht den Umkleideraum, in dem wir Schüler uns gerade für die Turnstunde umziehen. »Andrej, komm mal mit!« Herr Kretschmar ist bei allen beliebt, selbst bei jenen, die unsportlich sind, oder, wie ich, an der Reckstange hängen wie ein Sack Winterkartoffeln. Er ist eine Autorität, in Pankow und darüber hinaus. Nun führt er mich in unsere alte Turnhalle, an den Seiten befinden sich Abstellräume, in denen Sportgeräte gelagert sind. Wir steigen über Matten, Medizinbälle und Holzbänke. Ich wundere mich: Was um alles in der Welt hat das zu bedeuten? Schließlich gelangen wir in einen fernen Winkel des Abstellraums. Herr Kretschmar legt mir seine Hand auf die Schulter, er ist viel kleiner als ich, er flüstert mir zu: »Ich will dich warnen, in der Schulleitung wird gegen dich gearbeitet, sie denken, du bist ein Gegner. Du musst vorsichtig sein!« Ich fange an zu lachen. »Aber Herr Kretschmar, machen Sie sich meinetwegen keine Gedanken, nichts wird passieren, was können die schon tun?« Herr Kretschmar ist nicht überzeugt. »Bitte pass auf! Die meinen es ernst!«

Kurz darauf berät – wie ich später auf Umwegen erfahren soll – die SED-Kreisleitung Pankow in geschlossener Sitzung über die Umtriebe in der 10R2 der Wilhelm-Pieck-Oberschule. Es gäbe dort seit einiger Zeit einen konterrevolutionären Klassenkern. Der Sohn von Hermlin gehöre dazu.

31.

Von meinen Lehrern an der Ossietzky-Schule ist mir vor allen Dingen Herr S. in unangenehmer Erinnerung. Aus gutem Grund.

Ich war im Herbst 1982 auf die Ossietzky-Schule gewechselt, die Umstellung fiel mir nicht leicht, mit meiner bevorzugt nachlässigen Einstellung allem Schulischen gegenüber kam ich hier nicht weiter. Im Chemieunterricht saß ich neben Eleni, sie war die Tochter des äthiopischen Botschafters und sprach kaum Deutsch. Trotzdem brachte sie es in den Kontrollarbeiten immerhin regelmäßig auf eine 4, während ich zu Beginn über die 5 nicht hinaus kam. Ich redete mir ein, dass mir – wie meinem Vater – die Naturwissenschaften nicht liegen würden. Offensichtlich schien ich Recht zu behalten, denn meine Leistungen in Chemie und Biologie besserten sich allen Mühen zum Trotz kaum, aber da waren ja noch die Geisteswissenschaften. Deutsch, Kunst, Musik.

Unglücklicherweise wurde mein Lieblingsfach Geschichte von Herrn S. unterrichtet. Er mag zu jener Zeit etwa Mitte Fünfzig gewesen sein, silbergraues Haar, sein feistes Lächeln waren mir ebenso zuwider wie seine stupide Art, uns zu unterrichten. Es war ohnehin unerklärlich, wie ein Mann mit so wenig Talent und Willen, sein Wissen an andere weiterzugeben, ausgerechnet Lehrer werden konnte. Herr S. hatte ein abstruses System entwickelt, das er wie ein Gerüst, eine Schablone für jede einzelne seiner Stunden ohne die geringste Abwandlung benutzte. Da war – allem voran – sein Sitzplan, in dem fein säuberlich der Name eines jeden Schülers vermerkt war. Äußerte sich nun einer der Schüler zu einer der von Herrn S. vorgetragenen rhetorischen Fragen, trug dieser daraufhin seltsame Zeichen in das Kästchen mit dem Namen des Schülers ein. Wir versuchten verzweifelt die Bedeutung der Dreiecke, Striche oder Kreise zu entschlüsseln, allein es gelang uns nicht. Wir konnten nur ahnen, dass ein Kreis für »Hat keinen klaren Klassenstandpunkt« und ein Dreieck für »Vorsicht, staatsfeindliche Grundhaltung!« standen. Wann immer S. eine Frage stellte, gab er die Antwort schon vor, dabei kam es allerdings darauf an, den genauen Wortlaut der erwarteten Antwort zu kennen und auswendig aufzusagen. »Wodurch ist der weitere Ausbau der entwickelten sozialistischen Gesellschaft gewährleistet? Ja, die Jugendfreundin in der vorletzten Reihe links?« – »Durch die Arbeiter-und-Bauernmacht!« – »Sehr gut, Jugendfreundin Giesebrecht«. Und schon zückte Herr S. seinen Füllfederhalter, lächelte zufrieden und malte einen dicken Strich in das Kästchen der Jugendfreundin Giesebrecht.

Besonders stolz war Herr S. auf seine Tafelbilder. Diese hatte er minutiös aus einem dicken Vorbereitungshefter übernommen und in mühevoller Arbeit mit weißer, roter und blauer Kreide an die Wandtafel gezeichnet. In der Regel erwarteten uns lange Texte zu wichtigen geschichtlichen Ereignissen, wie einer Tagung des Zentralkomitees der SED oder einer Bauernkonferenz, die der Steigerung der Kuhmilchproduktion gewidmet war. Nun galt es die Lücken in S.s Text mit den richtigen Phrasenwörtern zu füllen: »Unverbrüchlich«, »weitere Vervollkommnung« oder »Kampfreserve der Partei«. Sobald das richtige Wort fiel, setzte Herr S. sein Lächeln auf und trug zufrieden die ihm zugerufene Lösung ein. »Danke, Jugendfreundin Walter!«, sagte er dann. Wir Abiturienten hatten irgendwie das Gefühl, in die zweite Klasse zurückversetzt worden zu sein. Das sollte sich ändern.

Eines Tages überrascht Herr S. uns mit einer Frage: »Nun, liebe Jugendfreunde, wer von euch hat denn kürzlich den Film

›Holocaust‹ im Fernsehen gesehen?« Im Westfernsehen, hätte Herr S. hinzufügen müssen. Er tut es natürlich nicht, doch es ist nicht mehr 1979, die Zeiten haben sich gewandelt, nach und nach heben die Schüler ihre Hände, weit mehr, als Herr S. wohl erwartet hat. »Nun, woran kann man nachweisen, dass der Film ein Propagandafilm des Imperialismus ist?« Es geht natürlich nicht um die Frage, ob »Holocaust« unter Umständen ein Propagandafilm des Imperialismus sein könnte, nur noch um den Nachweis der S.'schen Behauptung. »Ja bitte, Jugendfreundin Giesebrecht?« Diese zaghaft: »Es fehlt der kommunistische Widerstand.« Jetzt habe ich genug. Ich melde mich: »Zunächst: es gibt Dutzende großartige Filme über den kommunistischen Widerstand während des Faschismus, aber so gut wie keinen über die Vernichtung der Juden. Es wäre also völlig gerechtfertigt gewesen, einen Film einzig und allein darüber zu machen. Doch im vorliegenden Fall ist es in Wahrheit so, dass der kommunistische Widerstand durchaus dargestellt wird, denn wie wir wissen, geht der junge Weiss zu den Partisanen!« S. ist nicht zufrieden. Es arbeitet in ihm. Dann bricht es aus ihm heraus: »Wissen Sie, Jugendfreund Hermlin, mit den Juden ist das so eine Sache. Natürlich gab es die armen, unschuldigen Juden aus der Arbeiterklasse, aber« – und jetzt wird S.s sonst so sanfte Stimme hart und schneidend – »es gab auch die jüdischen Milliardäre!« Mein Mund steht offen. Ich kann nicht glauben, was ich da eben gehört habe. Will S. damit andeuten, wohlhabende Juden seien zu Recht vergast worden? Mein Arm fliegt in die Luft, in die Bewegung setzt das Läuten der Schulklingel ein, wir springen auf und laufen aus dem Klassenzimmer, alle, auch ich. Ich wage nicht, zu ihm zu gehen, bis heute weiß ich nicht, warum. Ich verpasse die Gelegenheit, Herrn S. zu sagen, dass er ein Faschist ist.

32.

Seit Jahren spiele ich nun schon – zumeist ohne großen Enthusiasmus – Klavier. Nicht, dass es mir überhaupt kein Vergnügen bereiten würde, Klavier zu spielen, aber ein anderes Instrument übt eine weitaus größere Faszination auf mich aus. Heute will ich einen großen Schritt nach vorn wagen. Ich will ein solches Instrument kaufen. Ich bin in Moskau, ich fahre mit der Metro zum Kalininski Prospekt, soweit ich weiß, werden in einem der vielen schmucklosen Geschäfte dieser Straße Musikinstrumente verkauft. Das Geschäft ist schnell gefunden. Etwas zögernd betrete ich mit meiner Tante Lena die Musikalienhandlung. Die jüngere Schwester meiner Mutter habe ich gern, für mich ist sie keine Tante, dazu wirkt sie zu jugendlich und burschikos – sie ist Geologin und arbeitet wie ihr Mann Oleg an der Lomonossow-Universität.

Ich hatte Lena gebeten, mich heute zu begleiten, wir sehen uns kurz um, und da liegt sie in einer Auslage: eine Klarinette der tschechischen Marke »Amati«. Sie ist in ihre Einzelteile zerlegt, sorgsam einsortiert in einen kleinen, hellbraunen Instrumentenkoffer. Noch nie habe ich eine Klarinette in der Hand gehalten, die Verkäuferin übergibt mir den geöffneten Koffer, ich sehe mich ratlos um. Wie soll ich das Instrument nur zusammensetzen? Ein junger Mann tritt hinzu. »Soll ich dir helfen?« Ich nicke. Blitzschnell setzt er die vier Teile der Klarinette zusammen, während ich ihn aufmerksam dabei beobachte und versuche, mir die Prozedur zu merken. Der junge Mann nimmt aus einer Schachtel ein Holzblättchen, befeuchtet es mit der Zunge und befestigt es mit einer Art Zwinge am Mundstück des Instruments. Dann reicht er mir erwartungsvoll die Klarinette. Ich sage mir: Wenn du jetzt nur einen einzigen Ton herausbekommst, dann lernst du es! Ich versuche mich an die Blockflöte meiner Kindheit zu erinnern, schließe die Klappen des Instruments und blase in das Mundstück hinein. Der Ton ist gepresst, alles andere als schön, nein, Benny Goodman klingt wirklich anders, aber es ist ein Ton. Ich öffne und schließe die Klappen, ganz wie es mir gerade einfällt, und die Töne verändern sich. Der junge Mann nickt zufrieden. Lena ist schnell überredet. Sie kauft mir die Amati-Klarinette, zu dritt fahren wir mit der Metro nach Hause: Lena, die Klarinette und ich.

In unserer Wohnung an der Krasnoprudnaja Uliza sitze ich in den folgenden Tagen am Klavier, es ist seit Jahren furchtbar verstimmt, ich schlage einen Ton nach dem anderen an und versuche ihn auf der Klarinette nachzuspielen. Meine Großeltern ertragen mit Geduld meine nicht enden wollenden Bemühungen. Mit der Zeit habe ich eine Grifftabelle, nach der ich spielen kann. Erst viel später werde ich mir eine gedruckte Tabelle kaufen und dann voller Stolz feststellen, dass meine eigene, improvisierte nahezu fehlerfrei ist.

Daheim in Berlin beginne ich damit, zu den Aufnahmen Benny Goodmans und Artie Shaws zu spielen, nicht ganz ohne Talent, aber doch sehr unbeholfen und auf einen bescheidenen Tonumfang begrenzt. Hin und wieder denke ich daran, mich nach einem Lehrer umzusehen, aber mir fehlt die Courage und im Grunde wohl auch der Wille, mich der Sache ernsthaft anzunehmen.

In der Schule wurde ich in jener Zeit, wie die anderen Schüler auch, fortgesetzt nach meinem Studienwunsch befragt, immer wieder wurden Listen ausgeteilt, in die man sich einzutragen hatte. Wahlweise gab ich an, entweder Geschichte oder Philosophie studieren zu wollen, einige Male behaup-

1. Die Mutter Irina Belokonewa mit ihren Eltern, 22. Juni 1941

2. Stephan Hermlin mit seiner Tochter Andrée in Frankreich, 1942

3. Die Mutter, etwa 1981

4. Die Eltern mit Sohn Andrej, circa 1966

5. Andrej im Tretauto, etwa 1968

6. Marianne und Günter Kunert mit Stephan Hermlin,
Ender der 70er Jahre

7. Circa 1970

8. Mit Schwester Bettina Leder, circa 1972

9. Mit Tessa und Leonid Breschnew im Park, 1973

10. Mit den »Kindern« im Pankower Garten: Angela, Christine, Kathrin, circa 1973

11. Stephan Hermlin mit Christa und Gerhard Wolf in Paris, 1971

12. Bei einer Lesung mit HAP Grieshaber (rechts), 1975

13. Vor dem Tivoli in Kopenhagen, August 1978

14. Circa 1974

15. Lesung mit Christa und Gerhard Wolf und Hans Marquardt (Mitte), circa 1980

16. Jugendweihe, Sommer 1979

17. Mit Christian Reich, 1984

18. Mitte der neunziger Jahre

19. Mitte der neunziger Jahre

20. Stephan Hermlin und Walter Höllerer, 1995

21. Erste Reise des Swing Dance Orchestra nach New York City, 1999

22. Plattenaufnahme in Berlin, 2007

23. Sohn Davids erster Auftritt mit der Band, 2004

24. Rachel, Joyce, Andrej und David Hermlin (von links)
vor ihrem Haus in Thumaita, Kenia, 2007

25. Mit Raila Odinga, Nairobi 2007

26. Während der Unruhen in Kenia, Januar 2008

27. Am Mount Kenya, 2007

tete ich auch, an der Studienrichtung Musikwissenschaften interessiert zu sein. Nichts davon war ernst gemeint, doch ich wusste keinen anderen Ausweg, als Interessen zu erfinden, die es in Wahrheit gar nicht gab. Was sollte ich auch schreiben? Ich würde ja gern Musiker werden, aber leider fehlt mir dazu die Begabung?

Je näher das Abitur rückte, desto drängender wurden die Nachfragen. Eines Tages berichteten mir meine Eltern, sie hätten sich auf einem Empfang in der schwedischen Botschaft mit dem Intendanten der Staatsoper Hans Pischner unterhalten. Dessen Enkel Sebastian Baumgarten sei Schüler an der Händel-Oberschule, etwa in meinem Alter und an Jazz interessiert. Kurzum: Pischner riet dringend zu einer Bekanntschaft. Ich rief Sebastian an, wir verabredeten uns in der Wohnung seiner Mutter, die im Chor der Staatsoper sang und mich auf das herzlichste empfing. Sebastian besaß einen für die DDR eher seltenen Videorekorder, er führte mir einen Glenn-Miller-Film mit den Nicholas Brothers vor und die neuesten Videoclips von Michael Jackson, dessen Fan er war.

Zu unserem zweiten Treffen brachte ich meine Klarinette mit, Sebastian spielte einen Blues in Es auf dem Klavier, ich versuchte, etwas Passendes dazu zu improvisieren. »Du solltest dich an der Musikhochschule bewerben!«, riet mir Sebastian. Ich wies diesen Gedanken brüsk zurück, und dies keineswegs nur, weil Sebastian etwas jünger war als ich. Immer wieder kehrte Sebastian zu seiner Idee zurück, immer wieder lehnte ich es ab, auch nur darüber zu sprechen.

Eines Tages, es mag ein Mittwoch oder Donnerstag gewesen sein, rief mich Sebastian an. »Andrej, am Montag um neun Uhr hast du einen Termin in der Musikhochschule, melde dich bei Herrn Snesny, er erwartet dich.« Ich war sprachlos. Hinter meinem Rücken hatte Sebastian einen Termin verabredet, ich suchte nach Ausflüchten, aber Sebastian ließ keine von ihnen gelten und bestand darauf, dass ich – allein schon seinetwegen – pünktlich in der Hochschule zu erscheinen habe.

Am Montag fuhr ich – bewaffnet mit meiner Klarinette und meinem Kassettengerät Marke »Sonett 77« – mit der U-Bahn zum Ernst-Thälmann-Platz. Das Gebäude der Musikhochschule in der Otto-Grotewohl-Straße machte einen furchteinflößenden Eindruck auf mich, ich erkundigte mich nach der Tanzmusikabteilung, man wies mir den Weg in den Keller. Nach einigem Suchen traf ich in einem der Räume auf Herrn Snesny, der mich freundlich empfing. Umständlich setzte ich meine Klarinette zusammen, um Zeit zu gewinnen. Ich schloss meinen »Sonett 77« an die Steckdose an, legte eine Kassette ein und drückte auf die Playtaste – doch nichts geschah. Ich geriet in Panik, ich hatte vorgehabt, zu einer Goodman-Aufnahme zu spielen, nun stand ich da ohne Musik. Herr Snesny erklärte lakonisch und ohne jeden Anflug von Gereiztheit, das Stromnetz im Keller sei wohl wieder einmal ausgefallen. »Spielen Sie doch einfach etwas anderes, improvisieren Sie!«

Ich mühte mich einige Minuten lang damit ab, innerhalb einer einzigen, langweiligen Oktave irgendetwas Passables hervorzubringen. Snesny hörte mir geduldig zu und fragte mich dann: »Wie lange spielen Sie denn schon?« – »Etwa ein Jahr«, gab ich zur Antwort. »Dafür ist es gar nicht so schlecht. Spielen Sie noch ein anderes Instrument?« – »Etwas Klavier«, presste ich lustlos hervor. Snesny wies auf einen schwarzen Flügel auf der anderen Seite des Raumes: »Spielen Sie etwas!« Ich spielte einige Takte in jenem Stride-Stil, der in den dreißiger Jahren von fast allen Jazzpianisten gepflegt worden war und den ich mir von alten Schallplattenaufnahmen abgehört hatte. Snesny unterbrach mich: »Danke, das reicht. Sie gehören hierher. Kommen Sie mal mit!«

Wir liefen einige Treppen hinauf, Snesny klopfte an eine Tür, wir wurden hereingebeten. An einem großen Tisch saß ein korpulenter Mann mit Bart, er erhob sich schwerfällig aus seinem Sessel. »Das ist Professor Alfons Wonneberg«, sagte Snesny, an mich gerichtet. »Alfons, den sollten wir uns mal anhören!« Professor Wonneberg bat mich an seinen Tisch, er räumte einige Kaffeetassen beiseite, die an der Tischplatte festgeklebt zu sein schienen. Ich erinnerte mich nun an ihn, vor Jahren hatte ich Wonneberg mit seiner Big Band in der Volksbühne erlebt, die Besucher hatten zu »In The Mood« in den Gängen getanzt. Euphorisiert war ich damals nach Hause gefahren, »meine« Musik brachte also Hunderte zum Tanzen. Wochenlang musste ich an jenen Abend zurückdenken und fühlte mich nicht mehr allein.

Ich erzählte Wonneberg von jenem Konzert, er schien sich zu erinnern und fragte mich: »Nun, Sie wollen hier studieren?« – »Ich würde gern, ja, schon.« – »Was spielen Sie denn?« – »Swing!«, antwortete ich schnell. »Und was sonst noch?« – »Nichts, nur Swing!« Wonneberg runzelte die Stirn: »Keinen Pop? Keinen Rock?« – »Nein, nur Swing, sonst gar nichts«, antwortete ich bestimmt. Wonneberg sah mich an, ich war achtzehn, ich trug Turnschuhe, ein T-Shirt und Jeans. Dieser Jüngling bestand darauf, eine Musik spielen zu wollen, die vor einem halben Jahrhundert en vogue gewesen war. »Nun gut, wir werden sehen. Sie können sich bewerben, im Februar sind die nächsten Aufnahmeprüfungen.«

Ich nehme meinen Klarinettenkoffer und den »Sonett 77«, verabschiede mich von Professor Wonneberg und fahre nach Haus. Ich ahne es schon, es wird nichts aus meinem Traum mit der Klarinette, ich werde Klavier spielen müssen. In den folgenden Wochen bleibt die Klarinette unberührt. Noch weiß ich nicht, wie dankbar ich Sebastian Baumgarten einst sein werde. Wir werden uns irgendwann aus den Augen verlieren, ohne dass es dafür einen triftigen Grund geben wird. Heute ist Sebastian, der noch bei Ruth Berghaus studiert hat, ein bewunderter Opernregisseur der neuen, modernen Schule. Die Amati-Klarinette liegt inzwischen von Staub bedeckt in meinem Büro, wann immer ich sie ansehe, denke ich an Sebastian Baumgarten. Was wäre wohl aus mir geworden ohne ihn?

33.

Runa und Katrin sind mir auf dem Flur nachgelaufen: »Kommst du heute zur Chorprobe?«, fragen sie aufgeregt. »Ich hatte nicht die Absicht«, erwidere ich knapp. Seit anderthalb Jahren singe ich nun schon im Schulchor der EOS »Carl von Ossietzky«, nicht etwa, weil meine Stimme es wert wäre, in einem Chor, irgendeinem Chor gehört zu werden, sondern vielmehr, weil unser schüchterner Musiklehrer Herr Giese wiederholt über einen Mangel an Bassstimmen geklagt hatte. Ich war ihm immer wohlgesonnen gewesen und hatte schließlich seinem Drängen nachgegeben. So brummte ich fortan zu jeder Probe die tief liegenden Stimmen mehr schlecht als recht mit. Irgendwie fühlte ich mich fehl am Platze. Chorfahrten in abseits gelegene Jugendherbergen und zeitraubende Auftritte bei Chorwettkämpfen hatten ihr Übriges getan, mir das Singen im Schulchor allmählich zu verleiden. So war ich in letzter Zeit immer häufiger den Chorproben fern geblieben.

Runa und Katrin bestürmen mich: »Du musst kommen, sie wollen uns aus dem Chor werfen!« Ich sehe die beiden an. Sollte die Partei wirklich zu solchen Methoden greifen? Runa und Katrin sind Freundinnen. Beide sind evangelisch und haben aus ihrer pazifistischen Überzeugung nie einen Hehl gemacht. In den Debatten mit unserem Staatsbürgerkundelehrer Herr Dorn sind wir immer Verbündete gewesen. Der DDR sind gewaltfreie Friedensbemühungen suspekt, darin unterscheidet sie sich kaum von ihren Kontrahenten auf der anderen Seite. Nur die Folgen sind andere.

Zu dritt steigen wir die Treppen des alten Schulgebäudes hinauf, ganz nach oben, wo der Musikraum ist. Die Chorprobe ist gut besucht, besser als sonst. Das ist verdächtig. Runa und Katrin setzen sich in meine Nähe, Herr Giese kommt herein, nimmt am Lehrertisch Platz, er macht ein bekümmertes Gesicht und rutscht auf seinem Stuhl unruhig hin und her. Was er zu verkünden hat, scheint ihm Qualen zu bereiten, er erklärt, Runa und Katrin hätten sich unkameradschaftlich verhalten und es läge ein Antrag auf ihren Ausschluss aus dem Chor vor. Eine Sängerin, bekannt für ihre Treue zur Linie der FDJ, trägt eine Erklärung vor, sie liest von einem Papier ab, das sie in ihren Händen hält, und ist offenkundig stolz auf das Gesagte. Es geht um einen nebensächlichen Streit. Katrin hatte die Tochter des in Berlin im Exil lebenden chilenischen Politikers Almeyda gemaßregelt, als sie an Herrn Gieses Statt eine Probe leitete, ich war nicht Zeuge der Auseinandersetzung gewesen, aber nie und nimmer konnte ein solch nichtiger Streit derart weitreichende Konsequenzen haben, es sei denn, es war politisch gewollt. Für Runa und Katrin würde ein solcher Ausschluss gefährliche Folgen haben, gut möglich, dass ihre Studienzusagen zurückgezogen werden würden. Herr Giese meldet sich zu Wort: »Nun, dann lasst uns abstimmen!« Ich protestiere: »Bevor wir abstimmen, möchte ich alle Chormitglieder darauf hinweisen, dass ihr euch missbrauchen lasst. Es geht nicht um den Chor, sondern darum, dass Runa und Katrin in die Kirche gehen und Pazifisten sind. Wir dürfen nicht zulassen, dass unser Chor für politische Abrechnungen benutzt wird!«

Es kommt zur Kampfabstimmung, sechzehn stimmen für die Ausschlüsse, sieben enthalten sich, sechs stimmen dagegen.

Ich stehe auf und erkläre meinen Austritt aus dem Chor, der so lange gültig bliebe, bis Runa und Katrin wieder aufgenommen seien. Drei weitere Sänger, sämtlich Bassstimmen, tun es mir gleich, damit hat der Chor faktisch aufgehört zu existieren. Ohne Bässe geht es nicht.

Herr Giese ist den Tränen nahe.

Als einer der ersten laufe ich die Treppe hinunter, im Foyer steht Schuldirektor Dr. P. und versperrt mir den Weg. »Andrej, ich würde gern etwas mit Ihnen besprechen.« – »Warum nicht, worum handelt es sich?« Im Folgenden ergibt sich ein bemerkenswerter Dialog. »Andrej«, sagt Herr Dr. P. mit freundlicher Stimme, »Sie wissen schon, dass Sie mit der falschen Seite ausgetreten sind, nicht wahr?« Interessant, er weiß es schon, so schnell! »Sie irren sich, ich bin mit der richtigen Seite ausgetreten, und Sie stehen auf der falschen!« Herr P. sieht mich verwirrt an. »Wie kommen Sie darauf? Sie stammen doch aus einer jüdischen Familie«, sagt P. etwas gereizt. »Wer hätte Ihnen denn damals nach 1933 beigestanden?« – »Ich weiß es nicht«, erwidere ich, »aber wenn sich überhaupt jemand auf meine Seite geschlagen hätte, dann die, mit denen ich ausgetreten bin. Die, auf die Sie setzen, wären die Ersten gewesen, die ›Heil Hitler‹ gebrüllt hätten!«

P. sieht mich verständnislos an. »Meinen Sie?« Schweigen. Schließlich presst der Direktor heraus: »Und jetzt?« Ich wittere Morgenluft. »Es geht Ihnen doch gar nicht um den Chor, nicht wahr? Es sollte für Runa, Katrin und uns andere ein Schuss vor den Bug sein.« P. nickt. »Sie riskieren, dass die Sache außer Kontrolle gerät, ist Ihnen das klar?« Der Direktor beißt sich auf die Lippe: »Das will niemand. Was schlagen Sie vor?« Hat er das wirklich gerade gesagt? »Ich werde versuchen, mit Runa und Katrin zu reden. Vielleicht kann ich sie zu einer formellen Entschuldigung bei Almeydas Tochter bewegen. Im Gegenzug veranlassen Sie die Rücknahme der Ausschlüsse!«

Dr. P. bittet sich Bedenkzeit aus: »Ich muss darüber nachdenken.« – »Bitte, tun Sie das.« Im Gehen ruft er mir nach: »Bitte verstehen Sie mich, solange es hierzulande so lang geht, so lang muss ich das auch vertreten!« Seine Worte hallen durch das Foyer unserer Schule.

So weit ist es also schon mit uns.

Am folgenden Tag werde ich aus dem Unterricht geholt. P. will mich sehen. »Ich habe es mir überlegt, reden Sie mit den beiden. Wir folgen Ihrem Vorschlag.«

Ich kann es nicht glauben! Ich renne zu Runa und Katrin, sie zieren sich etwas, aber ich erkläre ihnen, welch überragender Sieg es für unsere Seite wäre, wenn die Ausschlüsse zurückgenommen werden müssten.

Wenige Tage später tritt der Chor wieder zusammen. Runa und Katrin entschuldigen sich, die FDJlerin muss nun eine neue Erklärung verlesen und beschwert sich bitterlich. Eben noch habe sie die Ausschlüsse begründen müssen, nun die Wiederaufnahme, das sei nicht gerecht.

Herr Giese bittet zur Abstimmung, alle stimmen für Runa und Katrin. Ich trete dem Chor wieder bei. Herr Giese weint vor Freude. Mit Runa, Katrin und einigen anderen ziehe ich in ein nahegelegenes Lokal, wir feiern unseren Erfolg.

Einige Jahre später, im Herbst 1988, werden vier Schüler unseres Gymnasiums weniger Glück haben. Sie protestieren mit einem Artikel an der Schulwandzeitung – Speakers Corner genannt – gegen die alljährlich stattfindende Militärparade zu Ehren des DDR-Nationalfeiertages. Sofort schalten sich »übergeordnete Organe« ein, die betreffenden vier Schüler sollen relegiert werden. Irgendjemand setzt das Gerücht in die Welt, der Sohn eines hochrangigen Funktionärs habe daheim von den Vorgängen an seiner Schule berichtet und damit die Lawine überhaupt erst ausgelöst. Beweisen lässt sich das nicht, als aber mein Vater ein Gesuch an Margot Honecker richtet, die vier Schüler auf dem Gymnasium zu belassen, erhält er eine barsche Abfuhr. Es sind schon andere Zeiten und die Fronten verhärtet. Der Staat lässt nicht mit sich spaßen. Er will ein Exempel statuieren. Die vier Schüler, keine achtzehn Jahre alt, müssen ihre Schule verlassen, eine Schule, die nach dem Pazifisten Carl von Ossietzky benannt ist.

34.

In den Wochen nach dem Chorskandal bleibt es unruhig an unserer Schule. Immer wieder flammen politische Debatten auf, ein letztes Mal versucht die Schulleitung, Druck auf uns auszuüben und die Zahl jener heraufzusetzen, die »freiwillig« in einen längeren Militärdienst einwilligen. Zu diesem Zweck wird eine FDJ-Versammlung in unserer Klasse anberaumt. Herr S. erscheint, dazu ein Offizier der Grenztruppen – niemand weiß, wer ihn eingeladen hat – und natürlich unser Klassenlehrer Herr T., der uns schon zu Beginn der elften Klasse sein Lebensprinzip wärmstens empfohlen hatte: mitmachen, anpassen und Mund halten. Unser Klassenkamerad Steffen G. leitet die Versammlung, er wurde zum FDJ-Sekretär für vormilitärische Ausbildung gewählt und ist bisher vor allem dadurch aufgefallen, dass er Mädchen, die ihm gefielen, den Arm umzudrehen und sie in dieser Haltung über den Schulhof zu führen pflegte. Kürzlich erst war ich mit Steffen aneinandergeraten, er hatte während eines Gesprächs in der Pause unvermittelt erklärt, er selbst sei Jude. Ich war erstaunt gewesen: »Wirklich? Das wusste ich ja gar nicht!« – »Doch, Andrej«, hatte Steffen mit einem Lächeln erwidert, »immer wenn ich besoffen bin und kotzen muss, dann bin ich ein richtiger Jude!« Ich hatte ihn vor Dutzenden sprachloser Schulkameraden angeschrien: »Wenn du noch einmal so etwas sagst, dann übergebe ich dich …« – ich zögerte einen Moment und suchte in meiner Hilflosigkeit nach einer möglichst martialischen Drohung – »der Staatssicherheit!« Später hatte ich mich gefragt: Wie erreicht man die eigentlich? Stehen die im Telefonbuch?

Nun sitzt Steffen G. vorn am Lehrertisch und versucht den unglücklichen Jörn B. zu überführen. Jörn ist Brillenträger, er hat Sommersprossen und trägt einen Topfschnitt, er stammt aus Rostock und spielt Akkordeon. Das macht ihn nicht gerade zum begehrtesten Jungen der Klasse. Jörn schwitzt und versucht zu erklären, warum er nicht bereit ist, länger als die obligatorischen achtzehn Monate in der Volksarmee zu dienen. Ich mische mich ein: »Wenn der Staat der Ansicht ist, dass achtzehn Monate nicht genug seien, dann soll er doch die Wehrpflicht verlängern. Bis dahin aber sollte man damit aufhören, jenen, die nur den Grundwehrdienst leisten, ein schlechtes Gewissen einzureden. Abgesehen davon, macht das doch alles sowieso keinen Sinn. Im Falle eines Nuklearkrieges bleibt von der NVA in Minuten nichts mehr übrig.« Runa und Katrin pflichten mir bei, der Wehrdienst sei im Atomzeitalter im Grunde genommen völlig nutzlos geworden.

Steffen G. gefällt das gar nicht, unruhig rutscht er auf seinem Stuhl hin und her. Aber der Offizier der Grenztruppen gibt uns überraschenderweise Recht: Ja, das stimme schon, die Volksarmee sei nur ein Puffer, mehr nicht. Ich kann nicht glauben, was ich da höre. Einige von uns lachen. Da mischt sich Maria W. ein, auch sie FDJ-Funktionärin, mit Pippi-Langstrumpf-Zöpfen, leider nur weit weniger lustig als die Lindgren-Figur. »Ich finde, ihr Jungs solltet euch alle für drei Jahre verpflichten!«, erklärt sie forsch. Mir fällt etwas ein: »Weißt du Maria, es gibt ja seit kurzem ein neues Wehrdienstgesetz. Danach dürfen nun auch Frauen Unteroffiziere in der NVA sein. Wäre es nicht eine überzeugende Geste und ein Aufruf an uns alle, noch einmal nachzudenken, wenn du dich heute, hier auf dieser Versammlung, zum Dienst in der Armee bereit erklärtest?« Maria W. bringt nur ein heiseres Krächzen heraus. Ihr hat es die Sprache verschlagen. Tosendes Gelächter allenthalben, nur Herr S. lacht nicht. Die Versammlung wird abgebrochen. Maria W. und Steffen G. werden eines Tages miteinander verheiratet sein …

Der Abiturball rückt allmählich näher, die Vorbereitungen laufen schon auf Hochtouren. Eine Bekannte aus der Parallelklasse, Bettina K., schlägt vor, wir sollten doch gemeinsam auf dem Ball auftreten, ich könnte Swing spielen, sie würde dazu singen. Bettina bringt mich mit einem Schüler zusammen, den ich flüchtig kenne, Robert Göber. Er spielt mit anderen in einer Band, ich besuche deren Probe, es stellt sich heraus, dass die Band üblicherweise Rockmusik spielt, aber durchaus bereit ist, für den Abiturball auf Swing umzusatteln. Wir studieren einige Stücke ein, Bettina hat sich inzwischen entschieden, auf ihre Gesangseinlage zu verzichten. Unser Auftritt ist annehmbar, wahrscheinlich weil er kurz ist, unser Repertoire reicht für kaum mehr als eine Viertelstunde.

Unser Musiklehrer Herr Giese stellt mir seine Frau vor, Frau Giese arbeitet beim DDR-Fernsehen, aus unerklärlichen Gründen ist sie von unserer Band ganz entzückt und verspricht, sich bald bei uns zu melden. Ich glaube ihr kein Wort, aber als ich mit meinen Eltern aus dem Sommerurlaub zurückkehre, finde ich zu meiner Überraschung einen Brief vor, in dem Frau Giese uns präzise Aufnahmetermine für den September übermitteln lässt. Wir sitzen in der Falle, ich gerate in Panik und rufe Robert an, eilends trommeln wir die übrigen Musiker zusammen, wir beschließen, es mit dem Fernsehen zu versuchen, nun fehlt uns noch ein Name. Wir einigen uns auf »Swingtett«, etwas Besseres fällt uns nicht ein. Die Tonaufnahme in der Nalepastraße nimmt viele Stunden in Anspruch, immer wieder spielen wir unseren einzigen Titel, bis der Toningenieur irgendwann zufrieden ist. Vielleicht aber ist er der Sache auch nur überdrüssig. Tage später jedenfalls wird mit uns die Kindersendung »He du, auf der Treppe!« aufgezeichnet. Die Proben sind urkomisch, der Moderator lustig und entspannt, aber als dann die Aufzeichnung selbst beginnt, ist jeder Spaß nur noch ein schaler Aufguss, der nach abgestandenem Kaffee schmeckt. Eben DDR-Fernsehen. Wir sitzen danach noch zusammen, Robert, die anderen und ich, und versprechen uns, nach der Armeezeit weiterzumachen. Ich weiß es noch nicht, aber meine Musikkarriere hat soeben begonnen!

35.

Seit zehn Minuten stehe ich nun schon am Kurt-Fischer-Platz. Mir läuft die Zeit davon, mein Freund Christian erwartet mich. Gestern hatte das Telefon geläutet, ein mir unbekanntes Mädchen hatte erklärt, mir im Bus begegnet zu sein, eine Bekannte habe ihr meine Telefonnummer gegeben, sie heiße Tina und wolle sich mit mir treffen. Ich war neugierig gewesen und hatte mich mit Tina für zwei Uhr nachmittags am Kurt-Fischer-Platz verabredet. Doch von der geheimnisvollen Verehrerin scheint jede Spur zu fehlen. Nur zwei Mädchen aus der Nachbarschaft erscheinen nach einiger Zeit, sie betreten das Schallplattengeschäft an der Ecke, allerdings nur um es gleich wieder zu verlassen und in ein anderes, direkt danebenliegendes Geschäft zu gehen. Auch hier verweilen die beiden nur einige Augenblicke, sie kehren in das Schallplattengeschäft zurück, dann wieder wechseln sie hinüber in den anderen Laden, der gebrauchte Kleidung vertreibt, A&V – An & Verkauf – nennt man das in der DDR. Das seltsame Treiben der beiden Mädchen macht mich misstrauisch, ich stelle sie zur Rede. Im ersten Moment reagieren sie abweisend und bestreiten, mit mir verabredet zu sein. Nach einigem Hin und Her räumen sie schließlich ein, »Tina« lediglich erfunden zu haben, um mich kennenlernen zu können. Eine der beiden ist ganz offensichtlich sehr an mir interessiert, die andere ganz und gar nicht, sie ist unfreundlich und kühl, ihr scheint das Ganze entsetzlich peinlich zu sein, und sie sucht schnell das Weite. Mit der Ersten treffe ich mich einige Male, an ihrer Zuneigung besteht kein Zweifel. Sie wohnt in einer Straße, von der es heißt, Angehörige der Staatssicherheit lebten dort. Ich frage meine neue Bekannte nach der Beschäftigung ihres Vaters, sie bestreitet vehement, er arbeite für Erich Mielke.

Dann, eines Tages finde ich ein kleines Buch im Regal ihres Vaters, ein Genosse so und so widmet es dem Genossen S. mit »tschekistischem Gruß«, meine Bekannte überrascht mich mit dem verräterischen Buch in der Hand und bricht in Tränen aus. Nun liebte ich sie nicht mehr, ruft sie verzweifelt. Aber daran liegt es nicht, in Wahrheit bin ich an ihrer Freundin interessiert. Sie heißt Miriam, soviel habe ich schon herausfinden können, und wohnt ganz in der Nähe, schräg gegenüber vom Haus meiner Eltern.

Eines Tages passe ich Miriam an der Straßenecke ab und lade sie zu einem Konzert in die Staatsoper ein. Erstaunlicherweise sagt Miriam zu. Gegeben wird an diesem Abend die 7. Sinfonie von Anton Bruckner, ich hatte nicht auf das Programm geachtet, Miriam und ich sind nicht gerade Bruckner-Verehrer und benehmen uns gründlich daneben. Die Konzertbesucher um uns herum schütteln verärgert den Kopf, schließlich beginnen sie wütend zu uns herüber zu zischen, wir sehen uns an und brechen in schallendes Gelächter aus. Zur Erleichterung der übrigen Gäste verzichten wir auf den zweiten Teil des Konzertes und gehen in der Pause. Wir essen Eis im Palastcafé und amüsieren uns köstlich über die gelungene Provokation in der altehrwürdigen Staatsoper. Miriam ist bezaubernd, sie ist vier Jahre jünger als ich, klug, leidenschaftlich und geheimnisvoll, und vor allen Dingen: ungewöhnlich. Ich weiß, es kann nicht gut gehen, zu unterschiedlich sind wir, aber ich fühle mich zu Miriam hingezogen und kann diesem Gefühl nicht widerstehen.

Fortan sehen Miriam und ich uns öfter, ihre Freundin bekommt Wind von der Sache, ich bin zu jener Zeit noch völlig ahnungslos, aber im Begriff, eine jahrelange Freundschaft zu ruinieren. Im April liegt ein Brief vor der Tür, Miriam hat ihn geschrieben, sie gesteht mir ihre Liebe, ich kann mein Glück nicht fassen, obwohl dies der Beginn eines schrecklichen Betrugs ist, denn ich habe schon eine Freundin. Monatelang treffen wir uns heimlich, wir bleiben unentdeckt, aber Miriam leidet unter dem Versteckspiel und ihrer Rolle. Schließlich, im Winter, zerbricht die Beziehung zu meiner Freundin, ich bin nun frei für Miriam, wir können umarmt die Straße entlang gehen, ohne fürchten zu müssen, entdeckt zu werden. Wir haben einiges miteinander auszustehen, Miriams Mutter missbilligt unser Verhältnis, sie ist eifrig bemüht, uns Steine in den Weg zu legen, aber Miriam, so jung sie auch ist, lässt sich von ihrer Mutter nicht einschüchtern. Sie bleibt mir treu, selbst als ich umziehen muss in eine Kaserne. Miriam ist zu dieser Zeit gerade sechzehn, siebzehn Jahre alt, ihr Freund ist nun Soldat. Wir können uns nur selten sehen. Während mein Leben auf wenige Quadratmeter eingeschnürt ist, geht sie zur Schule, verreist mit Freunden, beginnt das Abitur. Viele andere laufen ihren Geliebten unter solchen Umständen davon, sie tut es nicht. Und doch ist unsere Beziehung ein fortwährender Kampf. So sehr ich versuche, die Kontrolle zu behalten, so sehr bemüht sich Miriam, sich eben dieser zu entziehen. Irgendwann ist das Reservoire an Liebe, das uns über die Unmöglichkeit unserer Freundschaft hatte hinwegsehen lassen, erschöpft. Aber es ist nicht leicht, von einander zu lassen, wenn man nicht von einander lassen will. Einige Male geraten wir in Versuchung, es noch einmal miteinander zu probieren, aber schließlich geben wir auf.

Ich war mir sicher gewesen, im Falle einer Trennung unmöglich am selben Ort, so nahe bei ihr, wohnen bleiben zu können, aber am Ende ist es Miriam, die wegzieht, zunächst nach Greifswald, wo sie studiert, und dann in die Schweiz. Fortan lebt sie in Zürich, sie arbeitet an der renommierten Eidgenössischen Technischen Hochschule, die alle nur ETH nennen. Dort hat sie zunächst Erfolg. Ab und zu sehen wir uns, wenn sie – was selten geschieht – ihre Eltern besucht, jene Eltern, zu denen sie zeitlebens kein einfaches Verhältnis hatte und vor denen sie im Grunde geflohen ist. Glücklich wird Miriam aber auch in der Ferne nicht. In Zürich lebt sie bei einem Mann, der sich ihr gegenüber abweisend verhält und der, wie sich herausstellt, noch weitaus gefühlloser ist als der ohnehin schon eher unterkühlte durchschnittliche Deutschschweizer. Miriam leidet, sie berichtet mir davon, ich rate ihr immer wieder zur Trennung, unter Tränen gibt sie mir Recht, aber sie findet nicht die Kraft, die gemeinsame Einsamkeit gegen die tatsächliche Einsamkeit einzutauschen. Im Frühjahr 2002 sehen wir uns am Züricher Flughafen, ich bin auf der Rückreise von einem Engagement in Cannes und habe einige Stunden Zeit, ich rufe Miriam an, und sie kommt sofort mit ihrer schweren orangefarbenen Triumph. Seit einiger Zeit fährt Miriam Motorrad und entflieht auf der Maschine für einige Stunden der Tristesse ihres Lebens.

Vier Monate später, ich bin mit dem Orchester in New York, läutet mein Telefon. Es ist Miriam. Ihr Anruf ist ungewöhnlich, üblicherweise meldet sie sich nur, um einen Besuch anzukündigen. Ich frage: »Wie geht es dir?« – »Unverändert!«, antwortet sie, und ich weiß, was das bedeutet. »Ich wollte dir etwas sagen …«, beginnt sie. Ich unterbreche Miriam: »Ich bin in zwei Tagen aus New York zurück, dann rufe ich dich an, versprochen!« Mein Leben lang werde ich mich fragen: Warum habe ich das getan? Warum habe ich ihr nicht zugehört?

Einige Tage später bin ich mit meiner Frau Joyce und unserem zweijährigen Sohn David in Salzburg. Ein Anruf, ich erkenne Miriams Namen auf dem Bildschirm des Telefons, ich habe ein schlechtes Gewissen: »Ich weiß, ich habe vergessen, dich anzurufen.« Doch am anderen Ende vernehme ich eine männliche Stimme. Es ist ihr Freund. »Miriam ist tot«, sagt die Stimme. Die Welt um mich herum beginnt sich zu drehen. Joyce sieht mich entsetzt an: »What happened with Miriam?« Meine Freundin wird in Stahnsdorf bei Berlin begraben, ich spiele »Over The Rainbow« in der Kapelle, die Eltern hatten mich darum gebeten, obwohl mir Miriam immer versichert hatte, meine Musik nicht sonderlich zu mögen. Als ich in der Hose nach einem Taschentuch suche, finde ich dort eine Bordkarte: »Cannes – Zürich«, lese ich auf dem kleinen Abschnitt. Damals hatte ich Miriam zum letzten Mal gesehen.

Nun fahre ich an jenen Ort, an dem Miriam starb. Ein Autofahrer hatte das Unglück beobachtet, ohne erkennbaren Grund war Miriam auf ihrem Motorrad aus der Spur ausgeschert, hatte die Balance verloren und war gestürzt. Was hatte sie dort gesucht: den Ausblick auf den Vierwaldstätter See oder ein Paradies, das ihr niemand mehr nehmen konnte?

36.

»Du wirst ihn doch nicht mit deinem Wagen fahren lassen, Papa!« Ich glaube meinen Ohren nicht zu trauen. Das hat meine Schwester doch tatsächlich eben am Telefon zu meinem Vater gesagt. Vor einigen Wochen hatte ich mit Bravour meinen Führerschein gemacht, nun will ich nach Torgelow fahren – mein Freund Christian ist zur Armee eingezogen worden. Der Stützpunkt Torgelow Drögeheide muss – wie schon der Name zu verraten scheint – ein besonders einsamer, düsterer Ort sein, die alten Wehrmachtskasernen sind dort noch so, wie sie waren, als die Soldaten ein Hakenkreuz auf ihren grauen Uniformjacken trugen. Christian, das weiß ich, erwartet mich zu seiner Vereidigung, und ich will meinen Freund auf keinen Fall im Stich lassen. Doch meine Schwester Andrée setzt alles daran, meinen Vater von der schon erteilten Erlaubnis wieder abzubringen, und ich will nicht begreifen, warum.

Andrée wurde in Paris geboren, im Mai 1938, die Umstände ihrer Kindheit konnten unglücklicher nicht sein. Sie war das Kind jüdischer Emigranten. Mein Vater hatte Deutschland schon 1936 verlassen müssen, gemeinsam mit seiner damaligen Frau Julia war er zunächst nach Palästina gereist. 1937 kamen sie nach Paris. Dort lebten sie wie viele Emigranten aus Deutschland in bescheidensten Verhältnissen. Julia starb unter tragischen Umständen, als Andrée kaum drei Jahre alt war.

Nach dem Einmarsch der Deutschen war mein Vater, der in einer Hilfseinheit der französischen Armee Dienst getan hatte, durch Zwangsarbeit und Internierung von seiner Tochter meist getrennt. Im Frühjahr 1943 trug er das kleine Mädchen im Dunkel der Nacht über die von der SS scharf bewachte

Grenze in die Schweiz. »Hat sie das vergessen?«, fragte mein Vater mich kurz vor seinem Tod, als er sich von ihr verraten fühlte, als er verraten war von ihr. In der Schweiz hatten sie damals bleiben können, für sie war das Boot nicht voll gewesen. Mein Vater kam in ein Internierungslager nahe der italienischen Grenze, während andere Flüchtlinge nach Frankreich zurückgeschickt wurden, in den sicheren Tod.

In dem kleinen Tessiner Ort Mezzovico arbeitete mein Vater an den Bahngleisen. Wann immer er konnte, besuchte er seine Tochter, die bei Pflegeeltern in Zürich untergekommen war, aber Andrée, so fürchte ich, fühlte sich allein gelassen und ohne Vater, selbst dann, wenn er bei ihr war.

Was auch immer an Wunden ihre Kindheit geschlagen hatte, Andrée schien bemüht, glücklich zu erscheinen, wann immer sie zu uns kam. Meist saß sie dann mit ihrem Mann Dietrich auf der alten, graugrünen Couch in unserem Wohnzimmer. Neben ihrem Mann wirkte sie seltsam deplatziert, er war so ganz anders als sie, lebendig, bodenständig, ein Berliner Sportlehrer, für seine Strenge respektiert und gefürchtet. Wenn meine Mutter sprach, liebte es Andrée, sie zu unterbrechen. Als Kind hatte ich mich oft gefragt, warum meine Mutter dies widerspruchslos geschehen ließ. Mein Vater schien es gar nicht zu bemerken. Jahre später erst, die Verbindung zu Andrée war bereits abgebrochen, gab meine Mutter zur Begründung an, Andrée ihrer Kindheit wegen geschont zu haben. Ich fragte mich, welchen Nutzen diese Bemühungen wohl gehabt haben mochten.

Für mich war Andrée keine Schwester, viel eher glich sie einer strengen Tante, der immense Altersunterschied von fast dreißig Jahren tat ein Übriges. Andrée kam in späteren Jahren immer seltener zu uns. Ich wagte nicht nachzufragen, aber es war offensichtlich, dass etwas vorgefallen sein musste, was Vater und Tochter voneinander entfernt hatte. Dann kam der

Augenblick des endgültigen Bruchs, Andrée tat, was Kinder nicht tun sollten, wenn sie ihre Väter lieben, sie verriet ihn und sollte ihn nie wiedersehen.

Irgendwann in den siebziger Jahren reisten meine Eltern mit mir nach Chemnitz, das damals Karl-Marx-Stadt hieß. Mein Vater las aus dem »Deutschen Lesebuch«, das kurz zuvor erschienen war. Eine junge Frau mit dunklen Haaren und einem schmalen schönen Gesicht kam nach der Lesung zu uns herüber. Mein Vater stellte sie mir vor: »Das ist deine Schwester Cornelia, sie ist Schauspielerin.« Ich war überrascht, ja erschüttert gewesen, noch nie hatte ich von Cornelia gehört, ihre Existenz hatte in unseren Gesprächen bisher keine Rolle gespielt. Aus allem, was ich später erfuhr, glaubte ich zu erkennen, dass ihre Mutter, mit der mein Vater eine höchst unglückliche Ehe geführt hatte, einen gehörigen Anteil an den kruden Verhältnissen gehabt haben musste. Ich sah Cornelia noch zwei oder drei Mal, sie blieb, was sie war für mich: ein fremder Mensch.

In einem Interview Jahre später erklärte Cornelia sinngemäß, durch ihren Vater habe sie erst verstanden, was einen wahren Stalinisten ausmache, mein Vater hat diese Einlassung noch lesen müssen.

Vier Mal war mein Vater verheiratet gewesen, aus jeder Ehe war ein Kind hervorgegangen, in Wahrheit aber – so empfinde ich es – habe ich nur eine Schwester. Als ich ein Kind war, verbrachte Bettina die meisten Wochenenden in unserem Haus, sie kam regelmäßig, sie muss dagewesen sein, vielleicht habe ich sogar mit ihr gespielt. Seltsam ist nur, dass mir bis heute jede Erinnerung an ihre Besuche fehlt, und ich frage mich, warum das so ist. Ich hatte mich immer als Einzelkind gefühlt. Ich hatte mich in diesem Konstrukt eingerichtet. Wollte ich den besonderen Zauber nicht zerstören, das vermeintlich einzige Kind meines Vaters zu sein, indem ich die Geschwister, die ich ja kannte, kennen musste, einfach aus meiner Kinderseele verbannte?

In späteren Zeiten änderte sich das, und die Verbindung zu Bettina, die bis heute so jugendlich wirkt, brach auch dann nie ganz ab, als sie die DDR verließ. Meine erste Reise, die ich allein, noch vor dem Fall der Mauer, in den Westen unternehmen konnte, führte nach Bremen, wo Bettina mit ihren Kindern Stella und Christian damals lebte.

Bettina hat ihren Vater nie verraten, nie hintergangen. Sie war immer an seiner Seite, selbst dann, wenn er selbst es ihr nicht leicht machte. Gäbe es sie nicht, wüsste ich nicht, wie es ist, eine Schwester zu haben.

Mein Vater hat mir übrigens damals, im Herbst 1984, doch noch das Auto überlassen, ich fuhr bei Schnee und Glatteis sicher nach Torgelow Drögeheide und wieder zurück. Andrée hat den Vorfall danach nie wieder erwähnt.

Kürzlich fiel mir eine alte vergilbte Fotografie in die Hände. Sie zeigt einen jungen Mann, er kniet auf einem schmalen Feldweg vor einem Mädchen, es ist nicht älter als vier, der Mann lächelt, es ist Sommer, Sommer 1942. Wie zärtlich mein Vater seine kleine Tochter ansieht! Ich kann meinen Blick nicht von den beiden wenden.

37.

An der Tür dreht sich der Generalmajor noch einmal zu mir um. »Nun, Andrej, wir sehen uns ja dann bald!« Ich starre ihn überrascht an. Was hat er da gerade gesagt? In zwei Wochen werde ich meinen Wehrdienst antreten müssen, noch weiß ich nicht, wo, auch weiß ich nicht, in welcher Verwendung, aber dieser General mit den geflochtenen, goldenen Schulterstücken und den beiden roten Streifen an der grauen Hose scheint etwas zu wissen von meinem Schicksal in der Nationalen Volksarmee. »Ich bin Generalmajor Zukunft«, sagt er noch, dann geht er die wenigen Treppenstufen vor dem Otto-Grotewohl-Haus hinunter. Auf der Straße wartet ein grüner Volvo mit laufendem Motor, Generalmajor Zukunft steigt ein und braust davon. Ich bleibe ratlos zurück, die Worte des Militärs wollen mir für eine Weile nicht aus dem Kopf gehen, aber der Tag ist auch so aufregend genug. Mein Vater feiert seinen siebzigsten Geburtstag, und nach einiger Zeit habe ich die Begegnung mit Generalmajor Zukunft fast vergessen.

Den ganzen Vormittag hindurch waren Abordnungen aller nur denkbaren Organisationen erschienen, als einer der ersten war Kurt Hager gekommen, der meinem Vater im Namen des Politbüros gratuliert hatte. Kurt Hager war alles andere als ein Reformer, er war ein altgedienter Funktionär, mein Vater hatte hin und wieder mit ihm zu tun, ein besonders enges Verhältnis hatte sich zwischen den beiden nie entwickeln können. Dass ausgerechnet Kurt Hager die Gratulationscour anführte, wirkte symbolisch. Offensichtlich war die Führung des Landes wild entschlossen, die durch die Biermann-Affäre und die folgenden Ereignisse entstandenen Wogen zu glätten.

Man hatte beschlossen, den Geburtstag Stephan Hermlins gebührend zu würdigen – eine verspätete Versöhnungsgeste der Regierenden gewissermaßen. In den Zeitungen waren lange Artikel erschienen, nicht wie sonst in solchen Fällen üblich nur in jenen des westlichen Auslands, sondern diesmal eben auch in der »Berliner Zeitung«, der »Jungen Welt« und im »Neuen Deutschland«.

Das unerwartet lange und aufwändige offizielle Defilee der Vertreter von SED, FDJ, Akademie der Künste, DDR-Schriftstellerverband und Nationaler Volksarmee hatte meinen Vater angestrengt, er hatte sich daheim für einige Stunden hingelegt, ehe am Abend die eigentliche Geburtstagsfeier im Otto-Grotewohl-Haus beginnen sollte. Wir hatten uns für das Gebäude am Majakowskiring entschieden, nachdem absehbar geworden war, dass unser kleines Haus in der Nähe die große Geburtstagsschar unmöglich würde beherbergen können.

Nach und nach treffen am Abend die Gäste ein, Freunde, wie Stephan Heym, Christa Wolf, Volker Braun und Hermann Kant, Diplomaten, wie der bemerkenswert herzliche österreichische Botschafter Helmut Strasser, den wir im Jahr zuvor in seinem Haus bei Salzburg besucht hatten, viele bekannte Künstler des Landes, einige Journalisten, wie Peter Merseburger, dazu meine drei Schwestern. Bettina hatte von den DDR-Behörden eigens eine Einreisegenehmigung erhalten, acht Jahre zuvor hatte sie das Land verlassen, nun kann sie für einen Tag zurückkehren, um mit ihrem Vater Geburtstag zu feiern. Auch Cornelia kommt mit ihrem chilenischen Mann, wir wechseln nur wenige Worte, wir kennen uns ja kaum und haben uns nichts zu sagen.

Günter Kunert trifft im Laufe des Abends ein, er kommt aus Kaisborstel in der Nähe von Itzehoe, wo er seit einigen Jahren, seit seinem Weggang aus der DDR, mit seiner Frau Marianne in einem alten Schulgebäude lebt. Das ungleiche

Paar hatte das Haus für sich und seine Katzen umbauen lassen. Meine Eltern hatten die beiden dort einmal besucht, ich selbst sollte das Haus nie zu Gesicht bekommen.

Die Geburtstagsgesellschaft ist über die Maßen bunt gemischt. Seltsam, denke ich mir, an diesem Abend finden sich manche wieder vereint, die sich nach den Zerwürfnissen der Vergangenheit nicht mehr begegnen wollten, geschweige denn bei anderer Gelegenheit miteinander reden würden. Doch an diesem 13. April 1985 scheint manches möglich.

Ich habe indes nur Augen für Miriam, meine Freundin, uns bleiben nur wenige Tage der Zweisamkeit, und ich versuche jede freie Minute mit ihr zu verbringen. Später am Abend ziehen wir uns in ein Zimmer im Obergeschoss zurück, wir reden über unsere ungewisse Zukunft, ehe mein Vater mich herbeiruft. »Kannst du die Kunerts zum Bahnhof Friedrichstraße fahren?«, fragt er mich. Nichts lieber als das, selten genug bekomme ich den Schlüssel für unseren braunen Volvo, den ich doch so gern steuere. Ich habe zwar erst vor wenigen Minuten mit einem Glas Sekt auf das Wohl meines Vaters angestoßen, aber was soll schon passieren?

Christa Wolf und ihr Mann Gerhard beschließen, mitzufahren, so drängen sich nun die Wolfs und die Kunerts in unserem Auto, wir fahren die Schönhauser Allee entlang, Marianne fällt prompt die Geschichte mit dem Biss in ihren Busen ein, sie erzählt sie in allen Einzelheiten und kann dabei gar nicht aufhören zu lachen. Die Stimmung ist auf dem Höhepunkt, da erblicke ich zu meinem Entsetzen einen Volkspolizisten, er steht mitten auf der Fahrbahn und hält einen schwarzweiß gestreiften Stab in seiner Hand, mit dem er uns aus dem Verkehr winkt.

Ich kurbele die Scheibe herunter, aus dem Auto ist noch immer Mariannes dröhnendes Lachen zu hören, ich kann inzwischen überhaupt nichts Lustiges mehr an all dem finden und versuche verzweifelt, mein Gesicht von dem Polizisten abzuwenden, er scheint den Alkohol in meinem Atem nicht zu bemerken. Ich bin etwas zu schnell gefahren, der Volkspolizist drückt einen Stempel in die dafür vorgesehene Karte meines Führerscheins, damit lässt er es bewenden, wir dürfen weiterfahren.

Ich setze meine Passagiere am »Tränenpalast« ab und trete die Heimfahrt an. Auf dem Weg zurück nach Pankow überkommt mich eine seltsame Traurigkeit, mir ist, als endete hier und jetzt eine unbeschwerte Zeit, ohne Verantwortung und Sorgen, als begänne nun eine Periode der Einsamkeit und des Verlusts.

Ich kehre in das Otto-Grotewohl-Haus zurück, wo noch immer die Gäste beisammensitzen, auch Miriam ist noch da, wir räubern das Buffet und hören den Gesprächen zu, aber dann, irgendwann nach Mitternacht, beginnt sich das Haus zu leeren, einer nach dem anderen verabschiedet sich, und schließlich ist das Fest aus.

Einige Wochen später trage ich eine graugrüne Kampfuniform, man hat mich und meine Kameraden eben erst auf einen sächsisch-anhaltinischen Truppenübungsplatz gebracht. Mit uns kampieren dort sowjetische Soldaten, sie reden vertrauensvoll mit mir, als ich ihnen erzähle, dass meine Mutter aus Rostow am Don stammt. Sie scheinen mich plötzlich als einen der Ihren anzusehen.

Ein Offizier berichtet mir von seinen Freunden, die in Afghanistan Dienst täten, er erzählt von unbeschreiblichen Grausamkeiten und bestätigt den vom Westen seit längerem vermuteten Einsatz chemischer Waffen. Von einem Unteroffizier höre ich, die jungen, unerfahrenen Soldaten, die nach Afghanistan beordert würden, hätten im Kampf sehr hohe Verluste. »Sie kennen den Pulvergeruch nicht«, sagt der Sergeant. »Deshalb lassen wir bei Übungen nun mit scharfer Munition auf sie schießen, jeder Zehnte stirbt dabei, aber die anderen profitieren von dieser Methode, wenn sie in einen Hinterhalt der Mudschaheddin geraten.« Plötzlich scheint der ferne Krieg ganz nah.

Jemand ruft nach mir. »Soldat Hermlin, sofort ins Generalszelt!«, kommandiert ein herbeigeeilter Oberstleutnant. Ich werde als Ordonnanz eingeteilt und mit einer neuen Uniformjacke ausgestattet, dann fährt auch schon ein dunkelblauer Citroën vor dem Zelt vor. Die Tür öffnet sich. Ein General steigt aus, er geht mit forschem Schritt auf mich zu, sein Gesicht kommt mir irgendwie vertraut vor. Nun steht der General direkt vor mir. »Ich hatte dir doch versprochen, wir sähen uns bald wieder!«, sagt Generalmajor Zukunft mit einem leisen Lächeln.

37.

Das Licht ist eben ausgegangen, der UvD (Unteroffizier vom Dienst) hatte nach einem kurzen gellenden Pfiff »MSA – Nachtruhe!« gebrüllt. Nun liegen wir zu sechst in unserem Zimmer, sortiert auf zwei Etagen, zugedeckt von jenem blau-weiß karierten Stoff, den jeder Soldat der Nationalen Volksarmee am Morgen faltenfrei zusammenzulegen hat. Der Gefreite D. beginnt Witze zu erzählen.

Ein Jahr zuvor war die Kaserne der 2. Propagandabrigade, die inzwischen den Namen des 1982 verstorbenen Politbüromitglieds Albert Nordens trug, zu meinem vorübergehenden Domizil geworden. Ich hatte Glück gehabt, oder besser gesagt: dem Glück war augenscheinlich nachgeholfen worden. Einige Zeit zuvor war der Sohn des berühmten jüdischen Dirigenten Kurt Sanderling in seiner Armeeeinheit auf das Unflätigste beschimpft worden, ich kannte ihn, wir waren zusammen zur Schule gegangen, er selbst hatte mir von den antisemitischen Ausfällen berichtet. Der Hinweis eines Vorgesetzten, man habe wohl vergessen, ihn zu vergasen, hatte zu einem scharfen Protest des Vaters beim Staatsratsvorsitzenden geführt. Die Sache hatte einigen Staub aufgewirbelt.

Nun wollte man offenkundig eine Wiederholung solchen Unbills um jeden Preis vermeiden. Der stellvertretende Verteidigungsminister Heinz Keßler hatte für mich einen Posten ganz in seiner Nähe arrangieren lassen. Der Sohn des Schriftstellers Stephan Hermlin schien in der Strausberger Propagandabrigade sicher.

Mein Vorgesetzter, der Kommandeur der Motorisierten Sendeabteilung Oberstleutnant Klotz, war mir auf Anhieb sympathisch gewesen. Er trug die Mütze schief und grüßte mit der rechten Hand an der linken Schläfe.

Er war Anfang Fünfzig und doch uns sportlich überlegen. In seinem Gesicht vermeinte ich gelegentlich eine leise Melancholie lesen zu können. Er empfahl uns Soldaten, klassische Musik zu hören – wir wären noch jung, unser Geschmack unverdorben. Ab und zu sprach Klotz von der Vergangenheit. Er war Anfang 1945 bei der Flucht aus dem Osten einer Kolonne von KZ-Häftlingen begegnet. Seine Mutter hatte eindringlich auf den damals Neunjährigen eingeredet: »Sieh genau hin und vergiss das nie!« Sein Vater war in einem Strafbataillon gefallen – er hatte sich auf einem ostpreußischen Hof für einen polnischen Zwangsarbeiter verwendet. Für Klotz waren die sowjetischen Soldaten Befreier gewesen. Einmal berichtete er uns davon, wie eine Panzerbesatzung Ende April 1945 Süßigkeiten an eine Gruppe von Kindern verteilt hatte, in deren Mitte er stand. Diese erste Begegnung mit den Russen hatte Klotz geprägt, nie hätte er geringschätzig von ihnen gesprochen, wie andere es taten.

Ich war der Motorisierten Sendeabteilung wohl auch deshalb zugeteilt worden, weil man Klotz zutraute, mich vor den Nachstellungen anderer Soldaten beschützen zu können. Klotz war eine Ausnahme in unserer Kaserne. Er glaubte an das, was er tat. Mein direkter Vorgesetzter wurde ein gewisser Oberleutnant H., er war untersetzt, hatte listige Augen, die es ihm erlaubten, nahezu jeden über seine wahren Absichten zu täuschen. Niemand nahm ihn ernst, niemand außer Klotz selbst, der in H. einen Ziehsohn gefunden zu haben glaubte. Eines Tages erklärte H. seinen Austritt aus der FDJ. Das war per se nichts Ungewöhnliches, H. war nun siebenundzwanzig und würde mithin quasi automatisch in die Reihen der Partei aufgenommen werden.

Auf einer Versammlung sollte er feierlich aus der FDJ verabschiedet werden. Die Sache ging schief. Jemand fragte H. nach seinen Motiven, die DDR-Jugendorganisation zu verlassen. Anstatt von seiner bevorstehenden Parteikarriere zu schwärmen, erklärte H. unverfroren, die Mitgliedsbeiträge seien ihm zu hoch. Klotz lief blutrot an und warf H. vor den versammelten Soldaten hinaus. Danach war nichts mehr wie zuvor zwischen H. und Klotz.

Ich genoss von Anbeginn Privilegien, es war mir erlaubt, den Flügel im Kinosaal zu benutzen, hin und wieder wurde ich gerufen, wenn es galt, den Offiziersstab bei einem Umtrunk mit Swingmusik zu unterhalten. Die Herren trugen allesamt lustige Namen: Der Kompaniechef der Transportkompanie hieß Palme, der Kulturoffizier Treptow, der Stabschef Fröhlich. Unser Brigadekommandeur Oberst Stein war passionierter Rosenzüchter und hatte die Kaserne in einen Rosengarten verwandelt. »Ein Stein im Weg, ein Klotz am Bein, wer kann denn da noch fröhlich sein?«, dichteten wir.

Mit der Zeit hatte ich mich an das Soldatenleben gewöhnt, ein Dasein, das mir zu Beginn noch unerträglich erschienen war. Ich war den Befehlen von Offizieren hilflos ausgeliefert. Ich war eingesperrt in einer von Rosen umrankten Kaserne, Tag und Nacht – von den seltenen Ausgängen abgesehen, die kurz waren und überschattet von der trüben Aussicht, am Morgen zu meiner Einheit zurückkehren zu müssen.

Nie zuvor hatte ich den Wert einer Postsendung ermessen können, sehnsuchtsvoll wartete ich wie die anderen jeden Tag auf die Ausgabe der Briefe. Wenn ich aus dem Fenster des Klubraums sah, konnte ich die in den Bahnhof einfahrende S-Bahn erkennen, aus ihr stiegen fröhliche Menschen, sie kamen aus Berlin, das keine dreißig Kilometer entfernt war, aber für mich schien selbst der Mond näher zu sein. Ich zählte die Tage. Jeder Soldat, dessen Dienstzeit auf hundertfünfzig Tage abgeschmolzen war, besaß ein Maßband, was offiziell natürlich verboten war. Jeden Abend fiel in einem kleinen Ritual ein Zentimeter, die Offiziere tolerierten diese Praxis, solange man ihnen das Maßband nicht vor die Nase hielt.

Fast ein Jahr war vergangen, nur noch wenige Wochen, dann würde auch ich im Besitz eines der begehrten Maßbänder sein.

Der Gefreite D. erzählt einen Witz nach dem anderen, keiner ist wirklich komisch. Ich werde allmählich müde von D.'s monotoner Stimme, es war ein langer Tag gewesen, mir fallen die Augen zu. Da höre ich etwas: D. fragt in die Stille hinein: »Was schenkt man einem Juden zum Geburtstag?« Niemand antwortet. »Na?« Immer noch nichts. »Ein Gasfeuerzeug!«, ruft D. triumphierend.

Einen Moment lang ist es still. Dann höre ich mich sagen: »Wenn du nicht sofort den Mund hältst, hole ich den diensthabenden Offizier!« D. schweigt. Auch die anderen schweigen.

Man könnte annehmen, nichts Besonderes sei vorgefallen, D.'s Worte verhallen nach und nach, auch in mir, ich drehe mich zur Seite und versuche einzuschlafen.

Am folgenden Morgen früh um sechs weckt uns wie immer ein schriller Pfiff des UvD, wir laufen um den Sportplatz, sieben Runden sollen es sein, aber nur die neuen Rekruten laufen über die ganze Distanz, die anderen gehen im Schritt. Wir trotten zum Frühstück, die Regularien werden in der Propagandabrigade bisweilen eher lax ausgelegt. Es ist ein Morgen wie jeder andere, beinahe jedenfalls. Direkt nach dem Appell ruft mir D. aus der Ferne zu: »Schade, dass Hitler nicht alle Juden vergast hat, dann gäbe es wenigstens kein Israel.«

Ich kann nicht zu ihm, er steht in einer anderen Marschkolonne. Den ganzen Tag sind wir mit unseren Fahrzeugen beschäftigt, die sogenannte »Sommerumstellung« steht vor der Tür, mein sowjetischer Jeep der Marke UAZ muss gewartet werden. Während ich schraube, versuche ich nicht an D. zu denken.

Am Abend erst kehre ich in unser Zimmer zurück, es ist leer, nur D. liegt auf seinem Bett. Sogleich steht er auf, er ist viel kleiner als ich, aber für sein Mundwerk gefürchtet, seine Eltern sind Lehrer in Liebenwalde, Russischlehrer. D. tritt nah an mich heran und grinst herausfordernd. Ich sehe in sein zu einer Fratze verzerrtes Gesicht. Unbändiger Hass steigt in mir auf, vor mir steht ein Faschist, er trägt die Uniform der Nationalen Volksarmee, und doch ist er ein Faschist.

Ich beginne zu schreien, aber ich höre mich nicht. Ich sehe nur, wie D.'s Gesicht bleich wird, ich berühre ihn nicht, aber er taumelt und fällt der Länge nach auf sein Bett. Da liegt er und zittert am ganzen Leibe. Er ahnt, was ich schon weiß: Mit einer Pistole in der Hand würde ich ihn jetzt wohl erschießen.

Ich flüchte aus dem Zimmer, schlage die Tür zu. Auf dem langen Korridor stehen Dutzende Soldaten und starren mich entsetzt an.

Zu Beginn meines Militärdienstes war ich wie alle anderen auf die Regeln der Geheimhaltung hingewiesen worden. So waren selbst unbeabsichtigte Kontakte mit Bürgern westlicher Staaten, auch die von Familienmitgliedern, unverzüglich den Vorgesetzten anzuzeigen. In meinem Falle hatte man sich auf eine Ausnahmeregelung eingelassen. Man erklärte mir, ich möge auf die üblichen Meldungen verzichten, da mein Vater nahezu täglich mit westlichen Autoren oder Journalisten verkehrte. Es genüge vollauf, wenn ich mich auf außergewöhnliche Kontakte beschränke. Ich konnte monatelang keine »außergewöhnlichen« Kontakte unter jenen meines Vaters erkennen.

Eines Tages wurde in einem Raum unserer Abteilung eine neue Propagandawandzeitung aufgehängt. Dort waren die führenden Köpfe des uns bedrohenden Imperialismus abgebildet: US-Verteidigungsminister Weinberger, NATO-Generalsekretär Wörner und Bundespräsident Weizsäcker. Ich protestierte vor versammelter Mannschaft. Weinberger und Wörner, na schön, aber Weizsäcker sei doch nun wirklich ein Mann des Ausgleichs und hätte auf einer derartigen Wandzeitung nichts verloren. Klotz fuhr aus der Haut. »Wie können Sie es wagen, einen westdeutschen Politiker in Schutz zu nehmen?« Oberleutnant H. assistierte: »Ja, Genosse Hermlin, das ist wirklich unglaublich!«

Einige Tage vergingen, Klotz war beleidigt und sprach nicht mit mir. Es ist Nachmittag, eben komme ich von der Sturmbahn zurück, in voller Montur klopfe ich an die Tür des Abteilungskommandeurs. Klotz lässt mich eintreten. »Genosse Oberstleutnant, gestatten Sie, dass ich spreche?« So ist die vorgeschriebene Formel, das Militär gebraucht ein seltsames Deutsch, an das ich mich nicht gewöhnen kann. »Bitte!«, sagt Klotz, ohne auch nur von den Papieren aufzublicken, die vor ihm liegen. »Genosse Oberstleutnant, ich habe einen außergewöhnlichen Westkontakt meiner Eltern zu melden!« Klotz blickt auf und sieht mich nun erwartungsvoll an. »Genosse Oberstleutnant. Ich wollte Ihnen nur mitteilen, dass meine Eltern an diesem Morgen auf Einladung des Bundespräsidenten Richard von Weizsäcker nach Bonn abgereist sind.« Klotz blinzelt mich an. Er schnauft. »Raus! Raus hier! Machen Sie, dass Sie hier rauskommen, ich will Sie nicht mehr sehen!« Ich mache auf dem Absatz kehrt und gehe grinsend hinaus auf den Flur.

Klotz hat die Angelegenheit nach einigen Tagen vergessen, er ist wieder ganz der Alte. Und doch nicht ganz. Unmerklich scheint sich etwas in ihm zu verschieben. Wir geraten eines Tages heftig aneinander, als er während eines Morgenappells das Vorgehen der Westberliner Polizei gegen eine Demonstration von Autonomen mit dem Wüten der SS-Einsatzgruppen in Weißrussland vergleicht. Ich widerspreche scharf. Klotz ist beleidigt und lässt uns stehen. An diesem Morgen werden keine Befehle erteilt. Die Soldaten ziehen sich auf ihre Stuben zurück, während Klotz den langen Flur auf und ab geht. Im Mundwinkel eine Zigarette, die er, wie so oft, nicht anzünden wird. Ich gehe hinaus auf den Flur, wir laufen nun zusammen auf und ab, nebeneinander, schweigend. Klotz bleibt stumm, aber ich weiß: Es tut ihm leid.

Einige Wochen später sind wir alle im Fernsehzimmer versammelt. Eine Rede Gorbatschows wird im DDR-Fernsehen übertragen. Gorbatschow spricht von den Stalin'schen Verbrechen, von den Lagern des Gulag und den Millionen Opfern. Niemand von uns sagt ein Wort.

Beim Hinausgehen greift Oberstleutnant Klotz nach meinem Arm. Das Gesicht abgewandt murmelt er: »Woran sollen wir jetzt noch glauben?«

Nach dem Zusammenbruch der DDR schien Klotz, der den Dienst in der Armee noch vor der Wende quittiert hatte, ins Abseits zu geraten. Wer wollte ihn noch, einen Mann in den Fünfzigern, der jahrzehntelang der DDR als Offizier gedient hatte? Doch Oberstleutnant Klotz war nicht bereit, aufzugeben und sich in jene Wagenburg von selbstzufriedener Bitterkeit zurückzuziehen, in der sich viele von Seinesgleichen bequem eingerichtet hatten. Täglich meldete sich Klotz auf dem Arbeitsamt und suchte um Beschäftigung nach. »Ich werde so oft wiederkommen, bis ihr mir Arbeit gebt!«, erklärte er. Eines Tages meinte eine Dame vom Amt zögernd: »Wir hätten da etwas, aber ich denke nicht, dass es das Richtige für Sie ist …«

Einige Wochen später trat Oberstleutnant Klotz seine neue Stelle an. Täglich fuhr er mit der Bahn nach Berlin-Frohnau und pflegte dort schwerstbehinderte alte Menschen. Er wusch und windelte sie, sprach mit ihnen und hielt sie im Arm. Er tat dies mit Freude und Würde über Jahre hinweg, bis seine Gesundheit es nicht mehr zuließ. Ich wusste von all dem nichts, ich erfuhr es erst, als wir uns Anfang des neuen Jahrtausends wiedersahen. Lange hatte ich nach Klotz gesucht, und nun stand er plötzlich vor mir, in unserem Garten, er lächelte verschmitzt und stellte mir seine Frau vor, die ich nie kennengelernt hatte. Uns blieb nicht mehr viel Zeit. Irgendwann blieb sein Herz stehen, aber Oberstleutnant Klotz starb als stolzer, ungebrochener Mann. Seinetwegen war meine Zeit in Strausberg keine verlorene Zeit gewesen.

38.

Der Januar 1987 ist kalt und grau. Vor einigen Monaten erst bin ich aus dem Militärdienst entlassen worden. Solange ich die graue Uniform der NVA getragen hatte, waren mir Reisen ins Ausland verwehrt gewesen. Meine Großeltern in Moskau hatte ich zuletzt vor zwei Jahren gesehen. So sehr sich mein Leben zu wandeln begonnen hatte, so sehr begann ich manche vertrauten Rituale meiner Kindheit zu vermissen. Mehrmals im Jahr war ich zuvor nach Moskau gereist, um meine Großeltern zu sehen.

Ich liebte das Haus, in dem sie wohnten. Es lag am bekannten Komsomolskaja Ploschadj, den die Moskauer nur Tri Woksala nennen, weil sich Kasaner, Leningrader und Jaroslawler Bahnhof um diesen Platz herum gruppieren. Eines Tages erschien in der »Prawda« der Dankesbrief eines Auswärtigen, der sich ausdrücklich bei jenem zuvorkommenden Moskauer Taxifahrer zu bedanken suchte, der ihn trotz dichten Verkehrs in weniger als zwei Stunden vom Kasaner zum Leningrader Bahnhof chauffiert hatte.

Das Haus, in dem meine Großeltern eine Zweizimmerwohnung gemietet hatten, war Ende der vierziger Jahre im typischen Stalinstil erbaut worden und erinnerte in seiner Gestalt an vergleichbare Gebäude in New York. Manchmal glaube ich, dass meine Affinität zum Art Déco damit zu erklären sein könnte, dass die Moskauer Metro, unsere Wohnung oder das Blechspielzeug, das ich im berühmten Kaufhaus für Kinder Detskij Mir bewunderte, aus eben jener Periode zu stammen schien.

Ende der siebziger Jahre hatte ich damit begonnen, allein –

ohne meine Mutter – nach Moskau zu reisen. Dort unternahm ich dann beinahe täglich Ausflüge ins Zentrum dieser gewaltigen Stadt, um seltene Jazzschallplatten auf dem Kalininskij Prospekt zu kaufen oder nach einem Restaurant zu suchen, das bereit war, Gästen etwas zu essen zu servieren. Ich zwängte mich mit Hunderten anderer Moskauer in die überfüllten Waggons der Metro oder ging mit meiner Großmutter auf den Hinterhöfen unserer Straße spazieren, während ich noch immer vergeblich versuchte, ihr die Aussprache des deutschen Wortes »ich« zu erklären.

Als Kind war ich mit meinem Großvater oft zur Allunionsausstellung im Nordosten der Stadt gefahren, wo die neuesten sowjetischen Flugzeuge und Raketen zu sehen waren. Auch später noch fuhren wir gelegentlich dorthin, meist nahmen wir ein Taxi, das uns direkt zum Haupteingang brachte, die Ausstellung hatte nichts von ihrer Faszination verloren. Während meiner Besuche in der sowjetischen Hauptstadt lebte ich das Leben eines durchschnittlichen Moskauer Jugendlichen meines Alters. Mit meiner Großmutter spielte ich Schach, ich gewann gegen sie ebenso oft wie mein Großvater gegen mich. Abends aßen wir die von mir heiß geliebten Pelmeni, die meine Großmutter für mich zubereitet hatte. Zu dritt sahen wir die Abendnachrichten Wremja, in denen ungekürzt die endlosen Reden von Parteifunktionären wiedergegeben wurden. Ich muss fünfzehn gewesen sein, als ich nach der Übertragung eines dreistündigen Breschnjew-Traktats in mein Tagebuch schrieb, das sozialistische System sei ohne Hoffnung, jeder Glaube an demokratische Reformen sei mir verloren gegangen.

An einem Januarmorgen des Jahres 1987, also etwa sechs Jahre nach dieser Tagebuchnotiz, ruft mich mein Vater zu sich. Eine Einladung Gorbatschows ist eingegangen, Hunderte Künstler, Schriftsteller, Schauspieler und Politiker werden in

Moskau zu einem Friedenstreffen erwartet. Meine Mutter hat ihren Platz an der Seite meines Vaters an mich abgetreten, damit ich meine Großeltern wiedersehen kann. Und so sitze ich einige Wochen später mit meinem Vater und einem Dutzend anderer Mitglieder der DDR-Delegation in der Regierungslounge des Schönefelder Flughafens. Während wir auf unseren Aufruf warten, stürzt Hans Peter Minetti herein, er trägt einen eleganten langen Mantel und ruft so laut, dass wirklich niemand ihn überhören kann: »Wo ist hier ein Telefon, ich muss sofort das Zentralkomitee anrufen!«

In einer Tupolew Tu-134 der DDR-Regierungsflugstaffel fliegen wir nach Moskau. Große, schwarze Tschaika-Limousinen stehen dort für uns bereit, ich schiebe die Gardinen vor den Fenstern ein wenig zurück, um einen flüchtigen Blick auf die Stadt meiner Kindheit zu werfen. Wie durch einen Schleier gleiten die Häuserzeilen und Alleen schnell an uns vorbei.

Wir sind im Hotel Kosmos untergebracht, es liegt ganz in der Nähe der Allunionsausstellung. Das Hotel ist von KGB-Agenten hermetisch abgeriegelt. Nur mit einem besonderen Hotelausweis erhält man Zutritt, Norman Mailer hat das Dokument in seinem Zimmer vergessen und wird erst nach wütendem Protest seines Mitarbeiters vorgelassen. Gorbatschows Konferenz hat viele Berühmtheiten angezogen, man begegnet ihnen im Fahrstuhl, auf den Gängen und in den Restaurants. Wir frühstücken mit Friedrich Dürrenmatt und Max Frisch, ich kenne sie flüchtig, sie sprechen mit meinem Vater, mich grüßen sie nur freundlich.

Abends, nach einer Konferenzrunde, sitzen wir mit Klaus Maria Brandauer an einer Bar des Hotels, Brandauer hält Hof und wird von seinen Bewunderern belagert. Tags darauf stellt mein Vater mich beim Mittagessen einem Freund vor: »Mein Sohn spielt auch Klavier« – ich sehe Maurizio Pollini an und schäme mich in Grund und Boden.

Das Hotel gleicht einer modernen Festung, es hat nichts mit der Wirklichkeit dieser Stadt zu tun. Die Festungsinsassen blicken aus verspiegelten Fenstern hinunter auf die in Wintermäntel gekleideten Moskauer, die über die vereisten Gehsteige zur benachbarten Metrostation eilen. Die Festungsinsassen verstehen das Leben der Moskauer nicht, sie können es nicht verstehen.

Ich versuche, dem Hotel Kosmos zu entfliehen, aber ein Taxi wird mir »aus Sicherheitsgründen« verweigert, ich bekomme einen schwarzen Wolga zugewiesen, dessen Chauffeur fünf Stunden mit laufendem Motor auf mich wartet, während ich meine Großeltern besuche. Mein Großvater ist nicht in bester Verfassung, vor Jahren schon war ein Tumor entdeckt und operiert worden, es ist nicht mehr dasselbe Leben seither.

Am letzten Tag werden wir zu Gorbatschow in den Kreml eingeladen. Eine lange Kolonne von Bussen rast über die abgesperrten breiten Boulevards der Stadt, ich kann die Route durch die abgedunkelten Scheiben nur erahnen. Im Saal der Sowjets tritt mir ein älterer Herr auf den Fuß, er dreht sich zu mir um und murmelt: »Scusi!« Ich erkenne ihn sofort, es ist Marcello Mastroianni. Wir werden gebeten, unsere nummerierten Plätze einzunehmen, ich sitze neben Claudia Cardinale, Yoko Ono und dem eben erst aus der Haft entlassenen Andrej Sacharow, der von Journalisten aus aller Welt umlagert wird.

Gorbatschow hält eine düstere Rede, der Untergang der Welt in einem nuklearen Inferno sei mehr als nur eine vage Möglichkeit. Gorbatschow, der nur einige Meter von mir entfernt an seinem Rednerpult steht, verzichtet auf die althergebrachten Losungen, die wir von seinen Vorgängern gewohnt waren. Fast wünsche ich mir deren beruhigende Propaganda zurück, als Gorbatschow das Szenario einer Apokalypse entwirft.

Auf dem folgenden Empfang verspeisen die Gäste aus aller Welt Berge von Hummer, Lachs und Kaviar. Neben mir steht Hans Peter Minetti, wir unterhalten uns über Belangloses, an uns gehen Andrej Gromyko, Schewardnadse und Gorbatschow vorüber. Plötzlich hat Herr Minetti jemanden erspäht. Es ist der Präsident des deutschen Industrie- und Handelstages Otto Wolff von Amerongen, Minetti stellt sich ihm in den Weg, schlägt die Hacken zusammen und ruft: »Hans Peter Minetti, Deutsche Demokratische Republik« Herr von Amerongen sieht ihn irritiert an und geht grußlos an ihm vorbei.

Am nächsten Morgen fliege ich mit meinem Vater nach Berlin zurück. An Bord der Interflugmaschine schwöre ich mir: Das nächste Mal nehme ich die Aeroflot und fahre in Moskau wieder Metro.

39.

Im November 1986, gleich nach meiner Entlassung aus den Reihen der Armee, hatte ich mit meinem Studium an der Musikhochschule begonnen. Ich hatte das sichere Gefühl, dort eigentlich nichts verloren zu haben, aber meine eigene Voraussage, ich würde nach wenigen Wochen von der Schule geworfen, erfüllte sich zum Glück nicht. Verantwortlich dafür war in hohem Maße Udo Ewald. Udo war FDJ-Sekretär der Musikhochschule, vor allen Dingen aber studierte er Tonsatz und das schon im dritten Studienjahr. Meine erste Stunde im Tonsatz war nicht gerade vielversprechend verlaufen, unser Lehrer Herr Ihme hatte uns den Auftrag erteilt, bis zur darauf folgenden Woche einen von ihm notierten Generalbass vierstimmig auszusetzen. Ich hatte eine ungefähre Vorstellung davon, was vierstimmig bedeuten könnte, aber »aussetzen« und »Generalbass«? Nie gehört! In meiner Not beschloss ich, zu Udo Ewald zu fahren, den ich flüchtig kannte und der, wie es der Zufall wollte, ganz in unserer Nähe wohnte. Zuvor hatte ich einige der von Herrn Ihme aufgeschriebenen Noten abgeändert, ich wollte um jeden Preis vermeiden, als Idiot dazustehen. Udo besah sich das Ganze, schüttelte den Kopf und meinte dann: »Seltsam, so geht das doch gar nicht. Sieh mal, ich setze jetzt mal zwei Takte aus, verstehst du, wie es geht?« Ich verstand keineswegs, entschied mich aber vorsichtshalber nichts zu sagen.

Zu Hause analysierte ich die zwei von Udo Ewald ausgesetzten Takte, ich glaubte darin eine gewisse Struktur, ein Schema zu erkennen, und versuchte den Rest des Generalbasses ähnlich zu notieren. Herr Ihme fand neun Fehler, aber in der folgenden Woche waren es nur noch fünf, dann zwei, und irgendwann avancierte ich – dank der zwei von Udo Ewald ausgesetzten Takte – zu einem der besten Studenten im Tonsatz.

Leider waren meine Leistungen im Klavierspiel nicht annähernd so gut. Zu den regelmäßigen Vorspielen erschien ich im Prinzip mit immer den selben Stücken, ich tauschte sie nur gelegentlich gegeneinander aus, meist entschied ich auf der Fahrt in die Hochschule, was ich zum jeweiligen Termin aufführen würde. Eine Zeitlang ging das gut, aber schon bald mehrten sich die Beschwerden, Herr Wonneberg lud mich vor, er schätze meine Liebe zum Swing, aber hier an der Tanzmusikabteilung sei eine gewisse musikalische Bandbreite verlangt. Ich wandte ein, dass auch die anderen Studenten bei näherer Betrachtung ziemlich festgelegt in ihren Vorlieben wären und nahezu ausschließlich modernen Jazz spielten, ein dürftiges Argument, ohne Frage, aber Alfons Wonneberg ließ es vorerst dabei bewenden.

Mit der Zeit lernte ich meine Kommilitonen kennen, einem war ich schon am Tage der Immatrikulation begegnet. Nach dem Festakt waren alle Studenten an einen Aushang gestürzt, um zu überprüfen, welcher Seminargruppe sie wohl zugeteilt worden waren. Ich suchte nach meinem Namen. Neben mir stand ein junger Mann, der zu seiner Begleiterin unvermittelt sagte: »Sieh mal, Andrej Hermlin. Hoffentlich ist das nicht der Sohn von diesem Stephan Hermlin!« – »Doch, ist er!«, erwiderte ich, ohne die beiden anzusehen. Manchmal entstehen lebenslängliche Freundschaften auf seltsame Art und Weise, aber Peter Schenderlein wurde binnen Tagen zu einem Freund, den ich allein schon wegen seines vorzüglichen Klavierspiels noch immer bewundere.

Kaum hatte sich die Lage in den Fächern Tonsatz und Klavier etwas entspannt, beschloss ich, Michael Wirth anzurufen. Ich hatte ihn während meiner Armeezeit in Strausberg kennengelernt, er war dort Kraftfahrer gewesen, oft hörte ich ihn am anderen Ende des Flures betrunken zur Gitarre Biermann-Lieder singen. Wir freundeten uns an, es stellte sich heraus, dass Micha Schlagzeug spielte. Sein Instrument lagerte in einem Nebengebäude der Kaserne, man hatte ihm aus unerklärlichen Gründen verboten, darauf zu spielen. Ich sprach mit einigen Vorgesetzten, und zu seiner grenzenlosen Überraschung durfte Micha schon am folgenden Tag in jenen Kinosaal umziehen, in dem ich tagtäglich übte. Wir hatten dort wiederholt zusammen Swing gespielt, und ich hatte Micha versprochen, mich nach meiner Entlassung bei ihm zu melden.

Wir treffen uns schließlich und sind uns schnell handelseinig. Vom »Swingtett« des Herbstes 1984 ist nur Robert übrig geblieben, auch er will es mit einer Band versuchen, wir sehen uns nach einem Gitarristen um, finden einen und beginnen zu proben. Roberts Vater überlässt uns seine Garage, einmal in der Woche fahre ich mit dem Fahrrad dorthin, wir proben in der Regel etwa drei Stunden, und mit der Zeit beginnt sich unser Repertoire an Stücken zu mehren. Eine lange Debatte über einen passenden Namen für unsere neue Band führt zu keinem wirklich überzeugenden Resultat, wir einigen uns schließlich auf »Swing Dance Band«, nicht gerade ein brillanter Einfall, aber für den Moment, so denken wir, wird es schon gehen.

Inzwischen war es Frühjahr geworden, und wieder trat Udo Ewald in mein Leben. Auf dem Flur hatte er mich eines Nachmittags aufgehalten, er habe da einen Auftritt für mich, eine halbe Stunde als Solist am Klavier, die Gage betrüge siebzig Mark. »Weißt du, Udo, allein würde ich das nicht gern machen«, gab ich zur Antwort, »meinst du, ich könnte mit meiner Band spielen?« – »Warum nicht?«, erwiderte er, »aber denk daran: es gibt nur siebzig Mark!« Das war meine geringste Sorge. Auf der nächsten Probe verkündete ich stolz unser erstes Engagement. Vier Wochen blieben uns bis zum Auftritt, Ort der Premiere: der »Klub der Bauarbeiterjugend«. Am Tag des Konzertes lieh ich mir den Wagen meiner Mutter, mit vereinten Kräften beförderten wir Michas Schlagzeug nach Friedrichshain. Der »Klub der Bauarbeiterjugend« war gut gefüllt, wenn auch nicht, wie erwartet, mit jungen Bauarbeitern in Blaumann und Schutzhelm. Wir spielten unser gesamtes Repertoire, ganze zehn Titel, Gershwins »I Got Rhythm«, Fats Wallers »Honeysuckle Rose«, und noch einige andere, das Publikum schien angetan, wir kassierten die vereinbarten siebzig Mark und fuhren zufrieden nach Hause. Das Abenteuer – so schien es – hatte begonnen, Udo Ewald und dem Klub der Bauarbeiterjugend sei Dank!

40.

Ein warmer Juliabend im Jahre 1987, ich sitze auf dem Bahnhof in Brno, seit einer Stunde warte ich nun auf jenen Zug, der mich nach Berlin zurückbringen soll. Der Zug scheint sich zu verspäten. Ich hatte eine Freundin besucht, die mit ihren Eltern auf einem Zeltplatz nahe der Stadt ihren Sommerurlaub verbrachte. Ich hatte nicht fahren wollen, mein Großvater war einige Tage zuvor in ein Moskauer Krankenhaus gebracht worden, doch meine Mutter hatte mich ermuntert zu reisen, es werde schon alles gut werden. Von meinem Zug ist noch immer nichts zu sehen, eine seltsame Übelkeit hat sich unterdessen meiner bemächtigt, es ist kaum auszuhalten, ich sitze zusammengekrümmt auf einer Holzbank und denke an meinen Großvater.

Kürzlich erst hatte ich unter anderen Bildern, die meine Mutter vor Jahren aus Moskau mitgebracht hatte, eine vergilbte Fotografie gefunden. Sie zeigt meinen Großvater, er muss zum Zeitpunkt der Aufnahme ungefähr in meinem Alter, also Anfang zwanzig, gewesen sein, er trägt einen eleganten Anzug, zweireihig mit breitem Revers, wie sie damals modern waren. Er wirkt schmaler als ich, aber seine Züge scheinen vertraut: Wie ähnlich ich ihm doch bin!, sage ich mir. Der Zar regierte Russland noch, als mein Großvater Leonid Nikitowitsch Belokonew in dem kleinen ukrainischen Ort Debalzowo geboren wurde. Er war sieben Jahre alt, als Lenins Revolution alles veränderte. Mein Großvater wurde Lokomotivführer und Eisenbahningenieur in einer Zeit, als Sowjetrussland sich unter Führung der Bolschewiki von einem rückständigen Agrarland in eine Industrienation zu verwandeln begann. Das Land nahm Fahrt auf, rasende Fahrt, um jeden Preis – um wirklich jeden.

Anfang der dreißiger Jahre verliebte sich mein Großvater in eine bildschöne junge Frau, sie war von vielen Männern umschwärmt, aber mein Großvater eroberte ihr Herz, sie muss gewusst haben, dass sie die Liebe seines Lebens sein würde. Als meine Mutter 1935 geboren wurde, lebte die Familie in Rostow am Don. Kurz zuvor war mein Großvater Mitglied der KPdSU geworden. Eines Tages wurde er zu einer Besprechung gebeten. Der NKWD wollte den jungen, eloquenten Kommunisten für sich gewinnen – in jener Zeit war das keine Bitte, sondern ein Befehl. Doch mein Großvater sagte »nein«. Ein erstaunliches »nein« für einen jungen Parteifunktionär, ein selbstverständliches »nein« für einen Mann von Charakter. Seine unerhörte Courage wurde belohnt: Mein Großvater wurde weder erschossen noch verhaftet. Stattdessen schickte ihn die Partei einige Jahre später nach Moskau, zu Kaganowitsch, dem Volkskommissar für Verkehrswesen. Mein Großvater leitete fortan die Kaderabteilung im Ministerium, auch seine Frau hatte Arbeit in der Hauptstadt gefunden. Nichts schien das Glück der kleinen Familie gefährden zu können.

An einem Nachmittag im Juni 1941 ertönte in ganz Russland Molotows Stimme aus den Radioempfängern. Es gibt ein Familienfoto von jenem Tag, ernst blicken die drei in das Objektiv der Kamera, als ahnten sie das unermessliche Leid, das über das Land kommen sollte. Wenige Wochen später ging mein Großvater in Uniform und mit umgehängtem Gewehr zu Kaganowitsch, um sich zu verabschieden. Kaganowitsch blickte entsetzt von seinem Schreibtisch auf: »Das kommt überhaupt nicht in Frage, Sie werden in Moskau gebraucht, sie gehen nirgendwohin!« Mein Großvater musste nicht in den Krieg ziehen, er organisierte die Verlegung einiger Abteilungen des Ministeriums in den Osten und stand nachts auf Moskauer Dächern, um von deutschen Flugzeugen abgeworfene Brandbomben unschädlich zu machen.

Seine Frau und seine Tochter waren erst Anfang Oktober aus Moskau evakuiert worden, als die Wehrmacht sich bereits dem Roten Platz näherte, auf dem sie paradieren wollte und den sie nie erreichen sollte. Tagelang dauerte die beschwerliche Zugreise nach Kasachstan, die in einem komfortablen Coupé begonnen hatte und in einem schäbigen Güterwaggon endete. Meine Großmutter arbeitete nun in Alma Ata als Mikrobiologin in der Seuchenbekämpfung. Oft war sie von ihrer Tochter getrennt, sie war gerade Anfang dreißig und trug bereits eine gewaltige Verantwortung. Gelegentlich hantierte sie mit Bakterien, die gefährlich genug gewesen wären, das halbe Land hinwegzuraffen. Sie überlebte mit Glück eine strapaziöse Reise durch die Wüste Kasachstans, als der Wagen, in dem sie saß, steckenblieb und die Passagiere erst nach Tagen halb verdurstet von einer zufällig vorbeikommenden Patrouille entdeckt und gerettet wurden.

Anfang Mai 1943 kehrten meine Großmutter und meine Mutter in die Hauptstadt zurück. Nach dem Krieg empfahl Kaganowitsch meinen Großvater dem Volksbildungsminister. Potjemkin entstammte einer alten Adelsfamilie, seine Gewandtheit und Bildung beeindruckten meinen Großvater, und so wechselte er ins Volksbildungsministerium. Er wurde Stellvertreter des Ministers und blieb es auch, als Potjemkin starb und Wosnessenski ihm nachfolgte. Mein Großvater war nun Mitglied der Nomenklatura, Wosnessenski war zufrieden mit seiner Arbeit, an den Wochenenden fuhr die Familie in einem Beute-BMW mit Chauffeur zur Datsche am Moskauer Stadtrand hinaus, mein Großvater lernte Berija kennen und wohl auch den »großen Führer«.

Doch dann wurde Wosnessenskis Bruder in Leningrad verhaftet und als »Feind des Volkes« abgeurteilt. Nun wollte man auch des Bruders habhaft werden. Mein Großvater wurde einbestellt, man erwartete eine dem Vorhaben nützliche Aussage. Mein Großvater erklärte ruhig, er kenne den Genossen Minister Wosnessenski nur als einen der Sache treu ergebenen Kommunisten, er könne nichts Schlechtes von ihm sagen. Wieder hatte er Glück: Er wurde nicht erschossen und nicht verhaftet, nur sofort seines Postens enthoben. Mein Großvater ging noch im selben Jahr 1948 an das Moskauer Institut für Transportwesen und war bis zu seiner Pensionierung Dekan einer dortigen Fakultät. Nie hat er an der Sowjetunion gezweifelt. Nie hat er den Sozialismus in Frage gestellt. Wie oft haben wir später Politisches diskutiert, und wie selten waren wir uns einig. Hin und wieder besuchten wir zusammen Sportveranstaltungen, mein Großvater war ein leidenschaftlicher Anhänger des Armeesportclubs ZSKA, er liebte Eishockey und machte jeden Morgen eine Stunde lang Turnübungen.

Sein Wille, in Zeiten der allgemeinen Verrohung und der Denunziation anständig zu bleiben, muss unbezähmbar gewesen sein. Dieser Wille ließ ihn ein ehrliches Leben führen. Ich wünschte, ich hätte ihm das gesagt. Gelegentlich muss ich an ihn denken, wenn Menschen ihren Verrat an Freunden damit zu rechtfertigen suchen, dass sie den Sozialismus verteidigen wollten. Mein Großvater, der Lokomotivführer, der Eisenbahningenieur und Minister, hat in Zeiten, als es um nichts anderes ging als den eigenen Kopf, seine Würde und seine Moral und damit sich selbst nicht verraten können.

Der Zug fährt in den Bahnhof von Brno ein. Endlich! Der Schmerz ist inzwischen schier unerträglich geworden. Mühsam schleppe ich mich in mein Abteil. Im fernen Moskau schließt Leonid Nikitowitsch Belokonew in diesem Moment seine Augen. Mein Großvater ist tot.

41.

Seit Stunden sind wir nun schon unterwegs, der Zug hält immer wieder auf freier Strecke an, wird auf ein anderes Gleis umgeleitet, das Tempo schwankt, wir sitzen in unserem Abteil und warten auf das Ende dieser anstrengenden Reise. Es ist tiefe Nacht, als wir schließlich unseren Bestimmungsort erreichen. Ein kleiner, nichtssagender Bahnhof, wir müssen aussteigen und uns in Reih und Glied aufstellen. Im Gleichschritt marschieren wir in die Kaserne von Seeligenstädt ein, der Appellplatz hallt wider von gebellten Befehlen. Ringsum hell erleuchtete Plattenbauten im vertraut-verhassten DDR-Stil. Wenigstens sind wir unter uns: Studenten aus Berlin und anderen Städten der Republik, mit mir im Zimmer meine Kommilitonen aus der Musikhochschule.

Fünf Wochen werden wir hier sein, um zu Reserveoffizieren oder -unteroffizieren ausgebildet zu werden. Jeder Student in der DDR muss hierher, es sei denn, medizinische Gründe schließen das aus. Vor Monaten schon war ich vorgeladen worden, eine Kommission wollte hören, warum ich mich weigerte, Reserveoffizier zu werden, und es ablehnte, die geforderte Einwilligungserklärung zu unterzeichnen. Den Vertretern von SED, FDJ, MfS und NVA hatte ich erklärt, keine Führungsrolle in einer Armee übernehmen zu wollen, ich würde es bevorzugen, einfacher Soldat zu bleiben. Man hatte nur halbherzig versucht, mich umzustimmen, die Damen und Herren begriffen schnell: ich war ein hoffnungsloser Fall.

Am Ende des ersten Studienjahres hatten wir einen Merkzettel erhalten, auf dem alle nötigen Informationen für den Reservedienst in Seeligenstädt zusammengefasst waren. Mich brachte das Dokument wenig später in eine äußerst prekäre Lage. Ich war auf dem Flughafen Schönefeld zufällig in eine sogenannte »Tiefenkontrolle« geraten. Ein Grenzoffizier hatte den Merkzettel in meinem Tagebuch entdeckt und mir daraufhin Geheimnisverrat unterstellt. Ich wurde in einem fensterlosen Verhörraum eingeschlossen. Die Grenzbeamten waren sich offenkundig unschlüssig darüber, wie mit mir zu verfahren sei. Ich schlug daraufhin vor, den Merkzettel auf dem Flughafen zu hinterlegen, so sei ausgeschlossen, dass ich die hoch geheimen Unterlagen – wie von den Grenzbeamten vermutet – in Budapest einer feindlichen Macht übergeben könnte. Überraschenderweise waren die Beamten nach einigem Zögern auf meinen Vorschlag eingegangen. Damit hatte ich mehr Glück gehabt als ein entfernter Bekannter, dem bei der Reiseplanung für den Sommerurlaub in Ungarn der Kugelschreiber auf der Landkarte abgerutscht war und dessen Reiseroute nun in kühnem Schwung direkt bis nach Österreich führte. Die Karte fiel einem Grenzbeamten auf, mein Bekannter wurde umgehend festgenommen und verbrachte einige Tage in einem Gefängnis der Staatssicherheit, ehe man ihn wegen erwiesener Unschuld laufen ließ.

Nun, im September 1987, finden wir uns in tiefster Provinz wieder. Buchstäblich und im übertragenen Sinne. Jeden Morgen erleben wir in Seeligenstädt das gleiche Ritual, Wecken, Waschen, Frühsport. Ich bin mit den anderen in jenem Gebäudetrakt untergebracht, der für die Unteroffiziere reserviert ist, meinen neuen Freund Peter hat man zu den Offizieren gesteckt, er soll als Unterleutnant entlassen werden. Wir sehen uns an den Abenden in der Kaserne um, aber da ist nichts. Einfach gar nichts. Ich treffe auf dem Kasernenhof einen Major, er wirkt freundlich, ich frage ihn, ob er von einer Telefonzelle in der Kaserne wüsste, er fordert mich auf, ihm zu folgen, und weist mir den Weg. Später finde ich heraus, dass der besagte

Major ein Hobby hat: An allen Wochenenden lässt er sich freiwillig zum unbeliebten Dienst einteilen, um die Urlauber und Ausgänger zu kontrollieren. Er zählt mit diabolischem Vergnügen die Falten auf den Hemden der Männer, mehr als drei, und der Urlauber muss in der Kaserne verbleiben. »Eins, zwei, drei, vier!«, zählt er, »treten Sie weg! Ihr Urlaub ist gestrichen.«

Meine Falten zählt er nicht, warum, werde ich nie erfahren. Der Major tritt an mich heran, er erkennt mich, er lächelt nur leicht und lässt mich gehen. Woche für Woche die gleiche sadistische Prozedur! Seit Jahren geht das sicherlich schon so.

Eines Morgens muss unsere Kompanie zu einer Vorlesung. Ein Oberstleutnant doziert über unsere Fähigkeiten, den Feind im Felde vernichtend zu schlagen. »Taktische Atomwaffen geben uns die Möglichkeit, weitreichende Schläge tief in die gegnerische Verteidigung hinein zu führen.« Ich melde mich. »Ja, Genosse Gefreiter?« – »Bei allem Respekt, Genosse Oberstleutnant, aber ich habe nicht die Absicht, mir ihren zynischen Scheiß noch länger anzuhören!« Die anderen Soldaten erstarren. »Es müsste auch bis in Ihr provinzielles Seeligenstädt vorgedrungen sein, was Honecker und Gorbatschow jüngst erst wieder gesagt haben: Im Atomkrieg gibt es weder Sieger noch Besiegte.«

Der Stabsoffizier ist platt, fängt sich aber noch einmal. »Sie müssen das dialektisch sehen, Genosse Gefreiter. Die Genossen Honecker und Gorbatschow sagen das natürlich in der Öffentlichkeit, aber ...« Ich unterbreche ihn mit einem Kunstgriff in stalinistischer Manier: »Habe ich Sie dahingehend richtig verstanden, Genosse Oberstleutnant, dass Sie soeben die Generalsekretäre der KPdSU und der SED, Gorbatschow und Honecker, öffentlich der Lüge bezichtigt haben?« Lautes Gelächter hebt an. Der Oberstleutnant schwitzt und keucht. Kein einziges Wort der Erwiderung. Einige Sekunden vergehen. Schließlich das Kommando: »Unteroffizier, lassen Sie wegtreten!« Der Strategieunterricht ist zu Ende.

Am folgenden Tag erscheint ein anderer Stabsoffizier. Wir glauben unseren Ohren nicht zu trauen: »Die NATO ist grundsätzlich friedensfähig«, verkündet der Offizier, »wir müssen mit dem Westen verhandeln!« Der Nuklearkrieger taucht nie wieder auf. Am Abend verkündet unser Kompaniechef großartige Neuigkeiten: Auf Anregung des Stabes soll es einen Kulturwettstreit in der Kaserne geben, alle Soldaten sind aufgerufen, sich daran zu beteiligen. Fragende, ratlose Gesichter. Hauptmann M. präzisiert: das Kulturprogramm ist ein Befehl! Die Kompanie murrt.

Später, als wir auf der Stube zusammensitzen, habe ich eine Idee: »Lasst uns doch ein Kulturprogramm machen, und zwar eins, das sie nicht vergessen werden!« Nun kommt die Sache in Gang, einige Kommilitonen suchen kritische Lieder von Steffen Mensching und Hans-Eckhardt Wenzel aus, in Ermangelung eines Klaviers bereite ich eine pathetische Rede vor. Die anderen Kompanien bekommen Wind von unserem Vorhaben, irgendwann dann auch der Parteisekretär der 3. Mot. Schützenkompanie. Ich solle ihm meinen Text vorlegen. Er liest ihn und rutscht dabei unruhig auf seinem Stuhl hin und her. »Ich weiß nicht, ob ich das genehmigen kann!« Ich fahre aus der Haut: »Wieso sind Sie denn überhaupt in der SED, wenn Sie keine eigene Meinung haben? Verbieten Sie meinetwegen den Text, aber sagen Sie wenigstens etwas dazu!« Der Parteisekretär erhebt sich wortlos von seinem Stuhl und geht. Ich werte das als Zustimmung.

Der Tag des Kulturwettstreits bricht an. Die anderen Kompanien tragen mehr oder weniger lustige Kabarettprogramme vor, dann sind wir an der Reihe. Hunderte Soldaten und der gesamte Stab der Seeligenstädter Kaserne hören, wie ich von Gorbatschow spreche. »Wir wissen sehr genau, wer sich in der

DDR an das Alte klammert, und wir rufen ihnen zu: Eure Zeit ist abgelaufen! Gorbatschow sagt, wir brauchen Demokratie wie die Luft zum Atmen. Wenn man aber, wie in der DDR, fortwährend röchelt, dann ist etwas nicht in Ordnung mit unserer Luft! Wir wollen Wahrheit über die anderen – und über uns!« Nie wieder – auch nicht als Musiker – werde ich Standing ovations von solcher Dauer erleben.

Der Stab verlässt empört den Saal, bis in die Nacht stehen wir auf dem Kasernenhof und diskutieren. Ein Major tritt an mich heran: »Was denken Sie, Genosse Gefreiter, was könnte ich als Offizier der Nationalen Volksarmee tun, um Gorbatschow und der Perestroika zu helfen?«

Im Folgenden brechen alle Dämme: eine Kompanie gibt nach einer Leistungskontrolle in der Taktikausbildung geschlossen leere Blätter ab, Soldaten stecken ihre AK-47 mit dem Lauf voran in den Thüringer Sand und erklären, nicht mehr schießen zu wollen. Eines Abends hören wir seltsame Geräusche, wir sehen aus dem Fenster und erblicken zwei Soldaten, die im Regen nackt miteinander Walzer tanzen. Die herbeieilenden Offiziere werden von einem infernalischen Lärm empfangen, Hunderte Soldaten schlagen mit Löffeln und Messern gegen die Fenstersimse.

Ich bin unterdessen wegen Befehlsverweigerung mit einem andern Soldaten in die Waschräume abkommandiert, gemeinsam schrubben wir die Duschen, als unser Kompaniechef den Raum betritt. Er schickt den anderen Soldaten barsch hinaus. »Ich muss mit Ihnen reden. Genosse Hermlin, Sie verfügen über einigen Einfluss bei den Soldaten, auf Sie hören die meisten. Wir stehen kurz vor einer Revolte. Helfen Sie uns, damit es nicht zum Äußersten kommt!« – »Genosse Hauptmann«, antworte ich, »für die Lage sind Sie ganz allein verantwortlich, Sie und die Zustände in dieser Kaserne. Ich kann nichts für Sie tun.« Da bricht es aus ihm heraus: »Wissen Sie was? Mich kotzt das alles an! Mein Cousin trägt auch Uniform, er lebt ganz in der Nähe, nur hundert Kilometer südwestlich von hier, und er verdient fünftausend Mark West!« Ich sehe ihn sprachlos an. Der Hauptmann erschrickt und wird rot, er dreht sich um und verlässt den Waschraum.

Ganz am Ende meines Aufenthaltes in Seeligenstädt reden wir noch einmal miteinander. Der Kompaniechef nimmt mich zur Seite: »Sie müssen noch Ihre Einwilligungserklärung unterzeichnen.« – »Aber Sie wissen doch, dass ich das nicht tun werde«, entgegne ich. »Ja, schon, aber wenn Sie nicht unterschreiben, werden Sie nicht einmal Unteroffizier!« – »Wirklich nicht?« Ich bin begeistert. »Nein, nur, wenn Sie unterschreiben!« – »Na, prima, dann lassen wir doch einfach alles, wie es ist!« Ich werde als Gefreiter nach Berlin zurückkehren.

Der Abschlussappell einige Tage später endet im Chaos, der Kommandeur überspringt die üblichen Erfolgsmeldungen, er brüllt in einem fort: »Schlimmster Jahrgang aller Zeiten, das hat Folgen, ihr werdet alle exmatrikuliert, Riesenschweinerei das!« Die Schar seiner Zuhörer nimmt rapide ab, wir Reservisten haben unsere Uniformen schon abgelegt, nach und nach wenden wir uns einfach um, laufen durch das Kasernentor und besteigen den Zug, der uns nach Hause bringen wird. Niemand hält uns auf.

Die DDR wird nur noch zwei Jahre existieren.

42.

Meine Freunde Wulf und Christian torkeln in das Bahnhofsbüro der Soproner Staatssicherheit. Betrunken wie sie sind, versuchen sie den Beamten umständlich zu erklären, dass wir nun abreisen würden. Die Herren nicken erleichtert. Ich kann dem Schauspiel nicht beiwohnen, ich werde auf dem Perron von meiner Freundin Sabine gestützt. Mir ist speiübel, und ich kann mich kaum auf den Beinen halten.

Stunden zuvor hatte alles ganz harmlos begonnen, auf dem Budapester Bahnhof, von dem die Züge gen Westen fuhren. Schon in Berlin hatten wir unseren Ausflug nach Sopron gebucht und bezahlt. Die DDR-Regierung erlaubte ihren Bürgern lediglich etwa vierhundert Mark Urlaubsgeld in Forint umzutauschen, infolgedessen war jede Ausgabe vor Ort reiflich zu überlegen. Kreditkarten gab es nicht in der DDR, so blieb nur die Reservierung im Voraus. Am Morgen hatten wir unser Studentenhotel im Zentrum Budapests verlassen, waren vergnügt in den Zug gestiegen – voller Erwartung, denn Sopron, das unweit der österreichischen Grenze liegt, war uns als besonders sehenswert beschrieben worden. Wir hatten uns Reiseführer beschafft und diese eifrig studiert.

Nun nähern wir uns schon Gyor, es kann nicht mehr weit sein bis zu unserem eigentlichen Ziel, da betreten zwei Zivilisten unser Abteil. Sie wollen die Fahrkarten sehen, ich wundere mich, denn wie Eisenbahnschaffner sehen die grimmig dreinblickenden Herren wahrlich nicht aus. Sie verlangen energisch nach unseren Pässen, und dann höre ich das Wort: »Reiseanlage«. Einer der beiden spricht es ungarisch gedehnt aus: »Reeiseaanlaagee«. Christians Freundin Claudia und Wulf haben das von den DDR-Behörden verschämt Reiseanlage genannte Visum dabei, wir anderen nicht. Die beiden Herren sind unerbittlich, wir müssen in Gyor aussteigen. Auf dem Bahnsteig beraten wir eilig, was zu tun sei, Wulf und Claudia wollen mit uns nach Budapest zurückkehren, wir überreden sie, allein weiterzufahren, sollen sie wenigstens das schöne Sopron sehen. Derweil will ich nichts unversucht lassen, ich debattiere mit den beiden Herren, die sich neben uns auf dem Bahnsteig aufgestellt haben, und erkläre ihnen, dass wir die Papiere unabsichtlich im Hotel gelassen hätten, weil wir annahmen, sie erst wieder bei der Ausreise aus Ungarn zu benötigen. Ich versuche in den Augen der beiden zu lesen, aber da ist keine Regung zu bemerken, und uns läuft die Zeit davon. Ein Pfiff, der Zug ruckt an, da erklären die Geheimen plötzlich, wir seien willkommen und sollten mit ihnen gemeinsam aufspringen. Gesagt, getan.

Keine halbe Stunde ist vergangen, da wird die Tür zu unserem Abteil aufgerissen, und die besagten Herren wünschen abermals unsere Dokumente zu sehen. Schließlich fragen sie: »Und, Reeiseaanlaagee?« Ich halte das für einen Scherz. »Sie wissen doch: die haben wir nicht!« Beide schütteln ernst den Kopf: »Nicht gut, nicht gut!« Wir fahren in den Bahnhof von Sopron ein, der Zug hält, wir steigen aus dem Waggon, und da sind sie wieder. »Mitkommen!«, kommandieren die Herren mit dem Kurzhaarschnitt. Kein Zweifel, man hat uns verhaftet. Wir werden in das karg eingerichtete Bahnhofsbüro des ungarischen Staatssicherheitsdienstes gebracht. Man erklärt uns barsch und knapp, wir hätten offenbar einen Fluchtversuch unternehmen wollen, dies werde schwerwiegende Konsequenzen für uns alle haben. Man werde die DDR-Behörden verständigen, man werde uns ausfliegen, in der DDR hätten wir mit einem Verfahren zu rechnen. Unser Versuch, in den Westen zu türmen, sei von den wachsamen ungarischen Genossen gerade noch rechtzeitig vereitelt worden. Ich protestiere lautstark gegen diesen absurden Vorwurf. Mit sofortigem Erfolg: Ich werde beschimpft und von meinen Freunden abgesondert, muss mich bis auf die Unterhose entkleiden und werde eingehend untersucht. Nun – endgültig in Rage – brülle ich los, ich würde umgehend die deutsche (!) Botschaft verständigen, diese Art des Vorgehens sei unentschuldbar. Im Übrigen lagerten unsere »Reiseanlagen« im Budapester Studentenhotel, man müsse nur dort anrufen, um die Bestätigung meiner Angaben zu erhalten. Überraschenderweise gehen die Beamten auf meinen Vorschlag ein, nach einigen Minuten scheint festzustehen: Wir sind nicht die, für die sie uns hielten. Man bringt uns wieder zusammen.

Einer der Beamten gibt sich nun versöhnlich: »Alles gut. Ihr könnt gehen, aber ihr könnt nicht hierbleiben, ihr müsst zurück nach Budapest. Ihr könnt euch dort neue Fahrkarten kaufen und morgen wiederkommen.« Ich wittere meine Chance: »Das geht nicht, wir haben kein Geld, um Fahrkarten zu kaufen.« Der Beamte wundert sich, ich erkläre ihm die restriktiven Umtauschregeln in der DDR. »Das sind ja Idioten bei euch in der Regierung!«, ruft der Mann aus. »Da haben Sie leider Recht, und wir haben uns so sehr auf Ihre schöne Stadt gefreut!« Jetzt habe ich ihn. Der lokalpatriotische Geheimdienstmann lächelt milde: »Also gut, einen Tag! Aber mit dem letzten Zug fahrt ihr zurück. Und Abmelden bei uns nicht vergessen!«

Wir können unser Glück kaum fassen und stürzen aus dem Bahnhofsbüro. Christian schlägt vor, unseren Sieg über die ungarische Staatsmacht gebührend zu feiern. Wir ziehen in den benachbarten Weinkeller des Soproner Rathauses. Er wird alles sein, was wir von der Stadt je zu sehen bekommen werden … Das Verhängnis nimmt nun seinen Lauf. Ein älterer Herr nähert sich uns: »Ihr sprecht deutsch? Ich liebe Deutschland. Ich liebe Österreich. Ich liebe k. u. k.! Ich lade euch ein!« Widerspruch scheint zwecklos zu sein. Die folgenden Stunden verbringen wir im kühlen Weinkeller, während uns in einem fort ein lieblicher Weißwein nachgeschenkt wird. Nie zuvor habe ich ein solches Quantum Alkohol getrunken, aber ich beschließe, meine Freunde zu verblüffen und mich an dem Gelage zu beteiligen. Ein Glas nach dem anderen trinke ich leer, meine Freunde sind tatsächlich verblüfft, so etwas haben sie bei mir noch nicht gesehen. Irgendwann verlassen wir das Lokal, ich stehe vom Tisch auf, wanke zur Treppe, die zu einem langgezogenen Vorraum führt, und frage mich angesichts der steilen Stufen, wie ich dort wohl hinaufkommen soll. Noch während ich nachdenke, bin ich urplötzlich am oberen Absatz angekommen. Ich sage mir: Wie merkwürdig! Irgendetwas ist mit mir geschehen. Mir ist, als hätte ich Siebenmeilenstiefel an, ein einziger Schritt, und ich habe den Vorraum des Restaurants durchquert und stehe am Ausgang. Der alte Ungar klopft uns zum Abschied auf die Schultern: »K. u. k., das ist sehr gut!«

Er lacht, in seinem Mund blitzen Goldzähne auf.

Draußen prallen wir auf eine Wand aus Sommerhitze, die Welt verschwimmt vor meinen Augen, mir ist, als trügen meine Freunde mich, die Beine versagen mir den Dienst. Dann ist da der Bahnhof, mein Magen dreht sich um, durch einen Schleier höre ich Wulf lallen: »Wir gehen uns jetzt abmelden.« Auf der Fahrt nach Budapest sagt niemand ein Wort. Im Studentenhotel nimmt man uns an der Rezeption beiseite: »Was habt ihr getan? Die Staatssicherheit hat hier angerufen!« Wir winken nur ab und schleppen uns auf unser Zimmer.

Im Jahr darauf kehre ich nach Budapest zurück, es ist ein heißer Sommer, meine alte Freundin Miriam begleitet mich, unsere Gefühle füreinander haben sich noch nicht ganz verflüchtigt. Überall in der Stadt parken von ihren Besitzern verlassene Autos der Marken Trabant, Wartburg und Lada. Budapest ist eine Stadt wilder Gerüchte geworden, es heißt, Ungarn werde in Kürze zum westlichen Ausland erklärt, DDR-Bürgern sollen in Zukunft Reisen hierher untersagt sein. Kein Gedanke, nach Sopron zu fahren, das in der Nähe der österreichischen Grenze liegt. Ich werde Sopron nie wiedersehen, aber es steht außer Frage: Der dortige Weinkeller ist eine Reise wert!

43.

Wenig wusste ich von den Rockmusikern und Liedermachern der DDR. Das lag nicht an ihnen, sondern an mir und meiner Attitüde, bestimmte Musikstile und ihre Protagonisten, ohne sie auch nur näher zu kennen, für irrelevant zu erklären. Ich wollte nichts von ihnen wissen, weil ich glaubte, dieses Wissen nicht nötig zu haben. Erst nach und nach dämmerte es mir, von welch unfassbarer Ignoranz anderen gegenüber meine Haltung zeugte, und wann immer ich später Musikern wie André Herzberg oder Dirk Michaelis begegnete, stellte ich fest, dass ich mich gründlich in ihnen geirrt hatte. So ging es mir auch mit Dirk Zöllner, von dem ich immer wieder gehört hatte, der mir aber nicht wichtig erschienen war, obwohl jeder, den ich traf, von ihm schwärmte. Als ich ihn dann fast zufällig bei einem Auftritt sah, schämte ich mich. Hier sang das vielleicht größte musikalische Talent des Landes, und ich hatte es nicht für nötig befunden, einen Dirk Zöllner zu kennen.

Jahre später – die DDR war längst vergangen – hörte ich auf einer Schallplatte den Liedermacher Arno Schmidt. Das Lied, das er sang, hieß »Mensch, Günther«. Es handelte von einem Philosophiedozenten, der seinen Studenten die »herrlichen fertigen Sprüche« nicht mehr abnimmt, der sie zu eigenständigen Gedanken zwingen will und dafür mit dem Hinauswurf belohnt wird. »Mensch Günther, wie lang haste gedacht, dass das gut geht? ... Kompromisslosigkeit macht einsam und Ehrlichkeit bringt nicht viel ein.« Ich konnte nicht glauben, dass dieses Lied, dessen Text so radikal war, in der DDR hatte erscheinen können. Was wusste ich von Arno Schmidt? Nichts. Dabei war seine Haltung das, wonach ich gesucht hatte, er war ein Bruder im Geiste, den ich nicht hatte kennen wollen. Nun, Jahre später, zu spät, hörte ich sein Lied.

Ich wusste, diesen Günther hatte es tatsächlich gegeben. Nicht nur diesen einen, sondern viele. Einen von ihnen sollte ich im Jahre 1988 kennenlernen. An der Musikhochschule wurden wir in Philosophie von Herrn Dr. Lange unterrichtet, wir bemühten uns, keine seiner Vorlesungen und Seminare zu verpassen, er gab sich mit einfachen Antworten nicht zufrieden, sondern forderte uns. Herr Dr. Lange war besonders an der Sowjetunion interessiert und an den ungeheuren Entwicklungen, die sich dort gerade vollzogen. Eines Tages kündigte Herr Dr. Lange den Besuch eines Freundes an. Er sei Dozent an der Leipziger Universität gewesen, man habe ihm dort Lehrverbot erteilt, aber er habe ihn gebeten, für uns eine Vorlesung zu halten. Eine Woche später hörten wir seinen Vortrag, er war mit einem Wort überschrieben, das es in der DDR offiziell nicht geben durfte: »Stalinismus«. Der junge Dozent, dessen Name mir leider entfallen ist, sprach von den Lagern des Gulag, den Moskauer Prozessen und deren prominentesten Opfern: Bucharin und Kamenjew.

Wenig später forderte Herr Dr. Lange uns auf, einen Vortrag zur Kulturpolitik in der DDR vorzubereiten. Ein Wettstreit wurde ausgelobt. Ich schrieb auf, was ich dachte, was ich von meinem Vater gehört hatte, ich ergänzte den Vortrag um einige Gorbatschow-Zitate. Meine Mutter riet zur Mäßigung, das sei ihr zu provokativ, aber ich gab nicht nach und hielt den Vortrag ohne jede Änderung. Ich war überrascht, niemand beschwerte sich über meine Kritik an der Zensur in der DDR-Kulturpolitik, im Gegenteil, Herr Dr. Lange erteilte mir eine Eins, zudem bekam ich eine Geldprämie in Höhe von fünfzig Mark für den besten gehaltenen Vortrag.

Wenig später meldete sich Christians Freundin Claudia bei mir. Sie hätte von meinem Erfolg gehört, sie müsse eine Arbeit zum selben Thema einreichen, ob ich ihr meinen Text nicht einfach ausleihen könnte. Claudia studierte an der medizinischen Fakultät der Humboldt-Universität, ich warnte sie, der Text könnte dort unter Umständen weniger wohlwollend aufgenommen werden. Aber Claudia war sich ihrer Sache ganz sicher.

Einige Tage später läutete das Telefon. Mit tränenerstickter Stimme erklärte mir Claudia, sie sei zu einem Gespräch vorgeladen worden, ihr drohe die Exmatrikulation. Claudia bat mich, sie zu dem Gespräch zu begleiten. Da saßen wir nun und mussten erfahren, dass mein Text, unser Text staatsfeindlich war. Ich protestierte energisch, ein langer Diskurs schloss sich an, ich ließ nicht unerwähnt, dass mein Vortrag keine fünfhundert Meter weiter mit fünfzig Mark der DDR prämiert worden sei. Am Ende verlief das Gespräch im Sande, Claudia wurde nicht exmatrikuliert.

Etwa zur selben Zeit besuchte ich eine Vorlesung von Professor G. Er galt als Langweiler, seine Thesen zur Entwicklung der sozialistischen Gesellschaft klangen verdächtig nach Parteilehrjahr. Insbesondere die Studenten der Jazzabteilung, die ohnehin als eher rebellisch und nonkonformistisch galten und dafür übrigens von den Geigerinnen der Klassikabteilung bewundert wurden, mieden nach Möglichkeit die Vorlesungen des Professor G.

An diesem Frühjahrsmorgen des Jahres 1988 hatte sich Professor G. ganz gegen sein sonst eher ruhiges Naturell in Rage geredet, Gorbatschows Reformen, so Professor G., führten zu Instabilität im sozialistischen Lager und seien infolgedessen brandgefährlich. Wir gerieten in eine erhitzte Debatte, ich hielt Professor G. vor, mit dem Verschweigen von Wahrheiten sei nichts mehr zu gewinnen. Wenn man den Sozialismus retten wolle, dann nur, indem man ihn radikal verändere. Im Grunde betete ich all jene Parolen herunter, die zu skandieren ich mir in letzter Zeit angewöhnt hatte. Man ging an diesem Morgen ergebnislos auseinander.

Eine Woche später treffe ich Professor G. auf dem Flur. Er eilt auf mich zu. »Ich muss dringend mit Ihnen sprechen. Wissen Sie, ich habe einige Nächte nicht geschlafen. Mir gingen Ihre Worte nicht mehr aus dem Kopf und ich habe eine Entscheidung getroffen: Ich habe alle meine Aufzeichnungen verbrannt. Bitte kommen Sie in meine nächste Vorlesung, bitte kommen Sie!« Am folgenden Tag höre ich Professor G. von Gorbatschow sprechen, von der Unvermeidbarkeit gesellschaftlicher Veränderung. Ich bin zweiundzwanzig und kann nicht glauben, was geschieht. Mensch Günther!

44.

In den achtziger Jahren waren in Ostberlin einige neue Hotels errichtet worden, die Bemühungen der Interhotel-Gruppe zielten ganz offenkundig darauf, westlichen Geschäftsleuten und Touristen eine adäquate Unterbringung in der sonst so grauen Hauptstadt der DDR zu offerieren. Die Hotels wurden von westlichen Firmen entworfen und gebaut, sie beherbergten fast ausnahmslos Gäste aus dem »kapitalistischen Ausland« und stellten ihre Rechnungen in harter Währung aus. Einige ihrer Restaurants waren allerdings auch DDR-Bürgern zugänglich. Im neu errichteten Forum Hotel an der Friedrichstraße gab es die Havanna Bar, schnell hatte sich herumgesprochen, dass es dort eine wirklich passable Schwarzebohnensuppe und andere Köstlichkeiten gab. Ich begann, dem Havanna regelmäßige Besuche abzustatten, und selbst mein Freund Christian, der ansonsten der DDR-Gastronomie eher ablehnend gegenüberstand, räumte ein, dass man es im Havanna ganz gut aushalten konnte. Eines Abends – es mag wohl im November 1988 gewesen sein – hatten wir uns wieder im Havanna an der Bar niedergelassen, zwei Schwarzebohnensuppen geordert und befanden uns inmitten einer wie immer emotionsgeladenen Debatte. Vor kurzem erst war die sowjetische Zeitschrift »Sputnik« in der DDR verboten worden. Sowjetische Filme, nach denen die Kinobesucher in unserem Land plötzlich lechzten, für die sie lange Warteschlangen an den Kassen in Kauf nahmen, weil sie den Geist der Perestroika in sich trugen, diese Filme schienen nun von einer geheimnisvollen Macht aus den Filmtheatern der DDR gedrängt zu werden. Die Führung der SED ließ keinen Zweifel daran aufkommen, dass sie Gorbatschows Weg nicht zu folgen bereit war. Christian prognostizierte eine überaus düstere Entwicklung in der DDR, ich gab ihm Recht, was konnte ich auch anderes tun?

Bereits zwei Jahre zuvor hatte ich in meinem Tagebuch notiert: »Traurig ist nur, wie groß die Angst vor Veränderungen zu sein scheint, wie stark die Kräfte der Reaktion sind. Es fällt schwer, einer Partei wie dieser das Attribut ›kommunistisch‹ zuzubilligen, zu sehr ist ihr Ansinnen von Karrieristen, Bürokraten und Reaktionären hintertrieben. Und ob die Partei, ja überhaupt das Staatssystem die Kraft finden, sich von innen her zu reformieren, ist aus meiner Sicht außerordentlich zweifelhaft.«

So sehr wir uns aber in der Analyse einig waren, so sehr stritten Christian und ich darüber, wie der sich breitmachenden Lethargie beizukommen wäre und was wir selbst dabei zu leisten hätten.

Neben uns hatte inzwischen ein junger Mann Platz genommen, ich hatte den Eindruck, als versuche er eifrig unserem Gespräch zu folgen. Ich hatte mich nicht getäuscht. Nach einiger Zeit stellte sich unser Nachbar vor. Sein Name sei Gerhard Fuchs-Kittowski, erklärte er, der berühmte Atomspion Fuchs sei sein Onkel, er habe unser Gespräch mit angehört und teile viele unserer Ansichten. Ob wir nicht gemeinsam versuchen sollten, verantwortliche Stellen auf unsere Bedenken aufmerksam zu machen. Christian und ich sahen uns ratlos an. Was sollte das bedeuten? Fuchs-Kittowski kam gleich zur Sache. Er kenne da jemanden, es handele sich um einen hochrangigen FDJ-Funktionär, sein Name sei Volker Voigt und er – Fuchs-Kittowski – hielte ihn Reformen gegenüber für aufgeschlossen. Ob wir Interesse hätten, ihn zu treffen. Gegen ein Gespräch mit Volker Voigt schien nichts zu sprechen, also baten wir Fuchs-Kittowski, einen Termin zu vereinbaren. Nach einigen

Tagen meldete sich Fuchs-Kittowski bei mir, Volker Voigt war bereit, uns zu empfangen. Christian selbst war an jenem Tag verhindert, so fuhr ich ohne ihn, dafür aber mit Fuchs-Kittowski, zum Zentralrat der FDJ, im selben Gebäude Unter den Linden residiert heute das ZDF. Volker Voigt war, wie sich herausstellte, immerhin stellvertretender Vorsitzender der FDJ, er wirkte jugendlich, geradezu sportlich sogar, obwohl er sicherlich schon die vierzig überschritten hatte. Mich erinnerte er mit seinem auf altmodische Weise kurz geschnittenen Haar an einen Funktionär aus den fünfziger Jahren. Unser Gespräch dauerte ungefähr eine Stunde. Wir diskutierten die Entwicklung in der Sowjetunion, Voigt ließ durchblicken, dass er gewisse Sympathien für Gorbatschow hegte. Ich erklärte, dass sich bei mir und vielen meiner Freunde der Eindruck verstärke, wonach die Führung in der DDR politische Veränderungen für völlig unnötig hielte, obwohl doch jeder klar denkende Mensch diese als unvermeidlich ansehen müsste. Volker Voigt ging darauf nicht direkt ein, er blieb in seiner Antwort eher unbestimmt. »Natürlich müssen auch wir neue Antworten auf die Fragen unserer Zeit finden«, sagte Voigt. »Jede Kritik an bestimmten Erscheinungen bei uns in der DDR setzt aber die absolute Loyalität zu Generalsekretär Honecker voraus.« Voigt schien dieser Nachsatz überaus wichtig zu sein.

Ich lenkte das Gespräch auf die zunehmenden neofaschistischen Aktivitäten im Lande. Oft genug würden diese mit der Einflussnahme des Westens begründet, das aber sei ganz offenkundig falsch, die Ursachen seien in der DDR selbst zu suchen. Im Oktober 1987 hatten Neonazis ein Punk-Konzert in der Zionskirche attackiert, Dutzende Jugendliche waren während des außergewöhnlich brutalen Angriffs schwer verletzt worden. Die Volkspolizei hatte dem Wüten der Faschisten weitgehend tatenlos zugesehen. Wochen später waren einige jener Angreifer, derer man hatte habhaft werden können, zu erstaunlich milden Gefängnisstrafen verurteilt worden. Mein Vater war daraufhin gemeinsam mit Hermann Kant bei Erich Honecker vorstellig geworden – beide protestierten scharf gegen die merkwürdige Zurückhaltung bei der Verfolgung von rechten Straftätern. Honecker gab sich meinem Vater gegenüber ratlos: »Was soll ich denn machen? Es sind alles gute Arbeiter, in den Betrieben erfüllen sie ihre Normen.« Natürlich war Volker Voigt über die Ereignisse in der Zionskirche unterrichtet, er wusste auch von anderen vergleichbaren Vorfällen, die sich in jüngster Zeit in verschiedenen Gegenden der DDR zugetragen hatten. Ich hatte nicht den Eindruck, Volker Voigt wolle die bedenklichen Entwicklungen im Lande ignorieren. Er erklärte, die Behörden schätzten die Anzahl der aktiven Neofaschisten im Lande auf einige Hundert, die Zahl ihrer Sympathisanten auf mehrere Tausend.

Ich zögerte einen Augenblick, dann schlug ich vor, eine Konferenz in der DDR zu veranstalten. Sie sollte von der FDJ ausgerichtet werden, aber niemanden ausschließen und unter dem Titel »Faschisten in der DDR?« stehen. Alle Medien sollten zugelassen sein und sämtliche Beteiligte zu Wort kommen können. Fuchs-Kittowski, der bis dahin geschwiegen hatte, zuckte zusammen, ihm schien mein Vorschlag zu weit zu gehen, aber Volker Voigt blieb gelassen. Zu meinem grenzenlosen Erstaunen erklärte er, meinen Vorschlag überdenken zu wollen, im Grunde sei es eine interessante Idee.

In den folgenden Wochen wartete ich vergebens auf ein Zeichen des FDJ-Vizes. Stattdessen entdeckte ich eines Abends die Losung »Fascho« an der Wand eines benachbarten Hauses. Sie war in großen Lettern aufgesprüht und prankte sinnfälligerweise direkt unter den Fenstern einer Kneipe mit dem Namen »Sorgenpause«. Ich rief das Polizeirevier in Niederschönhausen an. Dort fragte ein verunsicherter Beamter: »Was heißt das denn überhaupt?« Ich erklärte es ihm und bat um baldmögliche Beseitigung der Schmiererei. Der Beamte notierte meinen Namen und versprach, sich umgehend um die Angelegenheit kümmern zu wollen.

Drei Tage vergingen. Nichts geschah. Am vierten Tag kurz vor Mitternacht meldete ich mich abermals telefonisch auf dem Polizeirevier. »Verbinden Sie mich mit dem ranghöchsten Beamten!«, rief ich barsch in den Apparat. Ein Leutnant so und so fragte mich, was ich wolle. »Nun, ich habe Ihnen vor Tagen eine faschistische Losung angezeigt. Sie haben es bis heute unterlassen, das Geschmiere zu beseitigen. Ich werte das als eine Begünstigung neofaschistischer Tendenzen in der DDR und werde morgen früh den Polizeipräsidenten von Berlin davon in Kenntnis setzen. Guten Abend!« Am folgenden Tag musste ich um vier Uhr früh aus dem Haus. Die Losung war weg.

Inzwischen war es Winter geworden. Im Winter sind die Scheiben der Straßenbahnen oft beschlagen. Eines Nachts war ich mit meiner Freundin in den letzten Waggon gestiegen, wir kamen aus dem Kino, es war spät geworden. Nur drei oder vier Passagiere saßen in jenem Wagen, rasch bemerkte ich, dass jemand etwas auf die beschlagenen Scheiben geschrieben hatte. Ich sah genauer hin. Dort stand: DDR – und ein Davidstern. FDJ – und ein Davidstern. SED – und ein Davidstern. Alle Fenster waren voll davon. Die Straßenbahn fuhr die Berliner Straße in Pankow entlang. Ich ging durch den Waggon und rief laut: »Merkt denn hier keiner was?« Niemand schien daran interessiert zu sein, wenigstens nachzusehen, wer denn da in der Bahn herumschrie. Ich begann die Inschriften mit dem Ärmel meines Mantels abzuwischen. Niemand nahm Notiz davon. Alle blickten zu Boden. Als ich an einer älteren Dame vorüberkam, murmelte sie kaum hörbar und ohne aufzublicken: »So eine Schande, so eine Schande!«

Der Winter verging, ohne dass ich etwas von Volker Voigt

hörte. Im Frühjahr rief ich in seinem Büro an, wir trafen uns, es war nichts mit der Konferenz, aber Volker Voigt berichtete mir stolz, die FDJ plane einen antifaschistischen Marsch quer durch die DDR. »Und daran können alle teilnehmen? Auch die Antifagruppen der Kirche?«, fragte ich zweifelnd. Von denen hatte ich in letzter Zeit gehört. Es hieß, sie seien sehr couragiert, dort gäbe es junge Leute, die sich gegen die faschistischen Tendenzen entschlossen zur Wehr setzten. »Natürlich, es wird keinerlei Ausgrenzung geben, gegen niemanden!«, versuchte Voigt meine Bedenken zu zerstreuen.

Ich wusste es damals noch nicht, aber es sollte das letzte Mal sein, dass ich ihn sah.

Im August 1989 lag das Land schon in Agonie. Christians Schwester Stefanie lud mich eines Abends zu einem Treffen der »Autonomen Antifa« ein, ich traf im Pfarrhaus einer Kirche im Prenzlauer Berg auf bunt frisierte Punks und schwarz gekleidete Jugendliche, die mich misstrauisch beäugten. Ihr Jugendpfarrer leitete die Versammlung, er trug eine kirgisische Kappe und eine langen dunklen Bart, er hieß Thomas Krüger, aber alle nannten ihn nur »Don Camillo«. Ein Punk namens »Speiche« berichtete von den jüngsten Aktivitäten der Gruppe und von diversen Übergriffen von Skinheads auf vietnamesische Gastarbeiter und junge Antifaschisten. Dann erinnerte sich »Speiche« noch an etwas. »Übrigens: die FDJ hat uns von ihrem Antifamarsch wieder ausgeladen!« Ich glaubte, mich verhört zu haben! Volker Voigt, dachte ich, so hältst du also deine Versprechen! Ich fragte in die Runde: »Wie wurde die Ausladung denn begründet?« – »Sie sagen, wir seien nicht antifaschistisch«, antwortete Speiche. »Wer bist du denn überhaupt?« Ich stellte mich vor, berichtete der Versammlung von meinen Gesprächen mit Volker Voigt und erklärte, mit ihm am folgenden Tag in dieser Sache telefonieren zu wollen. Die Punks waren skeptisch. »Was soll das denn bringen?« – »Don

Camillo« sprang mir zur Seite: »Versuchen kann man es ja!« Er nickte mir zu.

Bis in die Nacht noch saß ich mit »Speiche« zusammen, er bat mich, ihm von der Zeit meines Vaters als Illegaler in Berlin zu berichten. Ich tat das gern. Ich kannte die Geschichten meines Vaters seit meiner frühen Kindheit, ich hatte ihn immer wieder darum gebeten, sie mir zu erzählen. Die Geschichte von jenem Nachmittag zum Beispiel, als mein Vater von einem zufällig vorbeikommenden SA-Mann dabei beobachtet worden war, wie er in einem Hausflur an der Schönhauser Allee ein Plakat der NSDAP übermalte, wie er daraufhin das Haus verlassen und sich gezwungen hatte, gemessenen Schrittes die Straße hinunterzugehen, wie er fest damit gerechnet hatte, im nächsten Augenblick verhaftet zu werden. Oder jene Geschichte, die sich im Jahr darauf, also 1935, zugetragen hatte, als meinem Vater während der Musterung zur Wehrmacht die Fotografie einer Freundin aus dem Portemonnaie gefallen war. Sie hatte das Bild einem Brief an meinen Vater beigelegt, es zeigte sie in einem Prager Kaffeehaus mit einer Ausgabe der antifaschistischen Exilzeitung »Der Gegenangriff« in der Hand. Der Beisitzer der Musterungskommission, ein Wehrmachtsmajor, hatte meinen Vater daraufhin scharf angesehen. »Was haben wir denn da?«, hatte der Major gesagt. Mein Vater hatte ihm mit unglaublicher Chuzpe erwidert, er wisse nicht, woher die Fotografie stamme, der Herr Major könne sie doch einfach zerreißen und wegwerfen. Und genau das hatte der Herr Major aus unerfindlichen Gründen getan.

»Speiche« hörte mir mit ungläubigem Staunen und wachsender Begeisterung zu. Wir beide hätten verschiedener nicht sein können, aber er gefiel mir außerordentlich, »Speiche« glaubte an das, was er tat, und er kannte keine Furcht. Ich beneidete ihn um seinen Mut. Tags darauf rief ich im Zentralrat an. Volker Voigt sei schon vor einiger Zeit von seiner Funktion entbunden worden, erklärte man mir, aber ich könne ja mit dem Vorsitzenden sprechen. Eberhard Aurich empfing mich einige Tage später. Kaum hatte ich begonnen, mich über die Ausladung der jungen Antifaschisten zu empören, unterbrach er mich schon. Der Marsch sei abgesagt, mein Protest damit gegenstandslos. Ich sähe ja selbst, was im Lande los sei, erklärte der FDJ-Vorsitzende mit einem Achselzucken. Ich kam auf meine Idee einer Konferenz zurück, Aurich hörte mir sichtlich gelangweilt zu, ja gut, man werde sehen, vielleicht später. Ich fuhr an diesem grauen Septembertag ohne jede Hoffnung nach Hause. Ende Oktober erhielt ich plötzlich einen überraschenden Anruf aus dem Zentralrat, der Vorsitzende wolle mich sprechen. Wir trafen uns am folgenden Tag in seinem Büro. Die Sache mit der Konferenz sei eine gute Idee, er denke, die FDJ könne das organisieren, nur seien leider gestern Rücktrittsforderungen an seine Adresse laut geworden, er werde wohl nicht mehr lange im Amt sein.

Ein Jahr verging, Aurich war nicht mehr Vorsitzender der FDJ, deren Mitgliederzahl von einigen Millionen auf wenige Hundert geschmolzen war. Ich hatte im Frühjahr 1990 doch noch meine Konferenz abhalten können, die Akademie der Künste hatte sie veranstaltet, doch in jenen Tagen hingen in den Straßen Berlins schon die Plakate der »Allianz für Deutschland«, wer wollte da noch Notiz nehmen von einem Diskussionsabend über Faschisten in der DDR?

Als die DDR schließlich untergegangen war, als wir alle wieder vereint waren, als das Jahr zu Ende ging, da kam es in der Mainzer Straße im Berliner Friedrichshain zu einer Revolte in mehreren von autonomen Punks besetzten Häusern. Für einige Stunden hatten sie die Räumkommandos der Polizei in die Flucht geschlagen. In diesem Moment des unausgesprochenen Waffenstillstandes, als die Straße den jungen Leuten zu gehören schien, traf ich dort auf »Speiche«, der mich im Hochgefühl des vermeintlichen Sieges umarmte. Als ich wenig später die Frankfurter Allee in Richtung Alexanderplatz entlanglief, fuhren die von der Westberliner Polizei entliehenen Wasserwerfer schon auf. Tränengaswolken hingen bald zwischen den Häuserzeilen. Auf dem Mittelstreifen der Allee beobachtete die Berliner Polizeiführung in angemessener Entfernung die Räumung der Mainzer Straße. Eine junge Frau wurde von einem Beamten an ihrem gebrochenen Arm gepackt und über das Pflaster geschleift. Ihr blutender Kopf schlug immer wieder auf die Steine, bis sie die Besinnung verlor. Ich ging zu den wartenden Polizeiführern hinüber, in ihrer Mitte stand der neue Innensenator der Stadt. »Weißt du eigentlich, dass ›Speiche‹ da drin ist?« Schweigend wandte sich Thomas Krüger von mir ab …

45.

Im Januar hatte mich Michael Höft angerufen. Seine Auftraggeber wünschten unsere Band zu engagieren, erklärte er mir, es ginge um den Festempfang zum vierzigsten Jahrestag der Gründung der DDR im Palast der Republik. Michael Höft war dort seit Jahren Musikredakteur, er war ein netter Kerl, ich mochte ihn, dank seiner Vermittlung waren wir schon einige Male im Palast des Volkes aufgetreten – kurzum: ich sagte zu.

Monate vergingen. Die DDR wandelte sich. Eine Wahl wurde gefälscht – nicht zum ersten Mal, gewiss, aber diesmal schien der Widerspruch lauter und hartnäckiger zu sein als sonst. Die bundesdeutschen Botschaften in Prag und Budapest füllten sich – nicht mit Dutzenden Flüchtlingen wie zuvor, sondern mit Hunderten. Der Regierung fiel darauf nichts Besseres ein, als in ein tiefes Schweigen zu verfallen. Den Radau überließen sie jenen, die sie dafür ausgebildet hatten. Ich war mit meinen Eltern auf dem Weg ins Tessin irgendwo bei München gewesen, als der Deutschlandfunk vermeldete, Erich Honecker sei ernstlich erkrankt. Man habe ihn von einem Treffen der Warschauer-Pakt-Führer in der rumänischen Hauptstadt Bukarest in die DDR zurückgebracht. »Es ist vorbei«, dachte ich, »jetzt ist es wirklich vorbei!«

Unser Land lag schon im Fieber, als ich Ende September mit einigen Freunden meinen Geburtstag feierte. Es sollte kein fröhliches Fest für mich werden. Meine Freunde, darunter Christian, dessen Vater Jens Reich gerade dabei war, mit Bärbel Bohley und anderen das Neue Forum zu gründen, fielen sogleich gemeinschaftlich über mich her. Sie bedrängten mich, den Auftritt im Palast der Republik abzusagen. Sie brachten vor, dass man unter den bestehenden Umständen unmöglich für »die da« spielen könne. Ich solle »Rückgrat zeigen«. Ich wehrte die Angriffe halbherzig und etwas hilflos ab, ich hätte Verträge, es ginge nicht anders.

Hätte ich ihnen sagen sollen, was ich vorhatte? Mir schien das riskant zu sein in einem Haus, das umfangreich verwanzt war. Ich wollte die Gelegenheit, an exponierter Stelle etwas sagen zu können, nicht leichtfertig aufs Spiel setzen.

Bereits am Vormittag des 7. Oktober bauen wir unsere Instrumente im »Lindenrestaurant« auf – für den großen Saal des Palastes, in dem Gorbatschow und Honecker dinieren werden, sind wir bei weitem nicht berühmt genug. Dort werden in Kürze bekannte Schlagersänger und auch der Trompeter Ludwig Güttler die Gäste erfreuen.

Nun ist Mittagszeit, ich habe Hunger und schlage unserer Sängerin Susanne vor, in einem benachbarten Restaurant etwas zu essen. Das Lokal liegt im Nikolaiviertel, dem ganzen Stolz der Ostberliner Städteplaner.

Am Tisch ziehe ich ein weißes Blatt Papier hervor und beginne zu schreiben. Von notwendigen Reformen, von Perestroika und Glasnost. Susanne fragt mich: »Was schreibst du da?« – »Ich will heute am Abend etwas sagen«, antworte ich knapp.

Nach dem Essen unternehmen wir einen Ausflug zum Alexanderplatz, Freunde aus der »Kirche von unten« hatten mir in den vergangenen Tagen zugeraunt, dort könnte heute etwas geschehen. Nun stehen wir hier an der Bahnüberführung, ganz in der Nähe der Weltzeituhr, und sind wohl ebenso enttäuscht, wie Horst Hano von der ARD, der sich mit anderen Kollegen vom Westfernsehen dort postiert hat. Nichts geschieht. Auf einem zu einer Bühne umgebauten Lastwagen singt jemand Berlin-Couplets. »Das ist die Berliner Luft!«

Plötzlich beginnen zwei Männer ganz in unserer Nähe

einen lautstarken Streit. Ich kann den Inhalt des Disputs nicht ausmachen, aber die Kameralichter flammen auf, und sofort bildet sich ein Pulk von neugierigen Menschen, der rasant wächst. Jemand klopft mir auf die Schulter: »Siehste, das sind die angekündigten Provokationen.« Er trägt einen Trenchcoat aus DDR-Produktion. Er hält mich offenkundig für einen der Seinen.

Die Menge wogt hin und her, teilt sich, es gibt die ersten wahllosen Verhaftungen, die Rufe »Stasi raus!« werden von Gassenhauern übertönt: »Das ist die Berliner Luft!«, singt noch immer der Sänger auf dem Lastwagen, als wäre nichts geschehen.

Dann der Ruf: »Zum Palast!« Hunderte setzen sich in Bewegung, niemand hält sie auf. Unterwegs stürze ich an einen Münzfernsprecher, hektisch wähle ich die Nummer meiner Eltern: »Mama, der 17. Juni ist da!«, schreie ich in den Hörer. Meine Mutter glaubt mir nicht.

An der Spree ist Schluss, eilig ist die Brücke abgesperrt worden. Susanne und ich nehmen einen Umweg und gelangen schließlich über Nebenstraßen bis zum Bühneneingang des Palastes. Ich schicke meine Sängerin nach oben und taste mich von hinten an den Polizeikordon heran. Auf der anderen Seite des Flusses stehen die Demonstranten. Sie rufen »Gorbi, Gorbi«. Plötzlich erblicke ich zwei elegante Herren, sie kommen direkt auf mich zu. Beide tragen Smoking und Lackschuh, der ältere bleibt wenige Schritte von mir entfernt stehen. Ich bin mir sicher, ich kenne ihn! Natürlich! Das ist Erich Mielke! Er beginnt sogleich zu brüllen: »Wer ist hier der ranghöchste Offizier?« Eine Plastejacke schlägt die Hacken zusammen: »Hier, Genosse Minister!«

Aus einem Funkgerät quäkt eine hysterische Stimme: »Sofort SPW auffahren!« Ich ergreife die Flucht.

Der festlich erleuchtete Palast der Republik gleicht einem

Raumschiff, die Passagiere starren fassungslos auf die fremde Landschaft dieses unbekannten Planeten, auf dem sie unfreiwillig gelandet sind. Ich blicke wie die anderen durch die bronzen getönten Fenster auf die Demonstranten dort draußen auf der anderen Seite des Flusses. Neben mir steht ein ratloser Luis Corvalán, der Generalsekretär der chilenischen Kommunisten, den in den siebziger Jahren eine weltweite Solidaritätsbewegung aus den Kerkern Pinochets befreit hatte. Der Sänger Wolfgang Lippert fragt mich mit bebender Stimme: »Was soll denn nun aus uns werden?«

Minuten später halte ich meine Rede. Es ist die einzige Rede eines Musikers an diesem Abend. Ich erkläre, es müsste angesichts der jüngsten Ereignisse in Berlin nun auch dem Letzten klar sein, dass dies heute kein Tag zum Feiern sei. Wenn wir nicht spätestens morgen mit radikalen Reformen im Geiste Gorbatschows begännen, würden wir dieses Land verlieren. Die Hälfte der Anwesenden applaudiert, die anderen verlassen das Lindenrestaurant und kehren nicht wieder. Entgegen allen Erwartungen lassen uns die Verantwortlichen gewähren.

Der Auftritt endet ohne weiteren Zwischenfall um zehn Uhr. Wir räumen unsere Instrumente zusammen, während ein Alleinunterhalter auf der Bühne zu spielen beginnt. Auf dem Weg aus dem Palast mache ich unvermittelt kehrt. Ich gehe ins Foyer zurück. Ich will noch einen Blick in den großen Saal werfen, bevor ich nach Hause fahre. Die Eingangstüren werden von den Herren der Staatssicherheit bewacht, zwei Mann jeweils links und rechts der Zugänge. Doch niemand kontrolliert mich, niemand hält mich auf. Im Saal feiern die Ehrengäste, um die Tanzfläche herum sind große runde Tische aufgestellt, in deren Mitte wiederum befindet sich ein noch größerer runder Tisch. Er ist leer, nur ein einziger Mann sitzt dort, er ist ganz allein. Es ist Erich Honecker. Auf der Bühne spielt ein Tanzorchester. Der Generalsekretär scheint die Musik nicht zu hören, sein Blick ist in die Ferne gerichtet, irgendwo dorthin, ins Nichts.

Auf dem Weg nach Pankow fahre ich durch die verlassenen in fahles Licht getauchten Straßen der Stadt, nur hier und dort sehe ich Mannschaftswagen der Volkspolizei, die am Straßenrand parken. Ich bleibe im Prenzlauer Berg stecken – die Volkspolizei hat die meisten Seitenstraßen abgesperrt. An der Schönhauser Allee haben sich junge Leute auf dem Kopfsteinpflaster niedergelassen, viele sind aus der nur wenige hundert Meter entfernten Gethsemanekirche herbeigeeilt, in der sich seit Tagen die Opposition sammelt. Ich entdecke Christians Schwester Stefanie unter den Demonstranten, von der Stadtmitte her rückt die Polizei an, wir sehen die Scheinwerfer näher kommen. An die dunkelgrünen W50-Lastwagen sind große, rotweiß lackierte Räumgitter montiert. Ich fahre nach Hause, bevor die Polizei die Demonstranten einzukreisen beginnt, und berichte meinen Eltern von diesem seltsamen Abend, der nichts anderes zu sein scheint als das vorweggenommene Ende der DDR.

Am folgenden Tag – aber das soll ich erst Monate später erfahren – läuten im Palast der Republik die Telefone: »Wer war dieser antisozialistische Provokateur? Der Sohn von Hermlin? Na, dann ist ja alles klar!«

46.

Seit Wochen werde ich nun schon von meinem Freund Christian bedrängt, doch wenigstens die Resolution des »Neuen Forums« zu unterzeichnen. Es ist inzwischen Mitte Oktober 1989, und noch immer zögere ich. Bohley, Reich und andere Oppositionelle hatten das Neue Forum bereits im September aus der Taufe gehoben, bei einem Treffen draußen in Spreewerder, wo die Reichs gemeinsam mit Freunden noch immer ihr Ferienhaus besitzen, »Summerhill« genannt, und wo wir als Kinder über die Felder und Wiesen gerannt waren. Der Text der Resolution ist in mäßigem Deutsch abgefasst, die Thesen sind ebenso richtig, wie sie trivial sind. Es fällt mir schwer, ihnen zu widersprechen, aber auch nicht leicht, mich ihnen anzuschließen. Für mich ist dies vor allen Dingen eine ästhetische, viel weniger eine politische Frage. Mich stört die Beliebigkeit des Textes, die wohl auch gewollt ist, denn erklärtermaßen streben Jens Reich und seine Mitstreiter alles andere an als eine schlagfertige politische Organisation. Herr Reich spricht gelegentlich und keineswegs ironisch von einem »Quasselclub«, der ihm vorschwebe.

Ich versuche, Christian mein Zögern zu erklären, doch ich kann ihn in diesen Tagen genauso wenig von meinen Motiven überzeugen, wie er mich von seinen. Ich fühle nur: Das ist nicht meins, kann es nicht sein und wird es nie werden. Zur bitteren Enttäuschung meines Freundes verweigere ich dem Text schließlich endgültig meine Unterschrift, Christians Familie legt mir dies als Verrat aus, Frau Reich lässt kein gutes Haar an mir, wann immer ich die Wohnung in der Kavalierstraße betrete. Mein Freund versucht, mich wenigstens einer anderen Oppositionsgruppe näher zu bringen, wir treffen uns mit Ulrike Poppe von »Demokratie Jetzt«, aber es hat keinen Zweck, auch hier das gleiche Bild von freundlicher Harmlosigkeit.

Ich bin heimatlos in diesen Tagen und Wochen, in denen die Menschen in unserem Land plötzlich vergessen zu haben scheinen, was sie eben noch gesagt und gedacht haben. Einige Monate erst ist es her, dass aller Wahlfälschung zum Trotz fast neunzig Prozent von ihnen der SED und den Blockparteien ihre Stimme gegeben haben, niemand war damals mit vorgehaltener Kalaschnikow an die Wahlurnen getrieben worden. Nun will man das nicht mehr wahrhaben.

So sehr mich dieser plötzliche kollektive Gedächtnisverlust abstößt, so unsicher bin ich mir über mein eigenes politisches Handeln. Ich will nicht beiseite stehen, aber wo soll ich hin? Ich erinnere mich an den Spruch aus dem Wartezimmer von Frau Weiß: »Ich geh und weiß nit wohin …«

Eines Tages im November – die Grenzen stehen schon weit offen – bin ich mit einer Freundin im Café des Palasthotels verabredet. Ich laufe durch das elegante Foyer des von einem schwedischen Unternehmen errichteten Luxushotels. Gegenüber der Rezeption ist ein großer Fernsehapparat aufgestellt worden. In den Sesseln ringsum haben Geschäftsleute Platz genommen. Ich bleibe stehen. Das DDR-Fernsehen überträgt Bilder einer Demonstration von SED-Mitgliedern vor dem Zentralkomitee. Wie sich doch die Bilder gewandelt haben: Keine wehenden Fahnen mehr, keine lauten Parolen, stattdessen Ratlosigkeit, Verzweiflung und Trauer. Ich kann meinen Blick nicht von diesen Bildern wenden. Ich sehe in die Gesichter der Menschen dort auf dem Bildschirm. Ich fühle mich auf seltsame Weise zu ihnen, den Geschlagenen, hingezogen. Und mit einem Mal durchfährt mich ein Gedanke, der mich in seiner Konsequenz im selben Moment erschrecken lässt: »Natürlich, das ist es, dort gehörst du hin!« Jetzt, da sie die Macht verloren hat, jetzt, da sie um das Überleben ringt, jetzt könnte dort mein Platz sein, in der Partei. Ich wage niemandem von meinen Absichten zu erzählen, nur mit meinen Eltern rede ich. Meine Mutter rät mir, abzuwarten, mein Vater wundert sich ein wenig, aber er versucht nicht, mich von meinem Vorhaben abzubringen. In der folgenden Woche stehe ich selbst inmitten Tausender Demonstranten vor dem Zentralkomitee, die Menschen wirken niedergeschlagen, eben erst ist der Rücktritt des gesamten SED-Zentralkomitees bekannt geworden, führungslos scheint die Partei ihrem Untergang entgegenzutaumeln. Da betritt ein kleingewachsener Mann mit runder Brille die Tribüne, ich hatte von ihm schon gehört. Als ein Freund am 7. Oktober von der Polizei verhaftet worden war und auch nach Tagen unauffindbar blieb, hatte ich eine Kanzlei angerufen, es hieß, ein Anwalt namens Gregor Gysi sammle die Namen von Verschwundenen, er könne helfen.

Als Jugendlicher hatte ich seinen Vater kennengelernt, der war zu jener Zeit Kirchenstaatssekretär in der DDR gewesen. Nun stand sein Sohn vor den Tausenden wartender Parteimitglieder und verbreitete Hoffnung und Zuversicht, wo es keine Hoffnung und Zuversicht mehr zu geben schien.

Das neue Jahr hatte gerade begonnen, da wurde ich im »Roten Haus« in Pankow vorstellig. Der Name hatte eine doppelte Bedeutung, das Gebäude war vor mehr als hundert Jahren aus rotem Backstein errichtet worden und beherbergte seit Jahrzehnten die SED-Bezirksleitung Pankow. Vor einigen Jahren noch war ich hier auf einer Tagung des SED-Bezirksvorstandes als »konterrevolutionärer Klassenkern« bezeichnet worden. Nun betrat ich zum ersten Mal in meinem Leben dieses Haus, ich fragte mich durch und geriet schließlich in einen Raum, in dessen Mitte ein großer Tisch aufgestellt war. Dort stapelten sich unzählige rote Büchlein, fast einen Meter hoch. Eine Frau sah mich an, sie streckte ihre Hand aus, offenbar in der Absicht, mein Parteidokument entgegenzunehmen. Ich schüttelte den Kopf: »Ich hätte gern eine Eintrittserklärung!« Die Frau starrte mich an, als käme ich vom Mars und hätte drei Köpfe. »Eine Eintrittserklärung?« Sie kreischte fast. »Das ist jetzt hier nicht mehr möglich. Wenn Sie eintreten wollen, müssen Sie sich an die Parteiorganisation in Ihrem Wohngebiet wenden.« Sie gab mir eine Telefonnummer.

Ich rief den Vorsitzenden der örtlichen Parteigruppe an und besuchte ihn in seiner Wohnung in der Grabbeallee, er schien über meine Absicht verwundert, lud mich aber zur wöchentlichen Parteiversammlung ein, die einige Tage später stattfinden sollte. Ich fragte ihn noch, ob ich einen Bürgen benötigte, er lächelte gequält, das sei jetzt nicht mehr nötig.

Als ich an jenem Abend den Versammlungsort, den Speiseraum einer Schule, betrat, ging ein Raunen durch die Runde. Offenbar erkannten mich die Meisten, ich wohnte ja seit Jahren in ihrer Nachbarschaft. Nun fragten sie sich, was ich wohl wollte. Zunächst verlas eine Dame eine längere Liste von Namen. Es waren die Namen jener Parteimitglieder, die seit der letzten Versammlung vor einer Woche ausgetreten waren, im Ganzen etwa dreißig Frauen und Männer, darunter auch der Vorsitzende selbst, mit dem ich wenige Tage zuvor in seiner Wohnung noch zusammengesessen hatte. Etwa achtzig Genossen waren übrig. Die Versammlungsleiterin hielt ein Papier in die Höhe. Meine Eintrittserklärung. Wieder ging ein Raunen durch die Runde. Ich versuchte in einer kurzen Rede zu begründen, warum ich jetzt, gerade jetzt Mitglied der Partei werden wollte. »Der SED wäre ich nicht beigetreten. Aber jetzt besteht die Aussicht auf eine ganz neue Partei, die dem demokratischen Sozialismus verpflichtet ist, die die Reformen von Gorbatschow unterstützt und mit dem Stalinismus bricht!« Rechts von mir saßen eine alte Frau und ihr Mann. Beide mussten in ihrer Jugend ausnehmend schöne Menschen gewesen sein, die Frau blickte ihren Mann liebevoll an, als dieser sich mühsam erhob, um etwas zu sagen. Er sah mich eindringlich an und versuchte mit hilfloser Geste vorzubringen, was ihm mein Entschluss bedeutete, was er dabei empfände, dass in diesem Moment, wo alle davonliefen, ein junger Mann zu ihnen gekommen sei. Er brach ab und sank weinend auf seinen Stuhl zurück. Seine Frau nahm ihn in den Arm.

Später sagte man mir, sein Name sei Lewin, er sei schon Ende der zwanziger Jahre der KPD beigetreten und hätte mit seiner Familie nur durch glückliche Umstände die sowjetische Emigration während des Stalin'schen Terrors überlebt.

An jenem Abend traf ich eine Entscheidung, die mich auf lange Zeit Hohn und Spott aussetzen sollte. Freundschaften gerieten ernstlich in Gefahr, Musikmanager, bis vor kurzem selbst noch Parteimitglieder, deuteten hinter vorgehaltener Hand an, ich würde mit meinem politischen Bekenntnis meiner musikalischen Karriere schaden. Sie hatten – trotz Mielke, Mauer und Schießbefehl – ihre Parteimitgliedschaft nie in Frage gestellt, jetzt, da es nichts mehr kostete, warfen sie das verräterische rote Dokument weg und machten sich über jene her, die sie – wie mich – vor kurzem noch als Klassenfeind gebrandmarkt hätten, wenn es ihrem Fortkommen nützlich gewesen wäre.

In den folgenden Jahren schien es für mich immer wieder gute Gründe zu geben, an meiner damaligen Entscheidung zu zweifeln. Bekanntlich machen es einem die Linken nicht leicht, zu ihnen gehören zu wollen. Doch ich wusste: ich war es den Lewins schuldig, dass ich blieb. Ihnen, und nicht zuletzt mir selbst.

47.

Es ist ein kalter Novemberabend, jeden Moment muss das Konzert beginnen, der große Saal im Palast der Republik ist nahezu ausverkauft. Gegeben wird der »Messias«, eine Melange aus Pop und Händel, erdacht von findigen Produzenten, geschickt gemacht, das weiß man schon, und interessante Sänger sind dabei, Mathias Freihoff, Angelika Weiz, Eva Maria Pickert. Plötzlich winkt mich Michael Höft heran. »Du, die haben die Mauer aufgemacht!« Ich sehe Michael Höft gelangweilt an. Es gibt kaum einen ironischeren Menschen als ihn. »Sicherlich, Micha, sicherlich! Wenn du denkst, dass ich dir das glaube, hast du dich geirrt!«

In diesem Augenblick beginnt das Saallicht zu verlöschen, Michael Höft eilt ans Produzentenpult, und ich zwänge mich an anderen Konzertbesuchern vorbei auf meinen Platz zurück.

Angelika Weiz und die anderen lassen mich die Mauer schnell vergessen. In der Pause aber beginnen wilde Gerüchte durch das Foyer zu schwirren, niemand ist sich wirklich sicher, aber irgendetwas scheint da draußen im Gange zu sein. Ich laufe über den riesigen Parkplatz zu meinem Auto, ich schalte das Radio ein, im RIAS läuft eine Sondersendung, aber die Zeit ist zu knapp, ich verstehe die Geschichte nicht richtig, nur so viel: es scheinen sich tatsächlich Menschen an der Mauer einzufinden.

Ich kehre in den Palast zurück, einige Umstehende fragen mich: »Und?« Ich weiß auch keine Antwort. Eine seltsame gespannte Stimmung breitet sich im Saal aus. Nach dem Konzert gehe ich mit einer Bekannten hinüber ins Palasthotel, wir essen im »Jade«, dem einzigen asiatischen Restaurant Ostberlins, das diesen Namen wirklich verdient. Die Kellner bringen nicht nur das vorzügliche Essen, sondern mit jedem Gang auch die neuesten Nachrichten. »Dreihundert Menschen in der Chausseestraße!«, raunen sie uns zu. »Einige Tausend an der Bornholmer Brücke!« – »An der Invalidenstraße schon über Zehntausend!« Peter hatte mit einer Jazzcombo unten im Palastcafé gespielt, nun kommt er zu uns ins Restaurant, wir beschließen sofort, uns das Treiben aus der Nähe anzusehen.

Mit dem Wagen fahren wir die Friedrichstraße entlang, über die Spree hinweg, am Dorotheenstädtischen Friedhof in der Chausseestraße vorbei. Es herrscht reger Verkehr, mehr als gewöhnlich, und alle Autos scheinen in einer vorgezeichneten Richtung unterwegs zu sein. Wir biegen nach links in die Invalidenstraße ab. Ein langer Stau, in der Ferne können wir den Grenzübergang erkennen. Hier war ich vor einigen Monaten, irgendwann im Juni, mit meinem Wagen vorgefahren, mit einem Visum in meinem Reisepass. Noch nie zuvor war ich allein in den Westen gereist, schon gar nicht in den Westen Berlins, den ich nicht kannte, den ich nie betreten hatte. So selbstverständlich für mich inzwischen Reisen nach Österreich oder in die Schweiz geworden waren, so unerreichbar war Westberlin geblieben, es war paradox, aber hier fühlte ich wie jeder andere DDR-Bürger, denen Reisen nach Westberlin bis zum Rentenalter verwehrt waren. Niemals werden sie dich passieren lassen!, hatte ich gedacht, so unwirklich erschien mir der Moment, als ich vorsichtig auf den Grenzübergang zurollte, aber dann war alles ganz unkompliziert gewesen. Nach einer erstaunlich oberflächlichen Kontrolle war ich durchgewinkt worden. Vor mir tat sich – wie eine Zahnlücke – ein Loch in der Mauer auf, langsam war ich darauf zugefahren, gleich einer Theaterbühne hatte sich der Vorhang geöffnet, und ich tauchte ein in das Bühnenstück Westberlin, die weißen Flächen der Ostberliner Stadtpläne füllten sich urplötzlich mit Häusern, Straßen, Bahnhöfen und Parkanlagen. Das war im Sommer gewesen, und nun ist Herbst.

Wir kommen nur im Schritttempo voran, immer wieder stockt es, ich erblicke einen Offizier ganz in unserer Nähe und winke ihn heran. »Kann man denn wirklich rüberfahren?« – »Ja klar, Sie können fahren!« – »Komme ich denn wieder zurück?« – »Selbstverständlich!«, meint der Major in der Uniform der Grenztruppen der DDR, »fahren Sie!«

Nach einer Viertelstunde sind wir nur noch wenige Meter vom Kontrollpunkt entfernt. Noch ein Offizier. Ich will mich vergewissern. »Lässt man uns denn wieder rein?« – »Keine Ahnung«, blafft der Hauptmann zurück, »wir bekommen ständig neue Befehle!« Ich erschrecke, aber für eine Umkehr ist es jetzt zu spät, da stehen schon die Grenzbeamten, wir reichen ihnen unsere Ausweise, sie werfen nur einen flüchtigen Blick darauf, dann stempeln sie die Dokumente ab und geben sie uns durch das geöffnete Seitenfenster zurück. Ich blicke auf mein Passfoto. Dort prangt – direkt in meinem Gesicht – ein Stempel mit dem Hoheitszeichen der DDR. Das ist nicht richtig, dort sollte der Stempel nicht sein, sage ich mir. Ich habe ein ungutes Gefühl und weiß zum Glück nicht, wie berechtigt es ist. Einige Minuten zuvor hatten die Grenzbeamten den Befehl erhalten, allen Ausreisenden das Passfoto abzustempeln, den so markierten soll die Wiedereinreise verwehrt werden.

Wir sind inzwischen in Moabit, das ungute Gefühl legt sich rasch angesichts der Szenerie, und wir fahren vergnügt zum Kurfürstendamm. Hunderte Westberliner säumen die Straße und nehmen die DDR-Bürger freudig in Empfang, voller Begeisterung schlagen sie auf die Dächer der langsam vorbeifahrenden Autos. »Hoffentlich verbeulen sie das Blech nicht«, sage ich zu Peter, »das wird sonst teuer!« Wir halten in der Nähe der Gedächtniskirche und suchen nach einer freien Telefonzelle, es scheint hoffnungslos zu sein, überall warten Menschen darauf, den Familienangehörigen und Freunden von ihrem unerwarteten Ausflug in die kapitalistische Welt zu berichten. Schließlich haben wir Glück. Meine Bekannte ruft ihren Freund an. »Die Mauer ist offen!«, schreit sie ins Telefon, aber ihr Freund ist müde, nein, das interessiere ihn nicht, er wolle jetzt schlafen. Wir sehen uns ratlos an.

Nach einer Stunde beschließen wir zurückzukehren, in die Osthälfte der Stadt. Wir wollen uns die Sache von der anderen Seite ansehen, auch sind wir immer noch etwas besorgt wegen der Stempel auf unseren Passbildern. Wir fahren am Tiergarten vorbei, zunächst kommen wir gut voran, aber an der Invalidenstraße hält uns die Westberliner Polizei auf: »Hier könne Sie nicht durch, da sind sechzigtausend Menschen auf der Straße, das geht nicht!«, erklärt uns ein Grünuniformierter in einem Ton, der keinen Widerspruch duldet. Wir versuchen es an der Chausseestraße, auch hier wollen uns die Beamten nicht durchlassen, aber sie machen einen weniger entschlossenen Eindruck, und wir fahren einfach an ihnen vorbei.

Hundert Meter vor der Grenze ist Schluss, es gibt kein Durchkommen. Ein nicht enden wollender Konvoi von Autos fährt an uns vorüber, in entgegengesetzter Richtung, nach Westen. Direkt vor uns steigt ein Mann aus einem VW Passat mit DDR-Kennzeichen, es ist der Schlagersänger Frank Schöbel, auch er steckt fest wie wir. »Peter«, sage ich, »du musst nach vorn laufen und den Verkehr anhalten, sonst stehen wir hier noch die ganze Nacht!« Peter marschiert auf die Grenze zu, stellt sich mitten auf die Fahrbahn und hebt den rechten Arm. Ein oder zwei Trabis drücken sich noch an ihm vorbei, dann hält das erste Auto. Peter steht da mit hoch erhobenem Arm, dreht sich zu uns um und grinst triumphierend. Ich kann es selbst nicht glauben. Zum ersten Mal an diesem Abend versiegt der vermeintlich immerwährende Strom von Trabants, Wartburgs und Ladas aus dem Osten, er versiegt durch Peters Hand, Frank Schöbel und wir springen in unsere Autos, unerkannt schlüpfen wir durch die Lücke und sind zurück in der Heimat!

48.

Ein nasskalter Morgen, irgendwann Ende Januar 1990. Das Telefon läutet, meine Eltern sind verreist, ich bin allein in unserem Haus, ich springe aus meinem Bett, schnell laufe ich die Treppe hinunter, überspringe wie immer die letzten Stufen und reiße den Hörer aus der Gabel. Am anderen Ende der Leitung vernehme ich eine schwache Stimme: »Stephan, bist du es?« – »Nein«, antworte ich, »mein Vater ist nicht da, hier ist der Sohn. Mit wem spreche ich denn?« – »Der Sohn?«, fragt die fremde, mir unbekannte Stimme. »Hier ist Hermann Axen.«

Ich glaube im ersten Moment, mich verhört zu haben. Hermann Axen? Das Politbüromitglied? Dann fällt mir ein Brief Egon Bahrs ein, den mein Vater kürzlich, wenn auch nur beiläufig, erwähnt hatte. Der SPD-Politiker habe ihn darum gebeten, sich für Hermann Axen zu verwenden, hatte mein Vater berichtet. Axen sei kurz nach seiner Rückkehr von einer Operation, der er sich in der Sowjetunion unterzogen habe, auf Veranlassung der Generalstaatsanwaltschaft der DDR in Berlin verhaftet worden und befinde sich trotz seiner schweren Erkrankung noch immer im Untersuchungsgefängnis.

Mein Vater war etwas erstaunt gewesen, dass ausgerechnet Egon Bahr ihn um diesen Gefallen bat, hatte aber, soweit ich wusste, einen Brief an die Generalstaatsanwaltschaft geschrieben und um die Freilassung Hermann Axens gebeten. Ich kannte Axen nur von den üblichen Portraits, die das »Neue Deutschland« regelmäßig von den Politbüromitgliedern veröffentlichte. Ein kleiner, untersetzter Mann, mit einer dicken Hornbrille, er fiel nicht besonders auf unter den Mittags, Naumanns und Schabowskis. Ich selbst war Hermann Axen nie persönlich begegnet.

»Hast du einen Augenblick Zeit?«, fragt die Stimme am Telefon. »Weißt du, ich habe deinem Vater so viel zu verdanken! Damals in Paris, nach meiner Flucht aus Deutschland, konnte ich keine Arbeit finden, sosehr ich mich auch bemühte. Wochenlang hatte ich hungern müssen. Ich wusste nicht mehr ein noch aus. Dein Vater hat mich, ohne zu fragen, bei sich aufgenommen. Er lebte mit seiner Frau in einer winzigen Wohnung, sie waren selbst fast mittellos, aber er hat das wenige, was er besaß, mit mir geteilt. Dein Vater hat mich damals wieder aufgepäppelt, was wäre ohne ihn aus mir geworden? Und jetzt hat er mich aus dem Gefängnis geholt, kannst du dir das vorstellen?« Hermann Axen ist den Tränen nah. »Ich verstehe, Herr Axen, ich werde meinem Vater ausrichten, dass Sie angerufen haben.« – »Danke«, sagt die leise Stimme am anderen Ende der Leitung, dann legt der Anrufer auf.

Am folgenden Tag kehren meine Eltern nach Berlin zurück, ich berichte ihnen von dem seltsamen Telefonat. Mein Vater schweigt. Lange. Dann sagt er: »In all den Jahren hat er sich nie bei mir gemeldet, nie war er an meiner Seite, wenn es kritisch wurde, und jetzt erinnert er sich plötzlich an Paris.«

Seit meiner Kindheit wusste ich, dass mein Vater sich um Menschen bemühte, die in der DDR in Schwierigkeiten geraten waren. Regelmäßig erhielten wir die neusten Ausgaben des Journals von Amnesty International und die Berichte von »Writers in prison«, einer Unterorganisation des PEN, die sich um inhaftierte Schriftsteller in allen Teilen der Welt kümmerte. Briefe trafen ein von Menschen, die sich ungerecht behandelt fühlten, denen der Staat Reisen oder ein Studium verweigerte oder deren Freunde gar in Haft geraten waren.

Von Zeit zu Zeit verabredete sich mein Vater dann mit Erich Honecker, dem er eine Liste mit Namen überreichte, fast immer gab der Generalsekretär den Gesuchen meines Vaters statt.

So konnten Oppositionelle wie Lutz Rathenow oder Thomas Klingenstein nach einer Intervention meines Vaters das Gefängnis verlassen und in den Westen ausreisen. Manchen Freigelassenen riefen die Wachen in Bautzen nach: »Ihr könnt euch bei diesem Hermlin bedanken!« Andere, die meinem Vater geschrieben und ihn um Hilfe gebeten hatten, konnten nach vielen Jahren des Wartens ihre Verwandten in Heidelberg oder Lübeck besuchen oder erhielten einen Studienplatz, der ihnen kurz zuvor noch aus politischen Gründen verwehrt worden war. Einmal hatte ich mich selbst mit einer Bitte an meinen Vater gewandt. Meinem Freund Wulf war die Teilnahme an einer internationalen Physikolympiade in Stockholm untersagt worden, für Wulf war dies eine niederschmetternde Nachricht gewesen. Mein Vater setzte schließlich durch, dass er reisen konnte. Wulf hat dies meinem Vater nie vergessen, er blieb ihm – allen politischen Differenzen zum Trotz – stets in großer Dankbarkeit verbunden.

Dankbar zu sein, sich jemandem verpflichtet fühlen zu müssen, haben einige Petenten nicht ausgehalten, kaum waren sie aus dem Gefängnis entlassen und am Ort ihrer Wünsche angelangt, bewarfen sie den, der ihnen geholfen hatte, mit Schmutz.

Mein Vater zeigte sich davon nach außen unbeeindruckt. Er setzte seine Bemühungen einfach fort, als wäre nichts gewesen. Manches Mal baten befreundete Autoren aus dem Westen meinen Vater um Unterstützung. Ich erinnere mich an einen Anruf Heinrich Bölls Anfang 1985, ein Wissenschaftler war in der DDR verhaftet worden, mein Vater schrieb noch am selben Tag ein Gesuch, das ich dann in seinem Auftrag am Sitz des Zentralkomitees ablieferte. Zäh war der Kampf meines Vaters gegen die Zensur. Bücher von Stefan Heym oder Friedrich

Nietzsche erschienen, weil mein Vater sich beharrlich für deren Veröffentlichung eingesetzt hatte. Er feierte jedes auf diese Weise publizierte Buch als einen Sieg über die Zensur in der DDR.

Er hoffte auf eine allmähliche Besserung der Lage, auf eine größere Freizügigkeit in der Kulturpolitik, aber es blieben isolierte Erfolge, die – wie auch die humanitären Bemühungen – an den bestehenden Verhältnissen selbst nichts zu ändern vermochten, sie nur hier und da etwas erträglicher machten. Ich bewunderte die stoische Haltung, die mein Vater in diesen Kämpfen einnahm und die scheinbar durch nichts zu erschüttern war.

Eines Tages erschien eine aufgelöste Frau mit einem Kinderwagen bei uns, sie bat inständig darum, meinen Vater sprechen zu können. Meine Mutter erwiderte, sie möge telefonisch einen Termin ausmachen, es wäre ja wohl keine Sache auf Leben und Tod. »Doch«, sagte die Frau. Mein Vater empfing sie schließlich und erfuhr, dass sie sich einige Zeit zuvor in einen Vietnamesen verliebt hatte, vor ein paar Monaten war ihr gemeinsamer Sohn zur Welt gekommen. Nun aber hatten ihr die Behörden mitgeteilt, ihr Lebensgefährte habe in Kürze in sein Heimatland zurückzukehren. Die Frau gab sich als tief religiöse Protestantin zu erkennen und bat meinen Vater verzweifelt um Beistand. Seine Intervention hatte, wie wir später erfuhren, Erfolg gehabt, von der Frau selbst aber hörten wir jahrelang nichts. Dann erhielten wir plötzlich einen Brief. Ihm waren zwei Fotografien beigefügt. Auf dem ersten Bild war ein etwa siebenjähriger Junge zu sehen, darauf hatte seine Mutter notiert: »Ohne Sie hätte dieser Junge keinen Vater.« Auf der anderen Fotografie hielt sie ihre kleine Tochter im Arm. »Ohne Sie würde es dieses Mädchen nicht geben.«

Draußen hat es zu schneien begonnen. Es ist der letzte Winter der DDR. Mein Vater telefoniert am Abend mit Hermann Axen. Sie haben sich nicht viel zu sagen.

49.

Am Ende meines dritten Studienjahres hatte die Leitung der Musikhochschule eine kluge und überaus weitsichtige Entscheidung gefällt. Den Studenten der Jazzabteilung waren sämtliche Vorlesungen und Seminare bis auf weiteres erlassen worden. Lehrveranstaltungen stellten – so die offizielle Begründung – eine nicht hinzunehmende Belastung für die Studierenden dar, vielmehr – empfahl das Rektorat – mögen sich doch die angehenden Berufsmusiker gänzlich auf ihr Staatsexamen konzentrieren. Ich eilte zu meinem Lehrer Georg Plathe und überbrachte ihm die frohe Kunde. In den vorangegangenen Semestern hatte ich Plathe nur selten zu Gesicht bekommen. Mein Lehrer war als Pianist im Rundfunk-Tanzstreichorchester angestellt und infolgedessen immer wieder in aufwendige Schallplattenaufnahmen involviert. Ich selbst wiederum mied den Unterricht, so gut es ging. Ich schätzte Georg Plathe sehr, er war ein Pianist der alten Schule und beherrschte den Stride-Stil der dreißiger Jahre wie kaum ein anderer. Aber zum Unterricht zu gehen, war mir von jeher ein Graus gewesen. Oft erschien ich absichtlich nicht zum vereinbarten Termin, sondern einen Tag früher. Herr Plathe sah mich dann stets verwundert an und entschuldigte sich wortreich für sein Versehen. Er könne sich den Irrtum nicht erklären, nein, heute habe er leider keine Zeit. Mit gespielter Enttäuschung erklärte ich daraufhin, am nächsten Tag ja selbst anderweitig verpflichtet zu sein. Ich war nicht stolz auf derlei fragwürdige Methoden. Wenn alles nicht half, schleppte ich immer wieder die gleichen Notenhefte von Art Tatum oder Teddy Wilson zur Klavierstunde und bat Georg Plathe scheinheilig, mir daraus vorzuspielen, was er nur zu gern tat. Gerade bei den komplizierten Klavierarrangements von Art Tatum blieb auch der routinierte Herr Plathe regelmäßig stecken und bemühte sich – von mir ermuntert –, die schwierigsten Passagen fehlerfrei einzustudieren. Üblicherweise zog sich dies länger hin, ich hörte aufmerksam zu, nickte gelegentlich vorsichtig mit dem Kopf, ganz am Ende der Stunde schreckte Georg Plathe manchmal auf und meinte aufrichtig besorgt: »Jetzt haben Sie selbst gar nicht gespielt, Herr Hermlin.« – »Oh, das macht nichts, wir sehen uns ja bald wieder!«, pflegte ich in solchen Fällen zu erwidern, nur um dann einige Wochen lang nicht mehr anzurufen. Herr Plathe hatte sich nie ernstlich an dieser Vorgehensweise gestört, ich vermute, sie war ihm gar nicht aufgefallen.

Nun aber war das letzte Studienjahr heran, das Staatsexamen stand vor der Tür, höchste Zeit also, etwas zu unternehmen. Plathe fand die Entscheidung des Rektorats, alle Lehrveranstaltungen abzusagen, seltsam, machte sich aber sofort daran, mit mir die passenden Stücke für das Examen auszuwählen. Die Kriterien waren simpel: Technisch einfach sollte es sein – und möglichst kurz. Wir entschieden uns für eine fünfstimmige Fuge aus dem »Wohltemperierten Klavier«, dazu etwas von Schumann und Chopin. Schnell stellte ich fest, dass ich leichtsinnig gewesen war. Der Schumann war technisch weitaus anspruchsvoller als gedacht, für Chopin galt das erst recht. So »vergaß« ich die beiden Werke nach und nach, und Herr Plathe schien dies auch nicht zu bemerken.

Als das Frühjahr heranrückte, machte sich unter uns Studenten Nervosität breit, einer nach dem anderen begann mit den letzten Vorbereitungen für das Staatsexamen. Nun endlich erkundigte sich Georg Plathe nach den »vergessenen« Stücken. Ich könne mir die Sache auch nicht recht erklären, antwortete ich meinem Lehrer, aber jetzt sei es ja ohnehin zu spät, noch damit anzufangen. Im Übrigen, so sagte ich, habe unser Abteilungsleiter Professor Alfons Wonneberg stets dazu geraten, nur das zu präsentieren, was man wirklich beherrsche, und das weniger Geglückte geschickt zu umschiffen. Ich war in dieser Frage ganz Wonnebergs Meinung.

Ich bat meinen Vater, das Programm auf der alten Erika-Schreibmaschine abzutippen, ganze fünfzehn Minuten waren der Klassik vorbehalten, den Rest, etwa eine Dreiviertelstunde, wollte ich mit meiner Band bestreiten. Plathe segnete als Erster das Programm ab. Ich suchte den Abteilungsleiter auf. Wonneberg wandte ein, die Klassik käme zu kurz, schnell erwähnte ich meines Lehrers Unterstützung, was den Herrn Professor prompt dazu verleitete, dem Programm seine Zustimmung zu geben. Der Segen des Klavierlehrers Hessel war da nur noch Formsache. Ich fühlte mich gut präpariert. Für mein Prüfungsvorspiel hatte ich den Musikklub im Schauspielhaus ausgesucht, hier moderierte ich in jenen Tagen gelegentlich eine Gesprächsrunde, der Raum schien mir bestens geeignet für das Spektakel.

Am Morgen hatten wir die Instrumente im Musikklub eingerichtet. Allmählich nun treffen die Zuhörer ein, es sind weit mehr als erwartet, das ist ungewöhnlich – noch dazu weil in meinem Falle mit einem besonderen musikalischen Genuss nicht zur rechnen ist. Überraschend erscheinen auch zwei weitere Lehrer, Matthias S. und F.R., ein Verfechter des experimentellen Jazz, ich kenne ihn kaum. Dass nun alle fünf in Betracht kommenden Lehrer als Prüfer anwesend sind – nur drei wären für eine Prüfung erforderlich – ist höchst verdächtig und deutet auf eine Intrige hin. Der Bach gelingt mir recht gut, ich spiele einige Solo-Swingstücke und danach noch einige Arrangements mit der Band. Ich habe mich nicht blamiert, doch die Prüfungskommission berät beunruhigend lang.

Schließlich – nach einer endlosen Stunde – kehrt sie zurück – ohne Alfons Wonneberg, der zu einer Konferenz geeilt ist. Man teilt mir mit, mein Spiel habe im Rahmen der Erwartungen gelegen (was immer das auch bedeuten mag), doch es fehle an Vielfalt im Repertoire, ich solle das Examen in einigen Monaten wiederholen. Gerade will sich die Prüfungskommission erheben, da melde ich mich zu Wort und lege Einspruch ein. Ein Raunen geht durch den Raum, so etwas hat es noch nicht gegeben: Ein Student zweifelt den Schiedsspruch der Prüfungskommission an! Ich erkläre, wenn meine Leistungen zufriedenstellend gewesen wären, sei die genannte Begründung für die Vertagung völlig abwegig, denn die drei wichtigsten Instanzen hätten dem Programm im Vorfeld zugestimmt. Ganz absichtlich hätte ich ja mit offenen Karten gespielt und auf einer Beurteilung vorab bestanden. Im Übrigen sei es ungeheuerlich, dass zwei »junge und mir kaum bekannte Lehrer« nun die einmal erteilte Einwilligung zu meinem Prüfungsprogramm wieder aufhöben, das sei inakzeptabel.

F. R. springt wutschnaubend auf und rennt mit hochrotem Kopf davon. Ich werde auf Jahre kein Wort mehr mit ihm wechseln. Einige Studenten verbreiten die Nachricht in der Hochschule: Skandal!

Ich weiß bald, wem ich das alles zu verdanken habe, zwei Kommilitonen hatten ihren Lehrern »empfohlen«, das Examen von Andrej Hermlin zu besuchen. Einer von ihnen galt bislang als Musterstudent der Jazzabteilung und hatte zur Überraschung aller kurz zuvor in seinem Examensvorspiel versagt. Der andere ist ein Freund, den ein missgünstiges Gefühl übermannt zu haben scheint. Jedenfalls haben beide – ganz unabhängig voneinander – offenbar darauf spekuliert, die Anwesenheit ihrer Lehrer könnte zu einem für mich ungünstigen Ergebnis führen. Sie haben sich beide verrechnet. Denn in den folgenden Tagen gelingt es mir, das Heft des

Handelns in den Händen zu behalten, ich telefoniere immer wieder mit allen Beteiligten, F. R. ausgenommen. Wonneberg will die Entscheidung lediglich als ein Angebot an mich verstanden wissen, meine Leistung zu verbessern, ich entgegne, ich wolle kein neues Vorspiel, sondern eine Bewertung des bereits absolvierten. S. wie auch Hessel zeigen am Telefon ein gewisses Verständnis für meine Position. Schließlich wird auf Wonnebergs Betreiben ein neuerliches Treffen angesetzt. Mein Lehrer Georg Plathe kann zum verabredeten Termin nicht kommen, er hat im Rundfunk zu tun, aber er schreibt einen Brief, in dem er seine Kollegen dazu auffordert, mein Examen gelten zu lassen.

Als wir schließlich in Wonnebergs Büro zusammensitzen, nimmt die seltsame Versammlung einen für mich erfreulichen Verlauf. S. schlägt sich endgültig auf meine Seite: Das Programm sei zwar viel zu sehr von Swingmusik dominiert gewesen, aber es gelte: »Im Zweifel für den Angeklagten!« Hessel pflichtet ihm bei.

Wonneberg fragt schließlich, was ich vorschlüge, ich entgegne, eine 4 wäre doch eine anständige Zensur und ein tragbarer Kompromiss. Wonneberg: »Das ist aber ein ganz schöner Kuhhandel!«

Nur mit F. R. ist nicht zu reden, er ist beleidigt und gar nicht erst zur Konferenz erschienen. Ich werde hinausgeschickt, dann wieder hereingerufen, und Wonneberg erklärt mit diabolischem Grinsen: »Wir machen es so, wie Sie vorgeschlagen haben.« Unglaublich! Ich laufe und laufe die langen Gänge der Musikhochschule entlang, reiße die Tür der Toiletten auf und verkrieche mich in deren letzten Winkel: Erst hier breche ich in schallendes Gelächter aus über mein gelungenes Husarenstück. Gut dass ich besser verhandeln kann, als Klavier spielen.

50.

Eben erst ist die Mauer gefallen, ganze vier Tage ist das her, da muss unsere Band zu einem Auftritt, der mir alles andere als willkommen ist. Unser Schlagzeuger Michael Wirth studiert seit einiger Zeit an der Friedrichshainer Musikschule. Deren Leitung hatte uns gebeten, zu einem Vorspiel der Studenten aufzutreten, sozusagen als Höhepunkt des Festabends und selbstredend ohne Gage. Wir wollten unseren Schlagzeuger nicht enttäuschen und sagten zu.

Am Nachmittag jenes 13. November vermisse ich plötzlich den Schlüssel meines Wagens. Meine Eltern sind verreist, sie sind irgendwo in Westdeutschland. Ich kann sie nicht erreichen und daher auch nicht in Erfahrung bringen, wo mein Vater den Ersatzschlüssel meines Autos versteckt hat. Ich bin in großer Eile, die anderen sind schon dabei, die Instrumente aufzubauen, ich fische den Schlüssel des Volvo aus einer Glasschale auf dem Schreibtisch meines Vaters und fahre ohne Papiere mit dem teuren Wagen in den Friedrichshain.

Während des Konzertes bemerke ich eine junge Frau, die einen Sänger recht passabel am Klavier begleitet, sie macht einen sympathischen Eindruck, doch ich habe keine Zeit, ich will schnell nach Hause, den Volvo in Sicherheit bringen.

Später finden wir auf Umwegen doch noch zueinander. Christian und Wulf schwärmen nur so von Bettina, kaum, dass sie sie kennengelernt haben, endlich hätte ich mir eine richtige Frau gesucht, sagen sie. Zugegeben: wir kommen gut miteinander aus, Bettina ist intelligent, sie wirkt verlässlich und warmherzig, sie scheint es ernst mit mir zu meinen. Nach einem Jahr beschließen wir zu heiraten. Irgendwann, nicht lange nach unserer Hochzeit, schleicht sich die Lüge in unsere Beziehung, ich bemerke davon zunächst nichts, ich will es wohl auch nicht bemerken, und ich bin so beschäftigt damit, auf PDS-Parteitagen Reden zu halten und für Auftritte unserer Band zu sorgen, dass ich es wohl auch nicht bemerken kann. Bettina muss sich verloren vorgekommen sein in jener Zeit, verlassen vielleicht auch, ein anderer nahm schließlich wahr, was ich wahrzunehmen versäumt hatte.

Eines Abends komme ich spät nach Hause, wir wohnen zu jener Zeit in einer Hinterhofwohnung an der Schönhauser Allee, der Prenzlauer Berg ist noch nicht von wohlhabenden Schwaben bevölkert zu jener Zeit. Noch gibt es sie, die Prenzelberger Originale. Unser Nachbar Norbert P. liegt jeden Tag betrunken vor seiner Wohnungstür, sein Strom ist seit langem abgestellt, er heizt mit offenem Feuer, ein Wunder, dass es noch nicht gebrannt hat im Haus. Hin und wieder hören wir ihn lautstark mit einem seiner Saufkumpane streiten. »Ick bring dir um!«, brüllt er dann immer wieder, gefolgt von einem weinerlichen »Ick liebe dir doch«. Eines Tages erklärt uns Norbert stolz, er habe einen Vertrag mit einem Luftrettungsdienst abgeschlossen, der Vertreter an der Haustür sei so nett gewesen, die würden ihn, so nimmt er nun an, mit dem Hubschrauber direkt vor der Kneipe abholen, wenn er einmal zu betrunken sein sollte, um allein nach Hause zu gehen.

Auf dem Hinterhof treffe ich an diesem Abend einen bemerkenswert nüchternen Norbert, er ist erst auf dem Weg zu einer ausgedehnten Kneipentour in der näheren Umgebung. Ich schließe die Tür auf, ich höre Musik, es ist Tracy Chapman, so viel ist sicher, aber der Plattenspieler ist aus, ich gehe ins Schlafzimmer, und da sitzt Bettina und singt zur Gitarre. Einige Wochen später tritt sie mit zitternden Knien zum ersten Mal mit der Band auf.

Von nun an stehen wir gemeinsam auf der Bühne. Doch

die Lüge lässt sich von der Musik nicht vertreiben. Aus einer Lüge werden nach einiger Zeit zwei, wir führen parallele Leben, wir beginnen allmählich zu begreifen, dass unsere Ehe ein Irrtum ist, auch weil wir Freundschaft mit Liebe verwechselt haben. Noch einige Male bäumen wir uns gegen die bittere Erkenntnis auf, dass wir als Paar gescheitert sind, dann haben wir endlich ein Einsehen. Die Ehe endet, bevor etwas Neues beginnt. Es gibt nichts zu bedauern an all dem.

Bettina hörte vor langer Zeit auf, meine Frau zu sein, aber sie bleibt die allseits beliebte Sängerin meines Orchesters. Und wichtiger noch: was immer unsere Ehe auch war, ohne sie gäbe es Laura nicht, unsere Tochter, die – als sie noch kein Jahr alt war – von einer Serviererin im Liechtensteiner Vaduz »kleines Fröschli« getauft wurde und für die mein Vater das Lied von den zwei Hasen sang – wenige Tage bevor er starb.

Es gibt, so denke ich mir, als wir nach neun Jahren Ehe gut gelaunt vor dem Scheidungsrichter stehen, auch Irrtümer, die sich lohnen.

51.

Zu Beginn messe ich der Nachricht keine Bedeutung bei. Ein einschlägig bekannter Enthüllungsmann, der sich nebenbei als Literaturwissenschaftler betätigte, arbeite – so heißt es – an einem Buch über meinen Vater. Im Sommer 1996 wird häufiger davon gesprochen, einige Freunde warnen uns, hier und dort hören wir auch – aus verlässlicher Quelle –, auf welche Weise Herr C. die vermeintlich falsche Biographie meines Vaters ins rechte Licht zu setzen beabsichtigt. In all den Jahren war mein Vater immer wieder attackiert worden, von gewissen Herrschaften in der DDR, die in seinen Ansichten fortgesetzten Verrat witterten, und von Leuten im Westen, die ihm nicht verzeihen konnten, dass er die DDR nicht verließ, ja schlimmer noch, Kommunist war und blieb. Infolgedessen nahm ich an, das Pamphlet des Herrn C. würde sich nicht anders ausnehmen als die schon vertrauten Angriffe, die ich seit meiner Kindheit kannte, an die ich mich gewöhnt hatte. Ich sollte mich irren.

Das Werk erschien zur Frankfurter Buchmesse, eine bedeutende, wöchentlich erscheinende Zeitung hatte sich zu einem Vorabdruck entschlossen. Sturm zog auf. Tatsächlich erfuhr ich aus dem Buch Ungeheuerliches. So war mein Vater – entgegen seiner Erinnerung – bereits 1943 und nicht 1944 mit Hilfe der Résistance in die Schweiz geflohen. Herr C. fand auch einen Fragebogen der Amerikaner, auf dem mein Vater unmittelbar nach dem Krieg angab, im Frühjahr 1934 für einige Wochen im KZ Sachsenhausen interniert gewesen zu sein. Herr C. hatte außerdem ermittelt, dass mein Großvater David in den zwanziger Jahren gezwungen gewesen war, Konkurs anzumelden. Schließlich schien mein Vater auch hinsichtlich seines Beitritts zum Kommunistischen Jugendverband Deutschlands der Lüge überführt, in Wahrheit sei er dort gar nicht Mitglied gewesen, so Herr C., vielmehr habe seine Schwester ihn zur Mitgliedschaft im Sozialistischen Schülerbund überredet. Und so weiter und so fort.

Das deutsche Feuilleton stürzte sich auf den vermeintlichen Skandal. Die Reaktionen waren freilich geteilt, nicht wenige sahen in C.'s Kampfschrift den Versuch, Vermutungen für Beweise auszugeben, um den Schriftsteller Hermlin ein für alle Mal zu erledigen.

Ich besah mir das Buch. Es ist ungewöhnlich gedruckt, viele Seiten sind leer, als seien sie symbolhaft gemeint, als stünden sie für die bewussten Auslassungen, die aus der Schrift eine geschickte Fälschung machen.

C. bemühte im Wesentlichen zwei Zeugen: Die Schwester meines Vaters Ruth in Tel Aviv und das Buch »Abendlicht«. Meine Schwester Andrée war C. dabei behilflich gewesen, Ruth zu finden, vor Jahrzehnten schon hatte mein Vater nach einem Streit die Verbindung zu Ruth abgebrochen. Im Falle der Schwester wurde nun der Einfachheit halber vorausgesetzt, dass ihre Erinnerungen ebenso richtig wie die meines Vaters falsch seien. Damit war alles gesagt.

Bliebe noch das Buch. Wie oft war ich mit meinem Vater zu seinen Lesungen gereist, wie oft hatte ich ihn immer wieder dieselbe Frage beantworten hören: »Sie haben also, Herr Hermlin, Ihre Autobiographie geschrieben!« – »Nein, Sie irren sich, es ist eine Vermengung von Wahrem und Vagem, es sind Träume und Visionen, es ist Literatur!« Ab und zu setzte der Fragesteller nach: »Und wann schreiben Sie Ihre Autobiographie?« – »Wahrscheinlich nie«, war die Antwort. Es war natürlich zu viel der Erwartung, dass ein Literaturwissenschaftler ein deutsches Buch zu lesen imstande sein würde. Hätte mein

Vater eine Mondfahrt beschrieben, wäre Herr C. wohl unweigerlich bei der NASA vorstellig geworden.

Einige Jahre zuvor hatte mich auf einer Veranstaltung ein älterer Herr angesprochen. »Sagt dir der Name ›Fragenheinrich‹ etwas?« Ich verneinte. »Nun«, sagte der Mann mit einem Lächeln, »dann frage mal deinen Vater!« Ich drängte: »Bitte, erzählen Sie mir, worum geht es?« – »Kennst du die Stelle in ›Abendlicht‹, wo dein Vater seinen Beitritt zum Kommunistischen Jugendverband beschreibt?« Natürlich kannte ich sie, mein Vater war im Sommer 1931 einigen Jungkommunisten auf einer Berliner Straße begegnet, dort hatte er seine Eintrittserklärung auf einem kleinen zerknüllten Blatt Papier, das sie ihm hinhielten, unterzeichnet. »Ich bin derjenige, bei dem dein Vater an jenem Sommertag unterschrieben hat!« Ich sah Fragenheinrich erstaunt an. »Ich kannte deine Großeltern, Lola und David. Als dein Großvater nach Sachsenhausen kam, entdeckten meine Genossen seinen Namen auf den Listen der neuen Häftlinge. Wir haben dann dafür gesorgt, dass man ihn aus den schlimmen Kommandos im Steinbruch geholt hat.«

Mit einem Mal war die Geschichte keine vergilbte Schwarzweißfotografie mehr, sie stand vor mir, lebendig, und lächelte mich verschmitzt an. Herr C. hatte vorsichtshalber darauf verzichtet, Heinrich Viertel zu befragen, wie er es im Allgemeinen unterließ, seinem Vorhaben unwillkommene Quellen näher zu untersuchen. Die bewusste Unterlassung macht eine Fälschung erst wirklich perfekt. So zitierte C. zwar ausgiebig aus jenem amerikanischen Fragebogen, erwähnte aber nicht, dass dieser Jahrzehnte unter Verschluss war, mein Vater niemals öffentlich oder privat eine Inhaftierung in einem KZ behauptet, sondern vielmehr solchen Mutmaßungen anderer regelmäßig deutlich widersprochen hatte. Mein Großvater ein Bankrotteur? Kannte Herr C. die Auktionslisten meines Großvaters, auf denen sich an einem einzigen Tag des Jahres

1925 über neunzig Grafiken Liebermanns finden? Kannte er Davids Gehalt, das er in den dreißiger Jahren von Woolworth erhielt, ein Gehalt, das außergewöhnlich war für die damalige Zeit? Die Vermutung liegt nahe: Herr C. wollte all das gar nicht so genau wissen. Was sich als minutiös recherchierte, enthüllungsjournalistische Arbeit geriert, ist in Wahrheit dem viel näher, was es meinem Vater vorzuhalten versucht – einer Legende ohne Gehalt.

Die Debatte hatte sich in jenem trüben Herbst schnell verselbstständigt. Alte und neue Rechnungen wurden beglichen. Ferne Bekannte überraschten, nahe Freunde enttäuschten. Mein Vater ertrug dies alles mit Gleichmut. Er hatte beschlossen, zu all dem zu schweigen. Wann immer das Telefon läutete, und es läutete ohne Unterlass, war ich verpflichtet, stets das Gleiche zu erklären: Mein Vater sei verreist, nein, ich wüsste nicht, wo er sich aufhält und wann er wiederkommt.

Dann, eines Nachmittags, meldete sich der Kulturredakteur eines großen deutschen Nachrichtenmagazins, ich zögerte einen Augenblick und erklärte dann: »Ich rufe gleich zurück!« Mein Vater war tief verärgert über meine Disziplinlosigkeit, aber ich versuchte ihn hartnäckig zu einer Wortmeldung zu veranlassen. Zu meiner Überraschung gab er schließlich nach. Bald darauf erschien das Interview im »Spiegel«, es fand viel Zuspruch, selbst bei jenen, die meinem Vater zuvor noch misstraut hatten. Es ist – von einem kurzen Text mit dem furchtbar wahren Titel »Schlusswort« abgesehen – die letzte öffentliche Äußerung meines Vaters. Ich habe nie bereut, ihn dazu gedrängt zu haben.

Das Geschrei ebbte mit der Zeit ab. Was blieb, war der schale Beigeschmack. Der eigenen Vergänglichkeit bewusst, hatte der Intrigant auf eben diese Wirkung gesetzt. Manche, die sein Buch lasen, schienen nicht zu verstehen, in welch zerrissener Welt mein Vater zu leben gezwungen gewesen war und welche

Konsequenzen ein solches Dasein beinahe zwangsläufig haben musste. Zwei Jahrzehnte zuvor hatte mein Vater in einer Rede Grillparzer zitiert: »Und will meine Zeit mich bestreiten, ich lasse es ruhig geschehen, ich komme aus anderen Zeiten, und hoffe in andre zu gehen.«

52.

Ich sitze mit meinen Eltern am Frühstückstisch. Mein Vater liest »Le Monde«, meine Mutter hat gerade frischen Kaffee in ihre Tasse gegossen, ich sehe meinen Vater an: »Ich möchte vor euch sterben!« Mein Vater lässt die Zeitung sinken, meine Mutter sieht mich mit weit aufgerissenen Augen an. »Wie kommst du denn darauf?« Sie scheint erschrocken zu sein über das, was sie da eben gehört hat. »Ich könnte es nicht ertragen, wenn ihr nicht mehr da seid, ich will nicht ohne euch sein, deshalb will ich vor euch sterben!«, beharre ich.

Meine Eltern bemühen sich redlich, mich von meinem Gedanken abzubringen, aber es ist zwecklos, ich bin sieben, und ich weiß, wovon ich rede.

Ein Vierteljahrhundert später, im März 1997, ist ein lang verloren geglaubter Freund bei meinem Vater zu Gast. »›Fragenheinrich‹ ist da!«, hatte ich meinem Vater zugerufen, als es an der Tür klopfte. Viele Jahre haben sich die beiden nicht gesehen, meine Mutter hatte Heinrich Viertel vor einigen Wochen endlich ausfindig machen können, nun sitzen sie zusammen und erinnern sich an ihre gemeinsame Zeit in Berlin, im KJVD, an die Saalschlachten, damals 1931, 1932. Nach zwei Stunden verabschiedet sich »Fragenheinrich«, mein Vater steht noch einige Augenblicke neben ihm in der Mitte des Zimmers, er wirkt müde, ich sehe ihn an und frage mich: »Wie lange habe ich ihn noch?«

Kurze Zeit später stirbt Jurek Becker, die Nachrichten melden seinen Tod, ich sehe seine Fotografie in den Zeitungen und in den Abendnachrichten, ich frage mich: Wird es so sein, wenn er stirbt, er, mein Vater?

In den letzten Tagen des März, der kalte, ungewöhnlich lange Winter hat sich immer noch nicht verzogen, besuche ich meine Eltern, ich gerate in eine Diskussion mit meiner Mutter, deren russische Freundin Tanja seit einiger Zeit der Esoterik anhängt. Ich habe den festen Verdacht, meine Mutter geriete zunehmend unter ihren Einfluss. Ich versuche ihr die Absurdität ihrer Annahmen von übersinnlichen Existenzen oder Traumwelten vor Augen zu führen, doch meine Mutter scheint sich von meinen Argumenten in ihrem Glauben nicht erschüttern zu lassen. Hilfe suchend wende ich mich schließlich an meinen Vater: »Nun sag du doch etwas zu diesem Unfug!« Mein Vater sieht mich mit mildem Blick an: »Ach, was soll ich sagen? Wer weiß das schon so genau?«

Einige Tage vergehen. Am Abend des 6. April stehe ich mit meinem Freund Peter am Kurfürstendamm, als sein Telefon läutet. Peter wechselt einige Worte mit dem Anrufer, dann reicht er mir das Telefon »Hier, es ist für dich!« Gerade sind wir aus dem Kino gekommen, der Film hatte von einem jungen IRA-Kämpfer gehandelt, der auf seiner Flucht ausgerechnet bei einem amerikanischen Polizisten untertaucht, der ihn seinerseits wie einen Sohn annimmt und schließlich, als er hinter die wahre Identität seines vermeintlichen Freundes kommt, tötet.

Ich nehme das Telefon. Es ist Bettina, meine Frau. Sie weint. »Dein Vater!«, sagt sie. »Was ist mit ihm?« – »Er ist tot«, sagt Bettina, »es ist vorbei, komm nach Haus.« Ich lege auf. Peter sieht mich mit sorgenvollem Gesicht an: »Was ist passiert?« – »Mein Vater ist tot«, sage ich mit tonloser Stimme. Ich bin ganz ruhig. Ich weiß, ich kann nichts mehr tun. Ich fahre nach Hause, ich fahre nicht schnell, aber ich fahre, ohne anzuhalten, ganz gleich, was die Ampeln anzeigen.

Unser Haus ist hell erleuchtet, es wirkt plötzlich fremd und kalt. Als wäre alles Leben aus ihm gewichen. Sie tragen ihn hinaus, er wird nie wieder hierher zurückkehren, schießt es mir durch den Kopf, nie wieder. Nichts mehr scheint nun noch einen Wert zu besitzen. Mir ist, als gäbe es keine Zukunft mehr für mich, kein Glück, keine schmerzlose Zeit. Am folgenden Tag sehe ich das Bild meines Vaters in den Zeitungen. Meine Schwester Bettina reist aus Frankfurt an, ich hole sie am Bahnhof ab, auf einem riesigen Bildschirm wird die »Tagesschau« übertragen, der Nachrichtensprecher sagt, in Berlin sei gestern der Schriftsteller Stephan Hermlin gestorben. Es ist derselbe Nachrichtensprecher, der auch Jurek Beckers Tod verkündet hatte.

In der Nacht träume ich von einem Spiegel. Er hängt an der Wand in einem weißen Raum. Ich muss wohl schon einige Zeit dort sein. Ich sehe in das Abbild meines Gesichts, doch halt, etwas Seltsames scheint damit zu geschehen. Die Konturen verschwimmen, lösen sich förmlich auf, an die Stelle des alten Bildes tritt allmählich, fast unmerklich ein neues, die Gesichtszüge verschmelzen miteinander, und dann blicke ich voller Erstaunen – in das Antlitz meines Vaters.

Am Morgen schrecke ich aus dem Schlaf. Ich weiß von jedem Detail meines Traumes, ich spreche mit niemandem darüber, auch nicht mit meiner Mutter.

In der folgenden Nacht kehre ich im Traum in unser Haus zurück, es ist hell, aber nicht mehr kalt, nicht mehr fremd. Ich gehe die Treppe hinauf, ich weiß, da ist er, schon sehe ich ihn, meinen Vater, er tritt aus dem Zimmer, ich weiß, er ist tot, aber ich bin nicht erstaunt, denn ich weiß etwas, was niemand weiß, auch meine Mutter nicht. Mein Vater sieht mich an, er lächelt, wortlos sagt er: »Ich muss gehen.« Er wendet sich nach links, er betritt das Schlafzimmer, er geht auf das Bücherregal zu, er tritt hinter das Regal, ich laufe ihm nach, und dann sehe ich, wie er allmählich in einem hellen, warmen Nebel entschwindet.

53.

Manchmal nimmt das Leben eine seltsame Wendung. Ein Augenblick nur, ein seltsamer Zufall, der von einer Sekunde auf die andere das eigene Dasein für immer verändert.

An einem Nachmittag Ende Mai des Jahres 1998 läutet mein Telefon. Es ist Herr Schwarz vom Künstlerdienst Berlin. Ich habe öfter mit ihm zu tun, er ist seit vielen Jahren in der Branche, routiniert und erfahren. Heute aber klingt seine Stimme ungewöhnlich aufgeregt. »Andrej, ich möchte dich um einen Gefallen bitten, du musst uns helfen. Wir haben ein Problem in der Eierschale in Dahlem. Gestern hat uns für den 13. Juni die Band völlig überraschend abgesagt. Nun weiß ich nicht, wer an diesem Abend spielen soll, und wir stehen dort im Wort. Ich habe schon herumtelefoniert, aber niemand hat Zeit. Könnt ihr einspringen?« Wir sind im Juni ausgebucht, aber ausgerechnet am Abend des 13. Juni hat die Band noch kein Engagement. Ich denke kurz nach. Die Auftritte in der Eierschale sind alles andere als lukrativ, es ist laut dort und verraucht, aber mir tut Herr Schwarz leid. »Also gut, wir machen es!« Herr Schwarz ist ganz aus dem Häuschen und bedankt sich überschwänglich.

Am 13. Juni haben wir schon zwei Auftritte hinter uns, als wir in der Podbielskiallee vorfahren, die Eierschale ist wie erwartet an diesem Sonnabend überfüllt. Missgelaunt bauen wir die Instrumente auf. In den Pausen wird über die Tonanlage dröhnend lauter Pop abgespielt, ein Wunder, dass wir mit unserer leisen, unverstärkten Swingmusik überhaupt wahrgenommen werden. Es ist heiß in der Eierschale, Rauchschwaden hängen in der Luft. Ich sehne förmlich das Ende des

Engagements herbei. Aus dem Augenwinkel erspähe ich zwei dunkelhäutige Damen, die an der Bar Platz genommen haben und hin und wieder zu uns herüber sehen. Aber ich bin müde, und kaum ist der letzte Ton verklungen, dränge ich zum Aufbruch. Als ich an der Bar vorbeikomme, hält mich eine der beiden afrikanisch aussehenden Damen auf. Sie sagt etwas, doch die Discothek lärmt schon wieder fürchterlich, ich verstehe sie nicht recht, es klingt wie: »I enjoyed the music.« Gut, denke ich, vielleicht ist sie an unserem neuen Album interessiert. Dann wiederholt sie es: »I'm Joyce!« Nun habe ich sie verstanden. Ich sehe sie an, sie ist hübsch, ausnehmend hübsch sogar, ich antworte: »I'm Andrej!« Dem ist eigentlich nichts hinzuzufügen, also wende ich mich dem Ausgang zu und gehe zu meinem Wagen. Aber ich muss noch einmal zur Bühne zurück, um meine Notenmappe zu holen. Joyce greift, als ich an ihr vorbeigehe, nach meinem Arm. »Can I give you my phone number?« Diesmal verstehe ich sie sofort. Ich bin sprachlos, noch nie hat eine Frau etwas Derartiges zu mir gesagt.

Joyce notiert einige Ziffern auf einem Bierdeckel, ich verabschiede mich und setze mich in meinen Wagen. Der Weg von Dahlem nach Pankow ist weit, unterwegs kommt mir der Gedanke, Joyce könnte mir eine falsche Telefonnummer untergeschoben haben. Eigentlich eine absurde Annahme, denn ich hatte nicht um die Nummer gebeten. Aber als ich in Pankow ankomme, bin ich mir sicher: Die Telefonnummer ist falsch! Ich wende den Wagen und rase über die Stadtautobahn nach Dahlem zurück. Joyce ist noch da, in Begleitung ihrer Schwester Purity. Ich schlage vor, an einen ruhigeren Ort zu wechseln, wir sitzen bis in den Morgen im Slumberland am Winterfeldtplatz.

Joyce stammt – wie ihre ältere Schwester, die schon seit einiger Zeit in Deutschland lebt – aus Kenia, Joyce spricht kein Wort deutsch, mein Schulenglisch spottet jeder Beschreibung, so muss die Schwester übersetzen. Ich frage Joyce, die seit drei Monaten in Berlin ist, was sie denn von der Stadt schon gesehen habe. Wie ihr das Brandenburger Tor gefalle. »What gate?«, fragt Joyce zurück. Ich kann es nicht glauben, Joyce hat noch nie etwas vom berühmtesten aller Berliner Wahrzeichen gehört. Ich biete an, ihr am folgenden Tag das Tor zu zeigen.

Nervös fahre ich zu unserer ersten Verabredung, ich weiß nicht, was mich erwartet. Wie wollen wir uns verständigen, frage ich mich, aber es braucht dann nicht vieler Worte, wir laufen durch den Tiergarten, Joyce trägt ein kurzes dunkelblaues Kleid, und ich habe mich längst schon in ihr schönes Gesicht verliebt, das ich, dessen bin ich mir in diesem Moment sicher, fortan nicht mehr missen will in meinem Leben.

Bis auf den heutigen Tag erschaudere ich hin und wieder bei dem Gedanken, wie leicht ich diese Wendung in meinem Leben hätte verpassen können. Was wäre gewesen wenn?

Wenn die Band nicht abgesagt hätte, wenn Herr Schwarz nicht angerufen hätte, wenn ich seine Offerte abgelehnt hätte, wenn Joyce an jenem Abend nicht in die Eierschale, sondern, wie eigentlich beabsichtigt, woanders hingegangen wäre, wenn sie nicht den Mut gehabt hätte, nach meinem Arm zu greifen?

Manchmal nimmt das Leben eine seltsame Wendung, und nichts ist mehr so wie zuvor.

54.

Seit Jahren war ich nicht mehr in New York gewesen, nun sehe ich in der Ferne die Silhouette der Stadt auftauchen – die beiden Türme im Süden und das Empire State Building im Zentrum Manhattans. Ich komme aus Boston, neben mir im Wagen sitzt Christian, mein Freund, der vor einiger Zeit von London nach Massachusetts gezogen ist. Ich hatte gehört, die Swingära sei in den Big Apple zurückgekehrt. Nun wollen wir gemeinsam auf Erkundungstour gehen. Stundenlang laufen wir durch die Canyons of steel, wie es in Vernon Dukes wunderbarem Song »Autumn in New York« über die Straßen dieser Stadt heißt. Von einem Swingrevival ist allerdings weit und breit nichts zu entdecken. Abends erreichen wir die Lincoln Plaza, hier – so hatte es uns der Inhaber eines Krawattengeschäfts erzählt – träfen sich hin und wieder junge Leute zum Tanzen. Wir biegen auf den Platz ein, und ich erstarre. Vor uns eine unübersehbare Menschenmenge, in deren Mitte eine Bühne, ein Swingorchester spielt zum Tanz. Geleitet wird die Big Band, wie sich schnell herausstellt, von Illinois Jacquet – er spielte das legendäre Saxophonsolo in Lionel Hamptons »Flying Home«. An diesem lauen Sommerabend tanzen mehrere Tausend Jugendliche Lindy Hop zu Illinois Jacquett und seiner Big Band.

Als Kind hatte man mich belächelt, wenn ich von meiner Musik sprach, meine Freunde hörten ACDC oder ABBA, im besten Falle Bach oder Mozart. Als ich studierte, spielten meine Kommilitonen lieber Kompositionen von Keith Jarrett oder Chick Corea. Niemand nahm mich und meine Musik ernst, und ich konnte es ihnen nicht einmal verdenken. Swing war tot, daran schien es nach Lage der Dinge keinen Zweifel geben zu können. An diesem Abend aber im Juli des Jahres 1999 bin ich nicht mehr allein, ich tauche in die tanzende Menge ein, ich blicke in Hunderte verzückte Gesichter, kaum ein Tänzer ist älter als ich selbst, die Lincoln Plaza ist erfüllt von Swingmusik, und meine Augen füllen sich mit Tränen. Ich rufe meine Mutter in Berlin an, halte das Telefon in die Höhe: »Hörst du das?« In dieser Nacht schwöre ich mir: »Ich bringe meine Band nach New York – koste es, was es wolle!«

Christian muss am folgenden Tag nach Boston zurück, ich beschließe, noch in New York zu bleiben, um mich umzusehen. Jemand hatte mir von einem Club berichtet, in dem die Swing Dance Society jeden Sonntag einen Tanzabend veranstaltet. Und heute ist Sonntag. Der Taxifahrer muss einige Zeit suchen, ehe die Irving Plaza gefunden ist. Ich zahle zehn Dollar und gehe hinein. Die Irving Plaza ist größer, als ich erwartet hatte, weniger ein Club, eher ein Tanzsaal mit einer großen Bar und eine Balustrade. Auf der Bühne spielt ein Orchester für die vielleicht vier- oder fünfhundert Tänzer, von denen die meisten Kleidung aus den dreißiger Jahren tragen.

Ich bin ebenso überwältigt wie eingeschüchtert. Im Hotel hatte ich in aller Eile noch das neue Album meiner Band eingesteckt, nur für den Fall, dass ich es jemandem geben könnte. Nun stehe ich völlig verloren und ratlos am Rande der Tanzfläche und beginne zu träumen. In meiner phantastischen Vorstellung greift jener ältere Herr, der in den Pausen des Orchesters alte Schallplatten mit der Musik Benny Goodmans oder Tommy Dorseys auflegt, plötzlich nach unserem Album, Augenblicke später erklingt unsere Musik, die Tänzer springen auf, ich blicke von der Balustrade auf sie hinab und sehe ihnen dabei zu, wie sie beginnen, nach unserer Musik zu tanzen. Da, die Musik bricht ab. Die Musiker des Orchesters erklimmen die Bühne, für einen kurzen Moment erwache ich aus meinem

Traum, die Band spielt »Stompin' At The Savoy«, und die Tänzer formieren sich zu einem Shim Sham.

Ich kann den Blick nicht von der Tanzfläche wenden, Wirklichkeit und Illusion scheinen wieder zu verschmelzen, im selben Augenblick kehrt der Traum zurück. Ich wähne mich nun im Savoy Ball Room, es ist ein Julitag im Jahre 1937, vor dem Tanzpalast parken elegante Limousinen der Marken Packard oder LaSalle. Gleich wird Chick Webb die Bühne erobern, mit Ella, seiner neuen Sängerin. Die Traumbilder verschwinden. Auf der Bühne spielt das Orchester ein Count-Basie-Arrangement. Nun, sage ich mir, du hast genug gesehen, jetzt kannst du getrost ins Hotel zurückkehren. Ich gehe die Stufen des Irving Plaza hinab zum Ausgang. Schon strecke ich meine Hand nach dem Türgriff aus. Dann halte ich inne. ›Nein, Andrej‹, sage ich mir, ›du willst doch nicht umsonst hier gewesen sein.‹ Ich mache auf dem Absatz kehrt, gehe die Stufen zum Saal wieder hinauf, an den Tänzern vorbei zu jenem Aufgang, der zur Balustrade führt. Da sitzt noch immer der ältere Herr auf einem Stuhl, ich gehe auf ihn zu, ich käme aus Deutschland, sage ich, er könne ja, wenn seine Zeit es zuließe, bei Gelegenheit unsere Musik anhören. Er wolle das gerne tun, erwidert der nette ältere Herr, er heiße John, sagt er noch, ich verabschiede mich von ihm und will mich im selben Augenblick der Treppe zuwenden. Da ruft jemand nach mir. Ich drehe mich um. Ein schlanker, nicht mehr ganz junger Mann tritt an mich heran, er stellt sich vor, sein Name sei Donald Gardiner, er habe gehört, ich sei Deutscher, ob ich ihm in einer Angelegenheit helfen könne.

Donald hat, wie sich herausstellt, einen Brief aus Deutschland erhalten, wir setzen uns in einen kleinen Nebenraum, und ich übersetze den Brief für ihn. Es ergibt sich daraufhin eine längere Unterhaltung, Donald lebt auf Long Island, er hat in seiner Jugend Basketball gespielt, er war als Sportler in

Schweden unter Vertrag und ist – trotz seines amerikanischen Passes – in den siebziger Jahren von den Behörden unbehelligt mit einem Toyota Sportwagen quer durch die Sowjetunion gefahren. Er sammelt Schallplatten, schreibt an einem Buch über die Architektur amerikanischer Colleges und lebt von den Mieteinnahmen einiger Häuser in Arizona, die er vor Jahren günstig gekauft hat.

Plötzlich höre ich eine vertraute Melodie, ein vertrautes Arrangement. Ich reiße die Tür auf, ich laufe zur Balustrade und sehe auf die Tanzfläche hinunter. John spielt unser »I Can't Give You Anything But Love«, und einige Hundert New Yorker Swingtänzer tanzen Lindy Hop dazu.

Im Winter kehre ich nach New York zurück, ich bin entschlossen, dort mein Glück zu versuchen. Donald ist überaus hilfreich, er macht mich mit einigen der einflussreichsten Clubmanager bekannt, die zeigen sich erstaunlicherweise hochinteressiert an einer Band, die authentischen Swing spielt. Nach und nach gelingt es mir, unser kleines Orchester in den wichtigsten Lokalen der Stadt unterzubringen, selbst im Irving Plaza werden wir engagiert. Donald erzählt mir, die Swingrenaissance breite sich immer weiter in Amerika aus, jedes Hotel, das etwas auf sich hielte, engagiere nun Swingorchester für ihre Tanzabende, in den Tanzschulen New Yorks gäbe es im Grunde nur noch Lindy-Hop-Kurse, und die seien auf Monate ausgebucht. Beiläufig erwähnt Donald, auch das berühmte Restaurant Windows On The World im World Trade Center veranstalte nun Swingabende, ich schlage sofort vor, dort vorbeizufahren.

Es ist ein grauer, regnerischer Tag, das Restaurant ist leer, nur ein einsamer Tontechniker ist im Begriff, Kabel aufzurollen. Er gibt mir eine Visitenkarte des Lokals, der Restaurantmanager sei im Moment nicht da, er heiße Chris Blood, an ihn müsse ich mich wenden, wenn ich hier auftreten wolle. Ich bedanke mich für die Auskunft und fahre mit dem Lift die hundertsieben Stockwerke hinab.

Im April 2000 komme ich ein weiteres Mal nach New York, letzte Gespräche sind noch zu führen, einige Verträge zu unterzeichnen. Aus einer Laune heraus rufe ich im Büro von Chris Blood an. Niemand nimmt ab, ich hinterlasse eine Nachricht. »Hallo Chris, wir hatten uns ja im Januar so nett unterhalten«, lüge ich, »du sagtest, ich möge mich melden, wenn ich wieder in der Stadt sei. Ich bin im Pennsylvania.« Natürlich ruft niemand zurück. Einige Tage später unternehme ich einen weiteren Versuch, doch Chris Blood bleibt unauffindbar. Dann plötzlich, an einem Freitagnachmittag, ich bin gerade im Begriff, mein Hotelzimmer zu verlassen, läutet das Telefon. Es ist Chris Blood. Er wirkt hörbar irritiert. »Ich kann mich überhaupt nicht an unser Gespräch erinnern!« Kein Wunder, denke ich bei mir. »Also gut, kannst du in einer halben Stunde im Windows sein?«

Ich rase mit einem Taxi quer durch den dichten Verkehr bis an die Südspitze von Manhattan. Gerade noch pünktlich treffe ich im Windows On The World ein. Chris Blood sieht mir eindringlich ins Gesicht. Er trägt einen teuren dunklen Anzug, er ist etwa in meinem Alter, sein Haar ist gegelt. »Seltsam, Andrej, mir ist, als hätte ich dich noch nie gesehen.« Er zögert. »Weißt du, ich bekomme jeden Tag Dutzende Angebote von Bands, die hier auftreten wollen. Wieso sollte ich gerade euch engagieren?« – »Weil wir außergewöhnlich sind!« – »Wirklich? Na gut. Ich muss jetzt zu einem anderen Termin. Ich werde mir bei Gelegenheit euer Album anhören, vielleicht melde ich mich.« Das Gespräch hat kaum zwei Minuten gedauert, niedergeschlagen fahre ich mit dem Lift hinunter in die Lobby des Towers, ich nehme ein Taxi und kehre ins Hotel zurück. Im Fernsehen läuft die Jerry Springer Show, zwei ältere Männer prügeln sich um eine hässliche, dicke Frau, die beide hintergangen hat, das Publikum johlt. Da läutet das Telefon. »Hier ist Chris Blood. Du hast zwei Abende im Windows. Have a nice day!« Ich gehe hinüber zum Fenster und blicke hinaus auf die Silhouette der Wolkenkratzer. If you can make it there …

Ein Jahr ist seit jenem Abend auf der Lincoln Plaza vergangen, wieder ist Sommer, aus einem feinen Dunstschleier ragen die Spitzen der höchsten Wolkenkratzer Manhattans empor, ich blicke aus dem Fenster eines Flugzeugs auf die Stadt meiner Träume, ich reise diesmal nicht allein, im Flugzeug verteilt sitzen die Musiker meiner Band, wir sind grimmig entschlossen, New York zu erobern.

Im letzten Moment waren Visa und Arbeitserlaubnisse in Berlin eingetroffen, viele hatten uns zu helfen versucht, selbst Fritz Rau hatte sich – wenn auch vergeblich – um uns bemüht. Er wusste wohl Michael Jackson nach Deutschland zu verpflichten, aber die Swing Dance Band nach New York zu exportieren, das war etwas ganz anderes! Guter Rat war teuer – am Ende hatten wir es selbst irgendwie zuwege gebracht.

Nun ist alles Improvisation. Am John F. Kennedy Airport suchen wir lange nach einem Gefährt, das uns preiswert mit unseren Instrumenten in die Stadt bringen kann. Im Hotel hatte ich zwei Zimmer reserviert, sie sind winzig, wie sich herausstellt, kaum groß genug für zwei, und wir sind sieben! Dafür ist an der Rezeption eine Nachricht hinterlegt, der amerikanische Zoll hat unser Schlagzeug und die Mikrophone festgesetzt, diese hatten wir des Gewichts wegen mit einem Paketdienst befördern lassen. Ein schlimmer Fehler – ich bringe Stunden damit zu, den Zoll am Telefon zur Herausgabe unserer Ausrüstung zu bewegen.

Holprig gerät unsere Fahrt zum ersten Auftrittsort. Wir überreden den Fahrer eines zufällig vor dem Hotel parkenden

Lieferwagens, uns und unsere Instrumente am World Trade Center abzusetzen. Die Sache ist schwieriger als gedacht, der Mann ist Inder und spricht augenscheinlich kein Wort englisch. Ich skizziere auf einem Zettel die Umrisse der Zwillingstürme, der Mann nickt: »Fourty Dollars!« Wir fahren auf der 12th Avenue, die Blicke fest auf das World Trade Center gerichtet, da reißt uns das Geräusch eines absterbenden Motors aus unseren Gedanken. Der Inder flucht. Doch seine Bemühungen sind umsonst, der Motor widersetzt sich allen noch so verzweifelten Startversuchen. Der Inder steigt aus und beginnt, unsere Instrumente in den dichten Nachmittagsverkehr hinein zu entladen, Widerspruch ist zwecklos, der Mann versteht kein englisch und wir sprechen nicht Hindi. Ratlos stehen wir in unseren Smokings und die Sängerin im Abendkleid inmitten der Autos, die an uns vorbeiziehen. Unvermittelt hält neben uns ein weißer Van, ein fröhlicher junger Afroamerikaner beugt sich heraus und meint verschmitzt: »You guys need some help!« Sein Lieferwagen hat weder Fenster, noch Sitze oder Haltegriffe, wir klammern uns an unsere Instrumente und fahren schließlich eben noch rechtzeitig mit lärmender afrikanischer Popmusik vor dem Tower 1 des World Trade Center vor.

55.

Ich war ein Kind von vier Jahren, als mir Benny Goodman zum ersten Mal begegnete – ohne dass ich ahnte, wer er war und wie sehr er mein Leben später beeinflussen sollte. Das Haus meiner Eltern war stets von Musik erfüllt gewesen, zum Frühstück erklangen Bach-Präludien oder Schubert-Lieder, die Dietrich Fischer-Dieskau sang. Hin und wieder aber zog mein Vater eine der wenigen Jazzschallplatten aus dem Regal und legte sie auf. Meist hörte ich dann Louis Armstrong oder Sidney Bechet. Mir gefielen diese frühen Jazzaufnahmen.

Eine Tages aber kam aus den Lautsprechern unserer altmodischen Anlage eine Musik, die ich noch nie zuvor gehört hatte. Es war ein schnelles Stück, gespielt von einem großen Orchester – ein süßlicher und zugleich fordernder Klang. Es war sofort um mich geschehen. Fragend sah ich meinen Vater an, er sagte, dies sei Benny Goodman und sein Orchester. Ich war ein Kind, aber ich wusste: nach diesem Klang hatte ich gesucht.

In den folgenden Jahren wurde Benny Goodman allmählich zu meinem imaginären, geheimen Freund. Seine Musik war mir vertraut, in ihr fühlte ich mich heimisch, ich hörte »Don't Be That Way« oder »Swingtime In The Rockies«, während meine mir oft seltsam fremd gebliebenen Schulfreunde andere, modernere Musik bevorzugten.

Ganze Nachmittage verbrachte ich auf meinem Zimmer, ich war nun zehn oder zwölf, und während der Plattenspieler lief, träumte ich von einem Orchester, mit dem ich in ferner Zukunft um die Welt reisen würde. Hunderte, ja Tausende würden in meine Konzerte kommen, um Benny Goodmans Musik zu hören, die ich retten wollte vor dem Vergessen. Später, viel später las ich in den Erinnerungen von Musikern, die mit Goodman gespielt hatten, er sei schwierig gewesen, abweisend und oft ungerecht. Ich konnte das nicht glauben, er war doch mein Freund, und die Fotografien zeigten keinen arroganten Snob, sondern vielmehr einen verschmitzt lächelnden jüdischen Jungen aus Chicago. Ich glaubte, ihn zu verstehen, er lebte in seiner Musik, nichts war ihm wichtiger als sie.

Im Sommer des Jahres 2000 besuchte ich Lloyd Rauch in seinem kleinen New Yorker Apartment. Lloyd war Benny Goodmans letzter persönlicher Assistent gewesen. Er bot an, mir eine außergewöhnliche, nie veröffentlichte Aufnahme vorzuspielen – er selbst hatte sie gemacht, wenige Tage vor Bennys Tod. Ich wollte sie nicht hören, ich fürchtete, enttäuscht zu werden, die späteren Aufnahmen Goodmans hatten mich nie interessiert, ich empfand sie als glanzlos und kalt. Aber ich wollte nicht unhöflich erscheinen. Wie groß war meine Überraschung, ja meine Bestürzung! Das Orchester klang wundervoll. Benny spielte mit der alten Leidenschaft, es war, als ahnte er seinen nahen Tod.

Noch einmal, ein letztes Mal, kehrte er zurück in jene glorreiche Zeit, als sein Orchester das beste Swingorchester der Welt war und man ihn den »King of Swing« nannte. Tränen liefen meine Wangen hinab, als der letzte Akkord verklungen war.

56.

Ich gehe die schmale Gasse entlang, links und rechts haben die Händler auf einfachen Holzpritschen ihren frischen Fisch ausgelegt, den meisten fehlt der Kopf, aber sie schlagen noch mit den Flossen, andere sind der Länge nach in zwei Hälften gespalten, in einer von ihnen schlägt noch das Herz, der Anblick ist etwas für Hartgesottene, aber wir sind in Hongkong, und die Chinesen scheinen hart gesotten zu sein. Seit Stunden laufe ich mit Jörg von Nolting durch diesen Distrikt, die anderen Musiker unserer Band haben es vorgezogen, im Hotel zu bleiben und sich von den Strapazen der Reise zu erholen. Wer könnte es ihnen verdenken? Für ein Wochenende nur sind wir nach Hongkong zurückgekehrt, nachdem wir erst vor wenigen Tagen aus der chinesischen Metropole nach Deutschland abgereist waren, abreisen mussten, weil eine wichtige Filmproduktion sich allen Bemühungen zum Trotz nicht hatte verschieben lassen.

Die Einladung nach Hongkong war etwas überraschend gekommen. Im Sommer erst waren wir wieder in New York gewesen, wir hatten aus unseren Fehlern gelernt, es wenigstens versucht. Ein guter Bekannter meiner von mir frisch geschiedenen Frau Bettina hatte schon vor Jahren eine Professur in Hongkong angetreten, nun setzte er alles daran, unsere Band in der dortigen Universität auftreten zu lassen, es war ihm sogar gelungen, die größte deutsche Fluglinie dazu zu bewegen, uns umsonst nach China zu fliegen. Umsonst? Nicht ganz. Wir hatten uns verpflichtet, auf einem Ball im Shangri La Hotel zu spielen, der von besagter Fluglinie ausgerichtet werden würde. Nach einigen Konzerten in der Stadt und einer zwanzigstündigen Rückreise nach Berlin waren wir jetzt wieder da, um unsere Verpflichtung zu erfüllen.

Wir hatten schon die gewaltigen Wohnkomplexe mit einem Schaudern bestaunt, zwanzig, dreißig, ja vierzig Stockwerke hoch, die Wohnungen erschienen uns winzig, und sicherlich waren sie es auch. Mit der Fähre hatten wir von Kowloon auf das Festland übergesetzt, waren in den Schluchten der modernen Wolkenkratzer spazieren gegangen, immer auf der Suche nach dem alten Hongkong, das ich aus dem Film noir zu kennen glaubte.

Jetzt scheine ich endlich Erfolg zu haben, die kleine Gasse, die wir entlang laufen, sieht aus, als stamme sie aus einem Filmset der späten vierziger Jahre, es geht laut und geschäftig zu, Jörg und ich versuchen, nicht allzu genau hinzusehen.

Plötzlich entdecke ich etwas. Es sieht aus wie ein Aal. Aber müsste ein Aal nicht im Wasser schwimmen? Dieser Aal aber hängt an einem Stock, er windet sich, dieser Aal ist gar kein Aal, sondern eine Schlange. Panik ergreift mich. Ich hasse Schlangen, ich kann schon ihren Anblick nicht ertragen. Als Vierjähriger hatte ich im Tierpark darauf bestanden, die Terrarien mit den exotischen Reptilien zu sehen. In der folgenden Nacht schrak ich plötzlich aus dem Schlaf auf, ich sah mich um, mir war, als läge unter dem Kachelofen in meinem Kinderzimmer eine Schlange. »Das kann doch nicht sein«, sagte ich mir und schaltete das Licht meiner Nachttischlampe ein. Doch in deren fahlem Schein erkannte ich tatsächlich eine Schlange, sie bewegte sich langsam auf mich zu, sie schien mich bemerkt zu haben, verzweifelt schrie ich nach meiner Mutter. Sie eilte herbei, es war nichts mit der Schlange, der Gürtel meiner Hose lag unter dem Ofen, ich hatte ihn achtlos dort hingeworfen, meine Mutter maß meine Temperatur, ich hatte vierzig Grad Fieber. Seit dieser Nacht war meine Furcht vor Schlangen grenzenlos.

Entsetzt greife ich nach dem Arm meines Trompeters. Jörg besieht sich ungerührt das Schauspiel, vor dem Restaurant steht ein Mann, direkt neben der Schlange, er verkauft eine Suppe, ich ahne schon, woraus sie zubereitet ist. Taschen und Gürtel gibt es dort auch. Offenbar ist der geschäftstüchtige Inhaber des Restaurants auf eine möglichst vollständige Verwertung der Schlangen bedacht.

Ich ergreife die Flucht. Abends spielen wir im Shangri La, ich sitze am Flügel und versuche nicht an Schlangen zu denken. Am folgenden Tag fliegen wir nach Deutschland zurück, ich bin am Ende meiner Kräfte und verwende alle meine mühsam ersparten Meilen darauf, in der Business-Class zu reisen.

Mitte der fünfziger Jahre war mein Vater an Bord einer IL 14 nach China geflogen. Er war mehrere Tage unterwegs gewesen, alle paar Stunden musste das zweimotorige Flugzeug zwischenlanden, um nachzutanken. Mehrere Wochen verbrachte mein Vater im Reich Mao Tse-tungs. Gegen Ende der Reise kündigten die chinesischen Begleiter zum Abschied ein besonderes Festmahl an: ein Schlangenessen. Als der Tag heran war, überkamen meinen Vater heftige Bauchschmerzen, er verbarrikadierte sich in seinem Hotelzimmer und ging nicht ans Telefon. Ohne eine Schlange verspeist zu haben, kehrte mein Vater über die Mongolei und die Sowjetunion nach Berlin zurück. Wie gut ich ihn doch verstehen konnte …

57.

»Karthoum, this is Swissair one five seven, over!« Seit einigen Minuten schon versucht der Kapitän verzweifelt, die sudanesische Bodenstation zu erreichen. Es nützt nichts, Karthoum bleibt stumm. Ich sitze im Cockpit einer MD 11 und blicke nach links durch das gewaltige, fast einen Meter hohe Seitenfenster auf die Wüstenlandschaft zwölf Kilometer unter uns. Vor drei Jahren war eine baugleiche Maschine der Swissair brennend vor der amerikanischen Küste ins Meer gestürzt, ich hatte vorhin mit dem Kapitän über das Unglück gesprochen, es ist seltsam, in diesem Flugzeug zu sein, das dem anderen, abgestürzten, bis aufs Haar gleicht. Eine Stunde habe ich schon im Cockpit verbracht. Jetzt gehe ich zurück in die Passagierkabine zu Joyce, die unseren kleinen Sohn David im Arm hält. Er ist kaum ein halbes Jahr alt.

Lange Zeit hatte Joyce nicht reisen können, vor einigen Monaten erst war es uns gelungen, sie zu legalisieren, die Berliner Ausländerbehörde hatte sich unerwartet konziliant gezeigt.

Nun endlich also werde ich das Land sehen, aus dem die Frau kommt, die ich liebe. Das Flugzeug beginnt zu sinken, durch die Wolkentürme hindurch, unter denen wir den Victoriasee nur vermuten können. Über den Ngong Hills dreht die MD 11 leicht nach links, in der Ferne kann man die Außenbezirke Nairobis erkennen, weich setzt die Maschine schließlich auf der Landebahn auf und rollt zum Flughafengebäude.

Die Passagiere müssen eine Gangway benutzen. Mit dem Handgepäck laufen wir auf das Terminal zu, ich sehe alte russische und amerikanische Flugzeuge, die auf dem Vorfeld geparkt sind. Große Traktoren fahren über das Gelände, man wähnt sich auf einer Farm, aber es ist der Jomo Kenyatta International Airport, der ganze Stolz des Landes.

In der Ankunftshalle herrschen chaotische Zustände, aber schon nach wenigen Minuten sind wir im Besitz unserer Koffer. Die ganze Familie ist da, um uns in Empfang zu nehmen, eine unbekannte Frau umarmt mich und bezeichnet mich als ihren Sohn, es ist Mary, meine Schwiegermutter. Ich kann ihre Herzlichkeit nicht erwidern, ich entziehe mich ihrer Umarmung, ich brauche Zeit.

Noch nie zuvor war ich in Afrika gewesen, fast alle Menschen, denen ich nun auf den Straßen Nairobis begegne, sind schwarz. Der Anblick überrascht mich weniger, als ich erwartet hatte, ich fühle mich fremd und heimisch zugleich. Am ersten Abend gehe ich nicht vor die Tür unseres Hotels. Das Intercontinental wurde Ende der sechziger Jahre errichtet, der Grundstein ist an der Vorfahrt zu besichtigen, auf ihm ist der Name des ersten Präsidenten des freien Kenia eingraviert. Ich halte angstvoll nach Moskitos Ausschau, ich hatte mich im Berliner Tropeninstitut gegen Gelbfieber impfen lassen, auf die Malariaprophylaxe aber verzichtet, nachdem man mir gesagt hatte, deren Nebenwirkungen seien schlimmer als die Krankheit selbst.

Ich sehe keine Moskitos, auch am nächsten Tag nicht, ich erkunde Nairobi, das mir wie eine afrikanische Ausgabe New Yorks vorkommt: laut, schnell, verrückt.

Im Wesentlichen sind im Zentrum der Stadt drei Baustile zu erkennen: das Art Déco der dreißiger Jahre im indischen Distrikt, die neue Sachlichkeit der Bürogebäude aus den sechziger und siebziger Jahren und einige Hochhäuser, mit den braun oder blau getönten Fensterfronten, die in den achtziger Jahren nahezu jeden Neubau zierten. Wirklich moderne Bauwerke gibt es nicht, die Fassaden wirken vernachlässigt, durch die Straßen der Innenstadt quält sich mühsam der Verkehr. Ich fühle mich in meine Kindheit zurückversetzt, ich sehe alte Londoner Taxis, Peugeot 404 und Landrover, die noch aus den fünfziger Jahren zu stammen scheinen. Traktoren ziehen Anhänger hinter sich her, auf denen sich Dutzende Menschen drängen. Man sieht Viehkarren, denen zwei Ochsen vorgespannt sind.

Joyce will mit ihrer Schwester auf einen Markt, es heißt, dort gäbe es sehr preiswerte Kleider. Der Taxifahrer rät uns ab, aber meine Frau besteht auf dem Ausflug. Wir landen mitten in der Hölle, die Kibera heißt, einer der größten Slums Ostafrikas.

Es ist heiß, die Gassen sind von Unrat übersät, Fliegen schwirren um uns herum, der Gestank ist kaum auszuhalten. Keine noch so gut gemeinte Reportage im Fernsehen kann Kibera so schildern, wie es wirklich ist. Menschen sollten hier nicht leben. Wer aus Kibera zurückkehrt und kein Sozialist ist, hat kein Herz.

Am darauf folgenden Tag fahren wir aufs Land. Joyce wurde in Isiolo geboren, kürzlich aber ist ihre Mutter auf die Südseite des Mount Kenya gezogen, in ein kleines Dorf namens Thumaita. Wir haben einen Nissan Kleinbus gemietet, eine Fahrt mit einem der ortsüblichen Matatus schien meiner Schwiegermutter wohl zu gewagt.

Je näher wir dem Dorf kommen, desto schöner wird die Landschaft, alles ist grün, ein unglaubliches Grün, dazu die rostrote Farbe der Erde und der strahlend blaue Himmel.

Thumaita ist ein malerisch gelegener Ort, in Sichtweite des erloschenen Vulkans, auf dem, so der traditionelle Glaube, die Götter wohnen.

Noch nie hatte ein Weißer seinen Fuß in dieses Dorf gesetzt. »Wazungus« nennt man die Weißen hier, die Kinder rufen es mir begeistert nach, während sie unserem Bus hinterher zulaufen versuchen.

Mary bewohnt damals noch ein kleines Holzhaus mitten im Dorf, es gibt eine kleine Küche in einer Hütte, die mit Holzkohle befeuert wird, es gibt kein elektrisches Licht, nur Petroleumlampen, kein fließendes Wasser, keine Toilette, die diesen Namen verdient hätte. Ich hatte Angst gehabt, enttäuscht zu sein, aber ich fühle mich wohl. Ich weiß noch nicht, dass dies einmal eine Heimat für mich sein wird.

Bald kehren wir nach Nairobi zurück. Eines Morgens nehmen wir unsere Koffer und fahren mit dem Taxi zum Flughafen. Und mit einem Mal will ich nicht mehr weg von hier. Ich will bleiben in diesem Land, das ich nicht kenne, dessen Sprache ich nicht verstehe und dessen Magie ich doch nicht widerstehen kann. An der Passkontrolle breche ich in Tränen aus. Der Beamte hinter dem Panzerglas sieht mich verblüfft an und winkt mich durch, ohne meine Papiere zu überprüfen.

Ich habe mich verliebt, und während ich aus dem Flugzeug auf den allmählich kleiner werdenden Mount Kenya blicke, weiß ich, dass nichts diese Liebe wird zerstören können.

58.

Ich war zwölf gewesen, als ich meine erste Glenn-Miller-Schallplatte bekam, meine Mutter hatte sie im Musikgeschäft am Kurt-Fischer-Platz erstanden, das schon damals der Familie Fechner gehörte, heute befindet sich deren Musikalienhandlung an anderer Stelle, und Schallplatten werden dort schon seit langem nicht mehr verkauft. Auf dem hellgrauen Cover war ein stark gerastertes Bild Glenn Millers zu sehen, links oben prangte das orangefarbene »J«, das Erkennungszeichen der Jazzreihe des Labels AMIGA. Von Glenn Miller hatte ich zwar schon gehört, aber abgesehen von den beiden Erfolgstiteln »In The Mood« und »Chattanooga Choo Choo« kannte ich kaum eine der Einspielungen dieser so erfolgreichen Band. Nun hörte ich mir die Aufnahmen aufmerksam an, es waren ausnahmslos berühmte Arrangements des Miller Orchesters, überaus präzise gespielt, aber in gewisser Weise empfand ich die Musik damals als seelenlos. Sie erschien mir zu perfekt, zu glatt und zu unterkühlt, kein Vergleich mit der Benny Goodman Band, die voller Leidenschaft und Verve die großartigen Arrangements von Fletcher Henderson und Spud Murphy spielte.

Einige Zeit später hörte ich Mitschnitte von Tanzauftritten des Glenn Miller Orchester, sie gefielen mir weitaus besser als die Studioproduktionen, sie waren lebendiger, die Musiker hatten hörbar großes Vergnügen an dem, was sie da taten. Doch mein Herz schien auf ewig Benny Goodman, Tommy Dorsey und Artie Shaw zu gehören.

Jahre vergingen, ich wurde Musiker, ich gründete eine Band, dann, im Frühjahr 2001 erfüllte sich schließlich auch mein Traum von einem großen Orchester. Wir suchten nun mit großem Enthusiasmus nach Originaltiteln amerikanischer Big Bands der dreißiger und vierziger Jahre, und natürlich war es geradezu unvermeidlich, dass auch Arrangements des Glenn Miller Orchestras den Weg in unser Repertoire fanden. Wir spielten sie, die bekannten Songs ebenso wie einige Raritäten, auf die wir gestoßen waren, das Publikum fand zunehmend Gefallen an unserem Orchester, die Auftritte wurden zahlreicher, und eines Tages wurde auch der Norddeutsche Rundfunk auf uns aufmerksam. Wir wurden für die Sendung »Sonntakte« engagiert, die – ganz wie in den dreißiger Jahren – in einem Sendesaal mit Publikum aufgezeichnet wurde, um einige Stunden später ausgestrahlt zu werden. Am Ende des Konzertes sprach mich ein älterer Herr an, ihm habe das Orchester sehr gefallen, vor allen Dingen dessen authentische Spielweise, er sei Mitglied der »Glenn Miller Birthplace Society«, ob ich Interesse daran hätte, in Glenn Millers Geburtsort Clarinda aufzutreten, dort veranstalte die Gesellschaft alljährlich ein dem Bandleader gewidmetes Festival. Ich nahm die Offerte nicht sonderlich ernst, obwohl Herr Buttron, so hieß der Herr, einen überaus netten Eindruck machte.

Zu meiner Überraschung meldete sich Herr Buttron nach einigen Wochen bei mir, er habe mit Clarinda telefoniert, Marvin Negley, der Vorsitzende der »Glenn Miller Birthplace Society« erwarte meinen Anruf. Es kostete einige Versuche, den offenbar schwer beschäftigten Mister Negley zu erreichen, er bat um die Übersendung von Aufnahmen, dann wollte die Gesellschaft über das Programm beraten. Die Konferenz fiel offenkundig zu unseren Gunsten aus, wir wurden engagiert.

Eilig begannen wir damit, neue Arrangements des Miller Orchestras zu proben, manches war auch über die bestsortierten Quellen nicht zu beschaffen, so mussten wir uns auf Transkriptionen verlassen. Zufällig meldete sich just in diesem Moment ein gewisser Max Keilbach bei mir, er war – wie ich – ein großer Anhänger der Swingmusik und beabsichtigte seit längerem, eine Gesangsgruppe zu gründen. Wir trafen an einem frühen Morgen hoffnungslos übermüdet in der Ankunftshalle des Köln-Bonner Flughafens aufeinander, es war dies nichts anderes als der Beginn einer wunderbaren Freundschaft und die Geburtsstunde der »Skylarks«, die uns einige Monate später nach Clarinda begleiten sollten.

Nach unseren New York-Konzerten und den Auftritten in Hongkong glaubten wir, bereits einigermaßen routiniert im Reisen zu sein, doch der Weg nach Iowa war um ein Vielfaches aufwändiger und beschwerlicher als die vorangegangenen Tourneen. Er führte uns zunächst mit dem Flugzeug nach London und von dort innerhalb von neun Stunden nach Chicago. Am Flughafen O'Hare ließen uns die Organisatoren mit einem Greyhound Bus abholen. Ohnehin schon nicht mehr in bester Verfassung, traten wir nun die lange Fahrt über das ausgedehnte flache Land des Mittleren Westens an. Mit uns reiste unser neuer Sänger David Rose.

Im Jahr zuvor hatte ich den Anruf eines Unbekannten erhalten, er gab vor, Sänger zu sein, sein Name sei David Rose, er lebe in Rastatt, hätte von unserem Orchester gehört, ob wir nicht eine Stelle für ihn frei hätten. Ich hatte zunächst sehr kühl und abweisend mit ihm gesprochen, mich aber dann – einer plötzlichen Eingebung folgend – im Verlaufe des Telefonats anders entschieden und den Anrufer um eine Hörprobe gebeten. Wenige Tage darauf traf ein Band ein. Ich hatte Davids Stimme dann in meinem Wagen gehört. Ich hatte rechts heranfahren müssen, ich war erschüttert gewesen, nach einem solchen Klang hatte ich immer gesucht und dabei nie zu hoffen gewagt, einen Sänger dieser Qualität finden zu können. Damals hatte ich nicht voraussehen können, wie wichtig Davids Freundschaft einmal für mich werden würde. Ich konnte nicht ahnen, wie sehr ich seinen Vater lieben würde, den stets eleganten, rührend freundlichen Bewunderer seines Sohnes, der als Kind einer Sinti-Familie das Ghetto von Lodz überlebt hatte, um Benny Goodman und Frank Sinatra zu hören. Unsere Reise nach Iowa sollte Davids erste Tournee mit dem Orchester werden.

Dem überaus herzlichen Marvin Negley fielen wir bei unserer frühmorgendlichen Ankunft in Clarinda schlaftrunken in die Arme. Die Musiker des Orchesters wurden auf Privatquartiere verteilt. Die meisten von uns hatten Glück, unsere Sängerin Viola Manigk geriet allerdings in die Fänge einer religiösen Eiferin, die ihr täglich voller Stolz aus einer von ihr selbst verfassten Bibel vortrug und sie fortwährend und bis in die tiefe Nacht vor den unmoralischen Verführungen der Welt zu warnen suchte.

Am zweiten Tag sollte unser erstes Konzert stattfinden, wir waren nervös und probten mit einigem Eifer an den neuen Arrangements, als ich bemerkte, wie sich die Tür zum Konzertsaal öffnete und zwei ältere Herren den Saal betraten. Ich verließ die Bühne und ging auf die vermeintlichen Störenfriede zu, fest entschlossen, sie des Saales zu verweisen, um ungestört mit dem Orchester proben zu können. Eben setzte ich zu meinem Protest an, da meinte einer der beiden Herrn freundlich: »Ein großartiges Orchester haben Sie da! Sie spielen gerade ›Oh, You Crazy Moon‹? Schönes Arrangement, habe ich damals geschrieben!« Ich erstarrte. Vor mir stand Norman Leyden, Glenn Millers Arrangeur. »Übrigens«, fügte Leyden hinzu, »Glenn hat in der Bridge einen Fehler gemacht, im dritten Takt spielt er einen Durakkord, das macht überhaupt keinen Sinn, es muss ein Mollakkord sein. Ich würde das gern bei Ihnen korrigieren.«

Minuten später saß Leyden mit unserem Arrangeur Achim Rothe zusammen und berichtigte Glenn Millers Irrtum – nach über sechzig Jahren. Das Festival war ungewöhnlich gut besucht in jenem Jahr, kein Wunder, war es doch nichts anderes als ein großes Fest zu Glenn Millers 100. Geburtstag.

Das Konzert selbst war übrigens ein Erfolg, bis auf ein kleines Missgeschick. Wir hatten im letzten Moment noch ein neues Stück einstudiert, es enthielt einen kleinen gesprochenen Dialog zwischen Glenn Miller und seinem Saxophonisten Tex Beneke – ein früher Rap, wenn man so will –, ich konnte mir allerdings meine Zeilen nicht merken und notierte sie vorsichtshalber auf einem kleinen Zettel. Als ich an der Reihe war, schritt ich voller Zuversicht ans Mikrophon, warf einen Blick auf meine Notizen – und konnte meine eigene Schrift nicht mehr entziffern. Voller Verzweiflung murmelte ich einige sinnlose Vokabeln, während sich meine Musiker vor Lachen bogen.

Trotz dieses persönlichen Desasters bedachten die Besucher unsere Band mit großem Beifall. Das Publikum schien unsere authentische Spielweise und die Ausstattung des Orchesters zu goutieren. Für das folgende Konzert überließ man uns die Originalpulte der Glenn Miller Band, große silberne im Stil des Art Déco gehaltene Konstruktionen aus Edelstahl, unerhört schwer. Tex Beneke hatte sie vor seinem Tod dem in Clarinda ansässigen Glenn-Miller-Museum übereignet. Auf dem Gang traf ich später einen groß gewachsenen auffallend gut gekleideten alten Mann, ich hielt ihn für einen Harvard-Professor, er stellte sich vor, sein Name sei Paul Tanner, er sei Posaunist in der Miller Band gewesen.

Ganz unrecht hatte ich mit meiner Vermutung übrigens nicht: Tanner war nach dem Krieg tatsächlich Akademiker geworden. Zuvor aber war er an allen berühmten Glenn-Miller-Einspielungen beteiligt gewesen. Ich schüttelte bewegt die Hand jenes Mannes, der »Moonlight Serenade«, »Tuxedo Junction«, »Chattanooga Choo Choo« und »In The Mood« aufgenommen hatte.

Reich geworden ist niemand von uns in Clarinda. Von den Anstrengungen der weiten Reise haben wir uns noch längere Zeit erholen müssen. Aber seit unserem Erscheinen in diesem kleinen verschlafenen Städtchen sehe ich Glenn Miller und seine Mitstreiter mit anderen Augen. Sie waren eine verschworene Gemeinschaft junger Musiker, die nichts anderes vorhatten, als das beste Orchester Amerikas zu werden.

Und nicht zuletzt focht Glenn Miller als Major der US-Airforce mit seiner Musik für die Befreiung Europas vom Faschismus. Legendär sind seine erhalten gebliebenen BBC-Sendungen aus dem Herbst des vorletzten Kriegsjahres. An der Seite der deutschen Emigrantin Ilse Weinberger wandte sich Miller in gebrochenem Deutsch an die Soldaten der Wehrmacht, die heimlich seine Swingmusik zu hören begonnen hatten.

Glenn Miller hat das Ende des Krieges nicht mehr erlebt. Als Sohn einer Russin und eines deutschen Juden verdanke ich ihm in gewisser Weise mein Leben.

59.

Im Juli 2001 hatten Joyce und ich in Berlin geheiratet, auf dem Standesamt in Pankow, das Hochzeitsfest hatte im Otto-Grotewohl-Haus am Majakowskiring stattgefunden, dort, wo mein Vater seinen siebzigsten und achtzigsten Geburtstag gefeiert hatte und nun die »Literaturwerkstatt« residierte. Es war das letzte Fest in diesem Haus gewesen, die Eigentümer hatten etwas anderes mit ihm vor, die »Literaturwerkstatt« zog in die Kulturbrauerei, bald darauf wurde das Haus verkauft und befindet sich heute in privater Hand.

Wir hatten ein schönes Hochzeitsfest gehabt, meine Schwiegermutter Mary war eigens aus Kenia angereist, viele Freunde waren gekommen, unser Orchester hatte gespielt.

Aber ich wusste: Joyce träumte von einer Hochzeit daheim. Sie hatte es nie gesagt, so wie sie auch sonst selten einen Wunsch äußert und dann auf die Erfüllung desselben drängt, aber ich war mir sicher, dass sie sich erst dann mit mir verheiratet fühlen würde, wenn wir unseren Bund in Kenia schließen würden.

So hatte ich ein zweites Mal um ihre Hand angehalten, Joyce hatte sich überrascht gezeigt und mich gefragt, ob ich es ernst meinte mit meinem Vorschlag. Ich hatte erwidert, nach fünf Jahren sei es an der Zeit, noch einmal zu heiraten.

Mary war – kaum dass sie von unseren Plänen erfahren hatte – wild entschlossen, mit den Vorbereitungen für ein gewaltiges Fest zu beginnen. Der Chief, eine Art Dorfvorsteher, war zu Rate zu ziehen, die Dorfältesten hatten ihre Einwilligung zu geben, eine Mitgift wurde – wenn auch nur symbolisch – vereinbart. Ich hatte gefürchtet, zwanzig Kühe herbeischaffen zu müssen, und war erleichtert gewesen, als es hieß, drei Ziegen und einige Hühner seien der Mitgift genug.

Nun sind wir schon seit Tagen in Kenia, Joyce hat keine freie Minute, ist ständig von Frauen umringt, die sie auf die Hochzeit vorbereiten, ihr Haar frisieren und immer wieder von neuem das Kleid bügeln. Ich bin unterdessen mit David nach Nairobi gefahren, um meine Freunde in Empfang zu nehmen. Unser kleiner Sohn ist inzwischen fünf und schon sehr verständig. Ich bin überwältigt: nicht nur Wulf und Peter reisen aus Deutschland an, nein auch Christian nimmt die Strapaze zweier Langstreckenflüge auf sich und kommt aus Amerika nach Nairobi.

Wir fahren zusammen ins Dorf, Joyce und ich sind für den folgenden Tag mit Pater Peter verabredet. Die evangelische Kirche in Thumaita hatte plötzlich diverse Papiere von uns verlangt, Papiere, die wir nicht hätten beibringen können, so war Mary schließlich auf die katholische Kirche ausgewichen. Pater Peter hatte ihr erklärt, ihm seien alle, die von ihm getraut werden wollten, herzlich willkommen.

Nun fahren wir zu ihm nach Karumandi, der Weg ist abenteuerlich, der Nissan-Bus schaukelt bedenklich. Pater Peter empfängt das Brautpaar an den Stufen seines Hauses, er bittet uns herein, wir sollen an einem Tisch Platz nehmen, er wolle einige Einzelheiten mit uns besprechen. Unvermittelt fragt er Joyce nach ihrer Kommunion, meine Frau gibt vor, sich nicht genau erinnern zu können, darauf sieht mich Pater Peter durchdringend an: »Und du erinnerst dich sicherlich auch nicht, oder?« Ich nicke und starre zu Boden. Pater Peter aber ist zufrieden, der katholischen Vermählung einer Protestantin mit dem Sohn eines Juden steht nichts mehr im Wege.

In der Nacht vor der Hochzeit schläft Joyce in Kagio, auswärts also, wie es die Tradition vorsieht. In Marys Haus macht man sich über eine frisch geschlachtete Kuh her, die den Hunderten erwarteter Gäste als Mahl dienen soll, das Fleisch wird portioniert, Marys Haus ist blutgetränkt. Auch weil sich die verhinderten Köche und die Dorfältesten mit Tusker Bier zu betrinken beginnen, unternehme ich mit meinen Freunden ausgedehnte Spaziergänge durch Thumaita und dessen nähere Umgebung.

Am folgenden Tag versammelt sich das Dorf, mehr oder minder nüchtern, vor der Kirche. Die Sonne strahlt, keine Wolke am Himmel, alle warten auf die Ankunft der Braut, die sich natürlich verspätet. Endlich fährt das Auto vor, Joyce steigt aus, bezaubernd, nein, überwältigend sieht sie aus, ich bin in sie verliebt, mehr denn je.

Die Kirche ist überfüllt. Ein Chor singt und tanzt, während das Hochzeitspaar einzieht, begleitet von einem Musiker, der ebenso enthusiastisch wie konsequent in einer anderen Tonart spielt, als der Chor singt. Meine hilflosen Versuche, ihn mit Gebärdensprache dazu zu bewegen, mit der Folter aufzuhören, feuern ihn nun noch mehr an, es ist hoffnungslos.

Pater Peter hält eine bemerkenswert philosophische Predigt, er spricht von der Verbindung der beiden Länder, Deutschland und Kenia, die durch unsere Heirat fester und dauerhafter würde. Eine gewisse Übertreibung, aber das anwesende deutsche Fernsehen nimmt diesen politischen Exkurs augenscheinlich wohlwollend zur Kenntnis.

Wulf ist mein Trauzeuge, Joyce' Zwillingsschwester Janice steht ihr zur Seite. Den englischen Trauspruch habe ich versucht, auswendig zu lernen, ich bringe ihn fehlerlos über die Lippen. Und dann streifen wir uns gegenseitig die Ringe über die Finger, die zweiten nun schon, ich hatte den meinen bei einem indischen Juwelier in Nairobi erstanden.

Der Chor singt und tanzt, der Musiker spielt fröhlich und falsch, zu Fuß laufen wir hinüber zur Thumaita Secondary Girls School, wo bereits die Gäste warten.

Es mögen tausend sein, die Hochzeit ist eine Sensation, noch nie hatte es etwas Derartiges gegeben in dieser Region, seit Wochen war von nichts anderem die Rede gewesen.

Wir sitzen auf unseren Ehrenplätzen unter einem Zelt und nehmen die Huldigungen der Gäste entgegen, ein Gebet jagt das andere, man bringt uns eine riesige hölzerne Giraffe, ein Geschenk für unser Haus, das wir zu bauen begonnen haben. Unsere kleine, dreijährige Tochter Rachel stört mit schrecklichem Geschrei die Würde der Zeremonie, bis es uns gelingt, sie mit einem rosafarbenen Kuchenstück ruhigzustellen.

Eine dunkle Regenwolke zieht wie aus dem Nichts heran, immer näher kommt sie uns, ich kann den Regen förmlich riechen, aber dann, wenige hundert Meter vor uns, dreht die Wolke plötzlich ab und verschwindet so schnell, wie sie gekommen ist. Sie gibt den Blick frei auf den Mount Kenya, den Berg, auf dem die Götter wohnen.

60.

»David, gib das sofort her!« – »Rachel, hör auf damit!« So geht das schon seit Stunden, der Zank wird immer heftiger, das Gebrüll immer lauter und durchdringender.

Was haben wir nur für Kinder!

David wurde im ersten Jahr des neuen Jahrtausends geboren, er war kaum drei, da vernahmen wir, als wir gerade am Lago Maggiore vorbeifuhren, seine Stimme aus dem Fond unseres Autos: »Ich will Trommel!« Ich glaubte, mich verhört zu haben. »Was hast du gesagt?« – »Ich will Trommel!«, wiederholte der kleine Kerl ungerührt. Sicherheitshalber beschlossen wir, Davids seltsamen Wunsch zu erfüllen. Wir setzten uns auf die Piazza Grande in Lugano, um Lasagne und Pizza zu essen, aber David schien nur an seiner neuen kleinen roten Trommel interessiert. Er saß auf dem Boden und schlug im Takt mit den Trommelstöcken auf das Fell, einige Passanten blieben stehen, in der Annahme, es handele sich um eine besonders ausgefallene Form der im Tessin so verbreiteten Straßenkunst, es fehlte nur, sie hätten David Münzen zugeworfen.

Das Leben der kleinen roten Trommel war verhältnismäßig kurz. Es folgte ein Spielzeugschlagzeug aus Plastik, das schon nach wenigen Wochen zerbrach, David war tränenüberströmt aus seinem Zimmer gestürzt. »Papa, die Trommel bewegt sich!«, hatte er schluchzend gerufen. Auf Anraten meines Schlagzeugers Michael Wirth hatte ich David daraufhin in der Musikalienhandlung der Familie Fechner ein schwarz glänzendes Juniorschlagzeug gekauft. An jenem kalten Novembertag hatte ich David um vier Uhr aus dem Kindergarten abgeholt, noch im Wintermantel ging David auf sein Zimmer, stumm setzte er sich an das Instrument, rückte die Trommeln und Becken zurecht und begann zu spielen.

In den folgenden Stunden scheiterten all unsere Bemühungen, ihn vom Musizieren abzubringen, David wollte weder essen noch trinken, noch schlafen.

Es vergingen keine zwei Jahre, und er wusste das Carnegie Hall Konzert auswendig zu spielen, nicht perfekt, aber doch mit allen Details, allen Pausen und Crescendi.

Während der Proben meines Orchesters stand er regungslos und mit unbewegter Miene neben dem Schlagzeuger und beobachtete sein Spiel. Dann rannte er in sein Zimmer und imitierte, was er gehört hatte. Mit vier Jahren trat David zum ersten Mal mit unserer Band auf. Den ganzen Tag hindurch war ich ganz gegen meine Gewohnheit nervös gewesen, David aber marschierte völlig gelassen in seinem eleganten schwarzen Anzug auf die Bühne und kommandierte: »Los, Papa, zähl ein, aber nicht zu langsam!«

Inzwischen war David nicht mehr allein, er hatte eine Schwester bekommen. Die anfängliche Begeisterung über den potentiellen Spielkameraden legte sich allerdings rasch. Rachel wusste genau, was sie wollte und was nicht. Sie wollte nachts nicht schlafen, sie wollte Davids Spielsachen, und sie wollte sich im Flugzeug nicht anschnallen. Selbst einer resoluten Stewardess der KLM gelang es im Anflug auf Amsterdam nicht, die rebellierende kleine Maus in ihren Sitz zu zwingen.

Aus den Kinderzimmern war, je älter Rachel wurde, immer häufiger durchdringendes Geschrei zu vernehmen, Rachel liebte David, und David liebte Rachel, nur war das kaum zu erkennen. In einem schienen sich die beiden allerdings einig zu sein: in ihrer Zuneigung zu ihrer Schwester Laura. Wann immer sie uns besuchte, rannten beide auf sie zu und riefen im Chor: »Endlich, meine Laura!« Vielleicht rief Rachel auch etwas lauter …

Mit der Zeit veränderten sich die Interessen, David spielte immer noch auf seinem Schlagzeug, aber darüber hinaus hatte er zu tanzen begonnen. War es zunächst der Stepptanz gewesen – David wunderte sich über seine Freunde, die Fred Astaire nicht kannten –, hatte unser Sohn nach dem Tod des »King of Pop« damit begonnen, sich für die spektakulären Choreografien Michael Jacksons zu interessieren. David brachte sich selbst das Tanzen bei, Schrittfolge für Schrittfolge. Das Talent, das er dabei zeigte, war außerordentlich und führte schließlich dazu, dass ihn der berühmte Friedrichstadtpalast mit neun Jahren für eine Hauptrolle verpflichtete.

Rachel, der Joyce nachsagt, mir nicht nur ähnlich zu sehen, sondern leider auch meinen Charakter zu besitzen, spielt mit schwankender Begeisterung Klavier, sie ist – wie viele Mädchen in ihrem Alter – ganz verrückt nach Pferden, sie reitet, so oft es geht, und ist den Aussagen ihrer Lehrerin zufolge sehr begabt darin.

Was wohl aus ihnen werden wird, den ewig streitenden Tom und Jerry? Tänzer, Reiter, Ingenieure oder Rechtsanwälte?

Wissen sollen sie, was ich immer wusste: Ob sie schön sind oder nicht, ob sie klug sind oder nicht, ob sie erfolgreich sind oder nicht – ihre Eltern werden sie lieben, so, wie sie sind, ganz gleich was geschieht.

Jerry ruft verzweifelt: »Gib das sofort her!« Tom antwortet bestimmt: »Lass mich in Ruhe!«

Was haben wir nur für Kinder!

61.

Mitten in der Orchesterprobe läutet das Telefon, es ist Joyce, ich will sie auf später vertrösten, aber sie lässt sich nicht abweisen: »Ich bin mit meiner Mutter am Kurfürstendamm. Weißt du, wer neben mir steht?« – »Nein, wer denn?« – »Raila Odinga!«, ruft Joyce aufgeregt in den Apparat. Raila Odinga? Seinen Namen hatte ich schon gehört. In den vergangenen Jahren hatte ich während meiner Reisen nach Kenia in der »Daily Nation« oder dem »Standard« hin und wieder Artikel gelesen, die Raila Odinga wahlweise als gefährlichen Populisten oder als undurchsichtigen politischen Radikalen beschrieben. Einige Autoren unterstellten ihm gar, einer der Anführer des blutigen Militärputsches in Kenia von 1982 gewesen zu sein. War der betreffende Journalist etwas wohlmeinender, konnte sich in seinem Artikel möglicherweise ein Verweis auf die lange Leidenszeit des umstrittenen Politikers finden.

Raila Odinga hatte – ohne je verurteilt worden zu sein – fast neun Jahre seines Lebens in Haft zugebracht und war in den Verhörzellen im Keller des Nyayo Hauses grausam gefoltert worden. Nach allem, was ich gehört hatte, schien Raila Odinga großes Ansehen bei den Armen in Kenia zu genießen und ein Freund klarer Worte zu sein. Mein Interesse an den politischen Entwicklungen im Land war bis dahin freilich gering gewesen, auch war ich mit den Namen der führenden Akteure nicht vertraut.

Als ich im Winter 2001 das erste Mal nach Kenia kam, war noch Daniel Arab Moi an der Macht gewesen, überall hingen seine Portraits, selbst im kleinsten Friseursalon im Kiberaslum, der ohne Strom und Wasser auskommen musste, wachte der allmächtige Präsident seit Jahren über die meist mittellose Besitzerin und ihre kaum wohlhabenderen Kunden. Bei den Wahlen 2002 war Moi allerdings nicht mehr angetreten, er hatte sich, entgegen den Gepflogenheiten anderer afrikanischer Führer, den neuen verfassungsrechtlichen Vorgaben gebeugt und auf eine weitere Amtszeit verzichtet.

An seiner Stelle war Mwai Kibaki zum Präsidenten Kenias gewählt worden. Kibaki stand einer großen politischen Allianz vor. Die Regenbogenkoalition, der zunächst auch Raila Odinga angehörte, hatte große Hoffnungen auf ein Ende der Korruption im Lande geweckt. Viele Kenianer schienen Kibaki trotz seines vorgerückten Alters und seines in Jahrzehnten angehäuften beträchtlichen Vermögens für einen Reformer zu halten. Kibaki hatte vor den Wahlen ankündigen lassen, dass unter seiner Regentschaft künftig keine Portraits des Präsidenten mehr aufzuhängen seien, aber schon nach wenigen Wochen waren die gerahmten Portraits Daniel Arab Mois gegen die des neuen Präsidenten ausgetauscht worden, und auch eine 40-Shilling-Münze mit dem Konterfei Kibakis hatte man eigens zu seiner Huldigung auflegen lassen.

Immerhin, die Grundschule war auf Anordnung des neu gewählten Präsidenten nunmehr ebenso kostenlos wie die einfachste medizinische Versorgung, aber die Standards waren lächerlich gering, und bald schon folgten Korruptionsskandale, die nie aufgeklärt wurden und das Vertrauen in Kibaki nachhaltig erschütterten. Drei Jahre nach der Machtübernahme hatte Kibaki seinen einstigen Partner Raila Odinga aus der Regierung entfernen lassen, Odinga war unbequem geworden, weil er angeordnet hatte, einige der besonders empörenden Korruptionsfälle in seinem Ministerium von Kommissionen untersuchen zu lassen.

Joyce kommt nachmittags mit ihrer Mutter nach Haus, Mary ist seit einigen Wochen bei uns zu Besuch, sie war es auch, die Raila Odinga am Bahnhof Zoologischer Garten erspäht hatte. Joyce war zunächst misstrauisch geblieben, hatte dann aber auf Verdacht aus dem Wagen gewinkt, Odinga hatte den Gruß erwidert und geduldig gewartet, bis Joyce das Auto in der Nähe parken konnte. Direkt an der Gedächtniskirche trafen Joyce, unsere Kinder und Mary auf Raila Odinga und dessen Frau Ida. Es gibt ein Foto von diesem Moment, der einem unglaublichen Zufall entsprang und weit reichende Folgen für mich haben sollte.

Wenige Wochen später fliegen Joyce und ich nach Nairobi, Mary ist ernstlich erkrankt und muss dringend behandelt werden, wir bringen sie im besten Krankenhaus des Landes unter, dem Aga Khan Hospital in der kenianischen Hauptstadt. Marys Zustand bessert sich glücklicherweise rasch, wir haben noch etwas Zeit. Raila hatte Joyce in Berlin die Telefonnummer seines persönlichen Assistenten gegeben. Wir könnten uns mit David Arunga in Verbindung setzen, sollten wir in Nairobi sein, hatte er gesagt. Wir rufen Arunga an, und am folgenden Tag schon sind wir im Hotel Intercontinental mit Raila zum Mittagessen verabredet.

Als Raila aus seinem Wagen steigt, gerät das Personal in helle Aufregung, Sam, der würdevolle, sonst so gelassene Empfangschef des Hauses, eilt in schnellen Schritten herbei. Als wir mit Raila durch die Lobby des Hotels hindurch zum Restaurant gehen, verfolgen Dutzende neugierige Augenpaare das Geschehen.

Raila Odinga gefällt mir von Anfang an. Er ist herzlich, an allem interessiert, gebildet, ohne jede Allüren, er zitiert Bismarck und hat zugleich etwas von einem kleinen Jungen, wenn er von seiner großen Leidenschaft, dem Fußballspiel, schwärmt. Raila Odinga, 1945 in Maseno im Westen Kenias geboren, hat in der DDR studiert, sein Vater, erklärter Sozialist und 1963 einer der Gründerväter des neuen, unabhängigen Kenia, wollte es so. Seinem Wunsch entsprechend habe er sich an der medizinischen Fakultät eingeschrieben, bei der ersten Sektion, so erzählt Raila uns mit einem Grinsen, sei er aber sofort in Ohnmacht gefallen und habe erkannt, dass Medizin nicht das Richtige für ihn sei. Er habe sich daraufhin für ein Ingenieurstudium entschieden. Wie wir erfahren, hat Raila damals in seiner Freizeit selbst Fußball gespielt, er erinnert sich noch an Jürgen Sparwasser und daran, wie er aus Westberlin heiß begehrte Zigaretten und Schnaps für jene Kommilitonen schmuggelte, mit denen er eine kleine Wohnung am Prenzlauer Berg teilte. Raila spricht noch immer fließend deutsch, er scheint über die politischen Verhältnisse in Deutschland bestens unterrichtet zu sein, die jüngsten Erfolge der Linken erklärt er zutreffend und schlüssig mit dem Abrücken der Sozialdemokratie von ihren traditionellen Werten.

Nach zwei Stunden begleite ich Raila zum Ausgang, er nimmt meine Hand, während wir laufen, ich fühle mich etwas unwohl dabei, aber in Kenia ist dies unter Männern ein Zeichen der Freundschaft.

Monate später, es ist April 2007, bin ich wieder in Kenia, die politische Atmosphäre im Land ist inzwischen aufgeheizt, für Dezember sind Präsidentschaftswahlen angekündigt. Kibaki und seine politischen Freunde, die sich vor vielen Jahren schon eingerichtet haben in diesem Staatswesen, das einem Selbstbedienungsgeschäft gleicht, hoffen auf einen erneuten Erfolg, der ihnen die Mehrung ihres Wohlstandes auf weitere Jahre garantieren würde. Die Oppositionsbewegung ODM sucht noch nach einem Kandidaten – und nach einem politischen Symbol. In Kenia ist es üblich, politische Bewegungen mit einem für jeden verständlichen Zeichen, meist einer Frucht, zu versehen. Die ODM hatte sich schon 2005 für die

Orange entschieden. Die Regierung versucht nun mit allen nur denkbaren juristischen Tricks, der ODM die schon sicher geglaubte Orange wieder zu entreißen. So behauptet die vom Präsidenten kontrollierte Wahlkommission, eine andere Partei sei schon zuvor mit dem gleichen Symbol registriert worden.

Eher zufällig gerate ich mit Joyce in eine spontane Protestdemonstration der ODM, die von Raila angeführt wird, wir schließen uns an, einige Hundert Menschen brechen den Zaun am Sitz der Wahlkommission nieder, wir stürmen die Büroräume, abends sehe ich mein Gesicht in den Abendnachrichten, der einzige Weiße unter all den Kenianern. Am Ende gibt die Regierung nach, die ODM darf die Orange behalten.

Im Sommer kehren wir nach Kenia zurück, der Wahlkampf ist schon entbrannt, noch immer streitet die ODM um ihren Kandidaten für die Präsidentschaftswahlen, aber alles scheint nun auf Raila zuzulaufen. Er ist der einzige kenianische Politiker von Rang, dem man eine wirkliche Veränderung der Verhältnisse im Land zutraut, er hat – im Unterschied zu allen anderen – Freiheit und Leben für seine Überzeugungen riskiert.

Einige junge ODM-Anhänger aus dem Westen des Landes hatten mich im April eingeladen, zu ihnen zu sprechen. Nun fliege ich mit Joyce und drei deutschen Journalisten nach Eldoret. Die Versammlung ist – wie sich herausstellt – inzwischen von Regierungsseite verboten worden, wir weichen nach Kapsabet aus, keine dreißig Kilometer von Eldoret entfernt, aber die Straße dorthin ist in einem erbarmungswürdigen Zustand, und so dauert die Fahrt rund zwei Stunden. Die Behörden haben den Teilnehmern der Versammlung mit Verhaftung gedroht, keine hundert wagen zu kommen. Traditionell wird das Treffen mit einem Gebet eröffnet. Draußen regnet es heftig, der deutsche Kameramann filmt, während ich in einer halbstündigen Rede von meinem Verhältnis zu Kenia spreche, von unseren Projekten in Thumaita berichte und zu sozialen Reformen aufrufe. Darauf angesprochen, erkläre ich meine Unterstützung für Railas Kandidatur.

Zwei Tage später, ich bin unterdessen in das Dorf meiner Schwiegermutter zurückgekehrt, veröffentlicht die »Daily Nation« unter dem Titel »Deutscher verursacht Spannungen in West-Kenia« einen hanebüchenen ganzseitigen Artikel. In ihm wird behauptet, ich bereiste mit elf Investoren das Land, rufe zur Revolution nach venezolanischem Muster auf und hätte im Namen der deutschen Bundesregierung und der gesamten Europäischen Union erklärt, diese wünschten einen baldigen Machtwechsel in Nairobi. Zwar druckt die »Nation« kurz darauf ein die Fakten richtig stellendes Interview mit mir ab, aber ich bin nun bekannt wie ein bunter Hund, bekannt genug auch für ein Treffen mit dem deutschen Botschafter Walter Lindner, der mich ebenso freundlich wie nachdrücklich um mehr Zurückhaltung in politischen Fragen bittet. Doch ich bin schon zu tief verstrickt. Am 6. Oktober 2007 bin ich mit Joyce und meinem Freund, dem Fotografen Uwe Hauth, Augenzeuge einer gewaltigen Kundgebung in der Hauptstadt. Raila Odinga wird im Uhuru-Park von Hunderttausenden frenetisch gefeiert. Er ist nun der Präsidentschaftskandidat der Opposition, Uwe fotografiert ihn in seinem Garten, Wochen später schmückt das Portrait riesige Wahlplakate überall im ganzen Land, fast jeder glaubt inzwischen an den Sieg der Opposition. In Suswa im Rift Valley erleben wir, wie eine Menge von etwa fünfzigtausend Massai-Kriegern auf die Seite Raila Odingas übertritt. Die Menschen sind gekommen, um den zukünftigen Präsidenten Kenias zu hören, sie blicken zu ihm auf mit einer nie gesehenen verzweifelten Hoffnung. Dieses Mal gilt es, dieses Mal wird sich alles ändern, denken sie. Wir kehren nach Nairobi zurück. An gleichen Abend schreibe ich in mein Tagebuch: »Wir werden verlieren!«

62.

Touristen und Geschäftsleute bevölkern den Duty Free Shop im Terminal 1 des Jomo Kenyatta Airports, sie kaufen Brandy, Zigaretten oder Parfüm, gelegentlich auch ein Buch – der Flug von der dritten in die erste Welt ist lang. Ich bin nur auf Schokolade aus und erleichtert, als ich im Regal ein schweizerisches Exemplar von beträchtlicher Größe entdecke. In Gedanken sitze ich bereits in meinem Flugzeug nach Brüssel. Auf dem Weg zum Abfluggate entdecke ich F., eine holländische Journalistin und Filmemacherin, die in Kenia lebt und darauf bestanden hatte, meinen Freund Uwe Hauth und mich zum Flughafen zu chauffieren. Nun kommt sie uns entgegen, und da ist dieses Gefühl: Hier stimmt etwas nicht, sie sollte nicht hier sein, sie müsste sich doch längst auf dem Weg zurück in die Stadt befinden. Nun steht sie mit einem seltsam unsicheren Gesichtsausdruck vor mir, und erst jetzt werde ich der ernst dreinschauenden Herren gewahr, die sie umringen. Noch ehe ich fragen kann, antworten sie mir schon: »You come with us!«

Eine Fotografie zeigt Raila Odinga vor einer unübersehbaren Menge im Uhuru-Park. Geduldig hatten die Menschen, singend und tanzend, auf jenen Mann gewartet, der als »the peoples president« ihrem Leben einen neuen Sinn geben sollte. Ich hatte auf der Tribüne gestanden, nur wenige Schritte von Raila entfernt. Ich schwelgte damals in einem bittersüßen Rausch – erfüllt von der verzweifelten Hoffnung auf eine Volksbewegung, die die Stagnation in diesem Land hinwegfegen würde. Der Spielplatz in unserem Dorf, den meine Frau und ich hatten errichten lassen, war mir nicht mehr genug, auch das Straßenlicht nicht oder die Reinigungsbrigade. Jetzt ging es um das ganze Land. Ich tat also, was ich tun konnte, was ich für richtig hielt. Ich tat mehr, als mir gut tun sollte ... Die Opposition war siegestrunken – das Volk ist mit uns, was soll uns schon geschehen? Dann kam die Wahl – und die Hoffnung zerbrach am vorletzten Tag des Jahres. Der Kandidat der Besitzlosen siegte, aber Präsident blieb ein anderer. Aus dem Hoffnungstaumel wurde ein Blutrausch, der das Land zu überfluten drohte. Nichts ist furchtbarer als eine unerwünschte Erwartung, die sich erfüllt. Von den Träumen und Hoffnungen des Herbstes war nichts geblieben außer Verzweiflung und Wut über eine manipulierte Wahl.

Die Herren führen uns aus dem Flughafengebäude. Mir ist, als wäre mein Körper ausgetrocknet, ich kann nicht schlucken, geschweige denn reden. Es ist kühl an diesem späten Abend, aber ich fühle, wie Schweißperlen an meinen Schläfen herabrinnen. Uwes Gesicht ist grau geworden, ein fahles Grau, er sagt kein Wort, als man uns zu einem wartenden Auto bringt. F. ist verschwunden, ich frage mich, welche Rolle sie wohl in dieser Scharade spielt. Wir fahren den Highway entlang, das Hauptquartier des Geheimdienstes – das weiß ich – liegt im Zentrum Nairobis. Doch dann biegt der kleine Wagen der Marke Peugeot unvermittelt ab, nach links auf ein dunkles, unübersichtliches Gelände. Mein Herz schlägt wie wild, im selben Moment verwandle ich mich in einen Schauspieler, dies ist ein Film, sage ich mir, dies muss ein Film sein. Einer jener düsteren Damiani-Streifen aus den siebziger Jahren, in dem der aufrechte Staatsfeind von treuen Bütteln des Regimes unauffällig beseitigt wird. Und dann wird mir klar: dies ist kein Film, ich bin auch kein Schauspieler. Dies könnten die letzten Augenblicke meines Lebens sein. Rasende Gedanken: Ich werde meine Kinder nicht wiedersehen. Was wird aus meiner Frau? Werden sie uns erschießen? Wird es weh tun? Aus lähmenden Sekunden der schieren Angst werden scheinbar Minuten, Stunden. Noch immer fahren wir über das seltsame Gelände, da dreht sich einer der Agenten um: »Don't worry, we're not going to drive you in the bush!« Meine gemarterte Seele will ihm nur zu gern glauben.

Wir halten vor einem Wachgebäude. Brennender Durst quält mich, ich erblicke einen rostigen Hahn, der aus dem Beton ragt, gierig trinke ich, bevor man beginnt, uns zu verhören. Joyce ruft an, aber man erlaubt mir nur, ihr einen Rückruf zu versprechen. Die Beamten sind bestimmt, jedoch drohen sie uns nicht, sie sprechen leise und mit Bedacht. Ich kann Joyce anrufen, bevor wir verlegt werden. Ich sage: »I've got to stay a bit longer.« Joyce: »Bist du verhaftet?« – »Yes!« Dann bricht die Verbindung ab.

Wir nächtigen – nachdem man uns alles Gepäck abgenommen hat – in einer kleinen Polizeistation. Wir legen uns zu den Betrunkenen und Kleinkriminellen, die sich – in graue Decken eingewickelt – zum Schlafen auf dem Boden der Zelle verteilt haben. Ich versuche, Uwe aufzumuntern, er antwortet nicht, aber im Grunde rede ich ohnehin mit mir selbst. Wir werden früh geweckt, ein freundlich lächelnder Beamter bemüht sich eifrig, unsere Fingerabdrücke in seine Akte zu bekommen, aber die Tinte ist eingetrocknet. Sie versuchen mit ihrer Kamera, Aufnahmen von uns zu machen, doch sie wissen den Apparat nicht zu bedienen, wie gut, dass Uwe Fotograf ist. Wir sehen F. wieder, mein Verdacht, sie sei ein »agent provocateur«, hat sich nicht bestätigt, sie teilt – völlig aufgelöst – unser ungewisses Schicksal. Man eskortiert uns in einem kleinen weißen Wägelchen durch den dichten Mittagsverkehr Nairobis zu einer abgelegenen Polizeistation – wie merkwürdig, diese Stadt, die mir so vertraut ist, im Vorbeifahren durch ein vergittertes Fenster zu betrachten. Einer der Beamten hat plötzlich Tränen in den Augen: »Ich weiß, dass ihr es gut mit Kenia meint, macht euch keine Sorgen und hasst uns nicht!« Der Gefangene tröstet den Aufseher.

Man vernimmt uns in großer Runde, freundlich, neugierig – und zugleich misstrauisch. Was wollten diese merkwürdigen Europäer in ihrem Land? Plötzlich breitet sich Unruhe aus, ich höre das Wort »ambassador«, und dann erblicke ich die auffällige Gestalt des deutschen Botschafters Walter Lindner. Fast zwei Meter misst er, er hat die Haare zu einem Pferdeschwanz gebunden und ist Jazzmusiker. Was doch das deutsche diplomatische Corps hervorbringen kann! Lindner verspricht zu helfen, wir hängen an seinen Lippen, in der Hoffnung, aus seinen Worten eine günstige Prognose ableiten zu können.

Die zweite Nacht ist schrecklich, eine karge Zelle, keine Pritsche, keine Matratze, keine Decke, nur grauer, kalter Beton und Hunderte von Moskitos. Ich ziehe drei benutzte Hemden übereinander und lege mich in meinem Anzug auf den Boden. Uwes Lebensgeister beginnen zurückzukehren. Wir reden. Wie konnten wir nur so leichtsinnig sein und glauben, sie würden uns schon gewähren lassen – sie, die die Macht haben hier seit so langer Zeit? Was mögen unsere Frauen nur denken, was haben sie den Kindern gesagt? Wie lange werden wir hier sein? Zwei Tage? Zwei Monate? Jahre? In der Ferne hören wir startende Flugzeuge – wir wollen unser altes Leben zurück. Doch die Welt ist unendlich weit entfernt von uns, dort irgendwo hinter den Gitterstäben. Die Zeit scheint stillzustehen.

Am folgenden Tag, es ist ein Sonnabend, schwindet alle Hoffnung. Wer sollte uns jetzt – an einem Wochenende – noch helfen können? Ich handele mit den Wachen einen Hofgang aus. Mutiger geworden, bestehe ich auf einem Telefonat mit dem deutschen Botschafter. Ein Wärter leiht mir sein Funktelefon, ich erreiche Lindner, er spricht von schwierigen Verhandlungen, aber es gäbe eine Chance. Ich will nicht umsonst hoffen … Doch dann – es ist kaum eine Stunde vergangen – fährt ein schwerer gepanzerter Mercedes vor, die vertraute Flagge, nie hätte ich gedacht, mich so sehr über ihren Anblick freuen zu können. Man gibt uns das Gepäck zurück und die Telefone, die sofort zu läuten beginnen. Joyce weint, als sie meine Stimme hört. Noch in derselben Nacht verlassen wir Kenia. In mir ist weder Wut noch Erleichterung – nur Trauer. Voller Wehmut sehe ich die blassen Lichter Nairobis unter uns vorbeiziehen.

Die Erinnerungen an jene Januartage schwinden. Die Zeit ist ein Heiler. Kenia ist zur Normalität zurückgekehrt. Ich fliege mit meiner Familie regelmäßig in das geliebte ostafrikanische Land. Wir pflegen den Spielplatz in unserem Dorf. Im Duty Free Shop auf dem Flugplatz von Nairobi kaufen Touristen und Geschäftsleute Brandy, Zigaretten oder Parfüm – und gelegentlich auch ein Buch.

Epilog

Meine Eltern schlafen noch, als ich mich – kaum dass ich aufgewacht bin – auf Zehenspitzen die Treppe hinunterschleiche. Die Holzstufen knarren, ich muss vorsichtig sein, ich öffne leise die Tür, die zur Küche führt, und stehle einige frische Brötchen aus der Kammer. Am Frühstückstisch sitze ich dann mit Unschuldsmiene, während meine Mutter nach den Brötchen sucht, mein Vater spielt eine Schallplatte mit Bach-Kantaten, der Raum ist in sommerliches Licht getaucht, überflutet von diesem Licht, ab und an wechseln meine Eltern lachend einige Worte.

Noch immer wohne ich in dem Haus, in dem ich aufwuchs. Manchmal glaube ich seine Stimme zu hören, er fragt meine Mutter: »Wo ist denn der Kleene?« Dann sehe ich meinen kleinen Sohn David an und erblicke in ihm mich selbst. Als ich ein Kind war, ging ich – bevor ich mich schlafen legte – immer noch einmal zu meinem Vater. Ich trat von hinten an ihn heran, küsste sein duftendes Haar und sagte beim Hinausgehen leise: »Gute Nacht«.

Personenregister

Bildnachweis

Archiv des Autors 1, 2, 3, 4, 5, 6, 7, 8, 9, 10, 11, 12 (Foto: Gerhard Eicke), 13, 14 (Foto: Manfred Uhlenhut), 15 (Foto: Helfried Strauß), 16, 17, 18, 19, 20

Gerd Uwe Hauth, Berlin 21, 22, 23, 24, 25, 26, 27

Trotz intensiver Recherchen konnten nicht alle Rechteinhaber ausfindig gemacht werden. Berechtigte Forderungen bitten wir an den Verlag zu richten.